重庆方言语法研究

温 沁 著

中国出版集团有限公司

世界图书出版公司
上海 西安 北京 广州

图书在版编目（CIP）数据

重庆方言语法研究 / 温沁著. —上海：上海世界图书出版公司，2024.3
 ISBN 978-7-5232-1023-9

Ⅰ.①重… Ⅱ.①温… Ⅲ.①西南官话-语法-方言研究-重庆 Ⅳ.① H172.3

中国国家版本馆 CIP 数据核字 (2024) 第 035988 号

书　　名	重庆方言语法研究 Chongqing Fangyan Yufa Yanjiu
著　　者	温　沁
责任编辑	石佳达
出版发行	上海世界图书出版公司
地　　址	上海市广中路 88 号 9-10 楼
邮　　编	200083
网　　址	http://www.wpcsh.com
经　　销	新华书店
印　　刷	杭州锦鸿数码印刷有限公司
开　　本	787mm × 1092mm 1/16
印　　张	15
字　　数	260 千字
版　　次	2024 年 3 月第 1 版　2024 年 3 月第 1 次印刷
书　　号	ISBN 978-7-5232-1023-9
定　　价	68.00 元

版权所有　翻印必究
如发现印装质量问题，请与印刷厂联系
（质检科电话：0571-88855633）

序

重庆是一座有 3000 多年历史和璀璨文化的名城，是中国中西部地区唯一的直辖市，是长江上游地区经济中心。1997 年重庆直辖以前，重庆方言同重庆这座城市一样，隶属于四川，是四川方言的一个组成部分，对于重庆方言的研究也是在四川方言之内，作为一个整体进行的。重庆直辖以后，行政上已不再隶属于四川省，因此也有不少人提出来，四川方言不应该再包括重庆方言。不少学者建议，改称四川方言为巴蜀方言，并且，对重庆方言的研究也应从四川方言的范围中独立出来。从历史与现实来看，重庆方言内涵丰富、历史悠久、特点鲜明，尤其在重庆市直辖以后，重庆方言的地位迅速攀升，成为与四川（成都）方言同等地位的西南官话重要代表。今日，重庆方言是以主城区为中心的大重庆地区人民包括少数民族在内的通用语言，同时受益于重庆城市日益重要的政治经济地位，重庆方言的影响力不断扩大加深，对于重庆方言的独立研究也已到了加强、提速的时候。

同大多数方言研究情况一样，重庆方言的研究也是语音先行，语法方面的研究很少，而独立于四川方言之外，针对重庆方言的语法研究更是少之又少。重庆是一座典型的移民城市，重庆方言具有鲜明的移民特征，移民冲击、塑造、充实、丰富了当地语言，形成了朴实幽默、风趣智慧、开放包容、充满市井气江湖气的特色重庆话。对于移民对重庆方言的影响，现有的研究和成果主要是从语音和词汇方面进行的，而我们可以看到，重庆方言的很多语法现象是可以从历时中找到出处，并且做出解释的。四川方言的形成也深受湖广移民的影响，但成都话和重庆话除了在语音和词汇上有差别，在语法现象上也有不少差异。

可见，重庆方言语法研究既具有语言学意义和学术价值，又具有连接城市历史与促进未来发展的意义和文化价值。本书在全面回顾重庆方言研究的基础上，从构词法、词类、句法等方面选取重庆方言中常用且具有特色的五个语法现象，"儿化和儿尾，重叠式名词，形容词生动形式，语气词，与'得'相关的两种特殊句法结构'得 VP、不得 VP''V 得、V 不得'"进行研究。

儿化词多和语气词多是重庆方言口语非常鲜明的两个特点："儿化词多"与"儿化和儿尾、重叠式名词、形容词生动形式"密切相关；"语气词多"在"语气词、与'得'相关的两种特殊句法结构"中体现明显。

第一，重庆方言的儿化有其自己的特点。重庆方言不仅有一定数量的儿化词，也有与儿化有一定关系的"儿尾"。共时层面，儿化词和儿尾词同时存在；历时层面，部分儿化词是从儿尾词发展而来。重庆方言的儿化和儿尾主要都是名词性标记，主观上有表小作用，而儿化的泛化推衍到少数的动词、形容词、副词等词中，使这些非名词性的儿化词也体现出主观表小作用。

第二，重庆方言的语音系统没有轻声，通过末字"儿化"承载和实现了部分轻声的作用，通过重叠儿化实现了单音节词的双音化；儿化语义的泛化带来了功能的泛化，"儿"突破名词的基本范畴，扩展到其他性质的词后，客观上增加了少量重叠儿化形式的词。重庆方言儿尾词、重叠式名词、重叠儿化式词的变调最初都承载小称义的功能，随着小称义的磨损，逐渐成为一种语流音变习惯。因此，本书还提出了"音变儿化"的概念：音变儿化不涉及语义、句法的变化，由小称儿化语义磨损、漂白而来，具有类推性和能产性，重庆方言中人名末字的儿化和重叠儿化式名词具有音变儿化的趋势。

第三，重庆方言儿化的研究往往和重叠式名词的研究紧密相连，因此，本书紧接着展开重庆方言中重叠式名词的研究。重庆方言的重叠式名词数量大，且重叠儿化式名词越来越多。本书归纳出重庆方言重叠儿化式名词的发展进程和未来趋势：重叠表小—重叠表概念义—重叠儿化表小—重叠儿化表概念义（趋势）。

第四，重庆方言的生动式形容词形式丰富。主要包括七大类型：BA式、BBA式、ABB式、ABAB式、AABB式、词缀式和ABCD式。词缀式形容词主要包括AXYZ式、AXAY式、A里AB式、BA八A式、ABXY式、A起A起式、二A二A式。ABCD式形容词为并列式四字格生动式形容词，AB + CD —— ABCD，AB与CD为并列结构，A、B的内部层次与C、D的内部层次往往相同。绝大多数不属于AABB式、ABAB式以及任一词缀式的四字格生动式形容词都可以归为ABCD式。

第五，重庆方言的口语中几乎每句话都会带语气词，语气词是重庆话口语的鲜活体现。重庆方言的语气词通常位于句末或分句末，用于句中的情况往往也是放在紧缩复句内在层次的分句后，或者放在有停顿的主语或称呼语后。重庆方言的一个语气词大都可以表示多种语气，何种情况表达何种情绪往往与语境或语调相关。嘛、嘞、舍、噻、哦、啊、哆、咹、诶、哒嘛、就是、哈、嚓、得、个、个嘛、咯、来、也是等语气词都有各自适用的句类和通常表达的语气。

第六，与普通话相比，重庆方言"得 VP、不得 VP""V 得、V 不得"结构中的"得"具有明显的不同之处。"得 VP"中的"得"包括两种语义：一是表示客观条件的可能性，大致相当于情态动词的"会、能"；二是表示主观的意愿，大致相当于"愿、肯"。本书记为"得$_6$"。"V 得"结构有三种语义：一是表示客观条件允许或必要性，表示可能义，该语义普通话中有，本书记作"V 得$_5$"；二是表示人或事物能力的强弱大小，是普通话中所没有的"得$_7$"，本书记作"V 得$_7$"；三是表示"应该""必须"的意思，是普通话中所没有的"得$_8$"，本书记作"V 得$_8$"。

对于重庆方言语法五个专题的研究，本书立足于田野调查所取得的一手语言材料，以对所研究语法点在言语中的真实呈现全面的、详尽的描写为基础。本书希望通过对重庆方言语法的研究，能够从历时、共时以及未来等各层面，对重庆方言的保留、重庆文化的发扬以及重庆城市的发展等做出一点具有实际意义的贡献。

凡　例

本书研究的语料主要来自口语，且主要来自作者的田野调查。采自书面语料的例子，均随文标注于每页页脚。绪论中关于重庆方言概况的描写中，部分区县以及方言岛的语言例子，除了口语语料以外，主要来自各地区的县志、方言志，其出处统一附在文末参考文献。

1. 方言词语书写一般采用通行的书写形式，不转考求本字。无法确认本字的，用同音字或者音近字代替，在该字后面标注"·"，需要时后附该字义说明，例如"撇 [pʰiɛ²⁴]质量差、水平低"。有音无字的，用"□"表示，后面标注读音，需要时后附该字义说明，例如"□ lia⁵⁵粘贴"。

2. 行文或例中需要注或翻译的方言词或句字，注释或相对应的译文在右下方用小号字体表示，例如"别个别人"。

3. 儿化音节中的"儿"用下标表示，例如"瓶瓶ᵣ"。单独成音节的"儿"字号不变，例如"狗儿"。

4. 注音一律用国际音标标注，声调在音节右上角用数字表示。声调大多时候标注调值，个别时候标注调类（1表示阴平，2表示阳平，3表示上声，4表示去声），例如，"撇"可能标注为[pʰiɛ²⁴]，也可以为[pʰiɛ⁴]。

5. 连续变调，音节右上角标注的第一个数字表示本调，第二个数字表示变调，中间用"-"连接，例如"瓶瓶儿 [pʰin²¹ pʰinr²¹⁻⁵⁵]"或"瓶瓶儿 [pʰin² pʰinr²⁻¹]"。

6. N代表名词或名词性语素，V代表动词或动词性语素，A代表形容词或形容词性语素，NP代表名词性短语，VP代表动词性短语，AP代表形容词性短语。

7. 句子前加"*"，表示该句子不成立；句子前加"？"，表示该句子有争议，可接受性较差。

8. "/"表示并列，即几种情况都可以，或者两个及两个以上的例子。

目 录

1 绪论 ··· 001
  1.1 重庆人文地理概况 ··· 001
  1.2 重庆移民史与重庆方言 ·· 002
  1.3 重庆方言语法研究价值 ·· 009
  1.4 重庆方言语法研究情况 ·· 012
  1.5 本书所研究的重庆方言 ·· 015
  1.6 重庆方言的声韵调系统 ·· 021

2 重庆方言的儿化及儿尾 ·· 025
  2.1 儿化研究情况 ·· 025
  2.2 儿化韵和儿尾词 ··· 034
  2.3 儿化韵 ·· 037
  2.4 儿化词的范围 ·· 042
  2.5 儿化的功能和作用 ··· 049
  2.6 儿化变调 ··· 055
  2.7 儿化的分类 ·· 060
  2.8 儿尾 ··· 065
  2.9 重庆方言儿化的发展 ·· 071
  2.10 重庆方言的重叠儿化与音变儿化 ··························· 081
  2.11 关于"幺儿" ··· 083
  2.12 小结 ·· 086

3 重庆方言的重叠式名词 ········· 089

3.1 引言 ········· 089
3.2 双音节重叠式名词 ········· 090
3.3 双音节重叠式名词的变调 ········· 097
3.4 三音节重叠式名词 ········· 098
3.5 三音节重叠式名词的变调 ········· 105
3.6 三音节重叠式名词的结构层次及意义 ········· 106
3.7 重叠与儿化 ········· 113
3.8 关于重庆方言重叠儿化式词高度发展的思考 ········· 121
3.9 关于重庆方言重叠儿化形式表主观小量的思考 ········· 126
3.10 重叠式词和重叠儿化式词的变调问题 ········· 128
3.11 小结 ········· 129

4 重庆方言形容词生动形式 ········· 132

4.1 引言 ········· 132
4.2 BA 式形容词 ········· 135
4.3 BBA 式形容词 ········· 142
4.4 ABB 式形容词 ········· 143
4.5 ABAB 式形容词 ········· 153
4.6 AABB 式形容词 ········· 155
4.7 词缀式形容词 ········· 157
4.8 ABCD 式形容词 ········· 165
4.9 小结 ········· 166

5 重庆方言的语气词 ········· 168

5.1 引言 ········· 168

5.2 嘛 [ma^{42}] ··· 169

5.3 哈 [xa^{42}]、[xa^{55}] ·· 170

5.4 噻 [sæ^{24}] / [sæ^{55}] ·· 171

5.5 哦 [o^{42}] / [io^{42}] / [no^{42}]、[o^{55}] / [io^{55}] / [no^{55}]、[tso^{42}] ·············· 172

5.6 诶 [ɛ$^{42、24}$] / [iɛ$^{42、24}$] / [uɛ$^{42、24}$] / [zɛ$^{42、24}$] / [ŋɛ$^{42、24}$] ············· 174

5.7 就是 [tou^{24} ʂ^{24}] ··· 174

5.8 哒嘛 [ta$^{24/21/55}$ ma^{24}] / [tou$^{24/21/55}$ ma^{24}] ·························· 175

5.9 嗦 [so^{42}] ·· 175

5.10 哆 [to$^{55/24}$] ··· 176

5.11 啊 [a$^{42、55}$] / [ia$^{42、55}$] / [ua$^{42、55}$] / [za$^{42、55}$] / [ŋa$^{42、55}$] / [na$^{42、55}$] ··· 176

5.12 咯 [kɛ^{42}] ··· 177

5.13 得 [tɛ^{21}] ··· 177

5.14 也是 [iɛ^{42} ʂ^{24}] ·· 178

5.15 来 [lai^{21}] ··· 178

5.16 嘪 [mæ^{55}] ·· 179

5.17 唉 [æ^{55}] / [iæ^{55}] / [uæ^{55}] / [zæ^{55}] / [ŋæ^{55}] / [næ^{55}] ·················· 180

5.18 舍 [sɛ^{42}] ··· 181

5.19 个嘛 [ko^{24} ma^{42}] ··· 181

5.20 个 [ko^{24}] ··· 181

5.21 小结 ·· 183

6 与"得"相关的两种特殊句法结构 ··· 186

6.1 引言 ··· 186

6.2 得$_6$VP、不得$_6$VP ·· 188

6.3 与普通话"得V"的对比 ··· 193

6.4 "得$_6$"的虚化 ·· 196

6.5 V得、V不得 ·· 200

3

6.6 关于"要得" ……………………………………………………… 205

6.7 小结 ……………………………………………………………… 207

7 结语 ……………………………………………………………… 212

参考文献 ……………………………………………………………… 217

表目录

表 1-1	老派、中派重庆人与新派重庆人语音不同声母对应表 ……………	018
表 1-2	老派、中派重庆人与新派重庆人语音不同韵母对应表 ……………	018
表 1-3	重庆方言与普通话不同声母对应表 ……………………………………	022
表 2-1	重庆方言儿化韵表 …………………………………………………………	041
表 2-2	北京话儿化的客观小量与主观小量 ………………………………………	053
表 2-3	重庆方言儿化表示主观小量 ………………………………………………	054
表 2-4	温岭方言的变音 ……………………………………………………………	057
表 2-5	安徽绩溪华阳镇方言小称变调 ……………………………………………	058
表 2-6	北京话儿化来源 ……………………………………………………………	061
表 2-7	延川方言基本韵母与儿化韵对应表 ………………………………………	072
表 2-8	部分方言中基本韵母与儿化韵对应表 ……………………………………	072
表 2-9	北京话基本韵母与儿化韵对应表 …………………………………………	073
表 2-10	重庆主城区老、中、青三代人使用儿尾与儿化韵对比 ………………	075
表 2-11	重庆方言重叠儿化和子尾名词使用调查表 ……………………………	079
表 2-12	"幺儿"与"幺幺"在重庆主城区老、中、青三代人中的使用情况 …	085
表 4-1	"梆"实词义的虚化/语法化 ………………………………………………	139
表 4-2	"焦"实词义的虚化/语法化 ………………………………………………	139
表 4-3	"飞"实词义的虚化/语法化 ………………………………………………	140

表 4-4　"溜"实词义的虚化/语法化 …………………………………… 140

表 4-5　"耸"实词义的虚化/语法化 …………………………………… 149

表 4-6　"翘"实词义的虚化/语法化 …………………………………… 149

表 4-7　"稀"实词义的虚化/语法化 …………………………………… 150

表 4-8　"扯"实词义的虚化/语法化 …………………………………… 150

表 5-1　重庆方言常用语气词表 ………………………………………… 183

表 6-1　重庆方言"得"的分类 …………………………………………… 208

1 绪论

1.1 重庆人文地理概况

重庆是中国中西部地区唯一的直辖市，国务院批复的国家中心城市之一。其地处中国西南部长江上游地区，东邻湖北省、湖南省，南接贵州省，西连四川省，北与陕西省接壤。重庆市是长江上游地区经济中心，国家重要现代制造业基地，西南地区综合交通枢纽，国家"一带一路"建设和长江经济带重要联结点，也是城乡统筹的超大型城市。

重庆是一座有3000多年历史和璀璨文化的名城，也是巴渝文化的发祥地。西周初期，巴人以江州（今重庆市江北区）为国都，建立巴国。后秦灭巴国后，改设为巴郡，是为三十六郡之一。汉朝时复称江州，魏晋南北朝时期先后更名为荆州、益州、巴州、楚州。隋文帝时以渝水绕城之故，改楚州为渝州。北宋徽宗年间改为恭州。南宋光宗赵惇因先在此地封为恭王，后即帝位，遂自诩"双重喜庆"，即改恭州为重庆府。1363年元末红巾军在重庆建立大夏国，后被明朝所灭，复改回重庆府。至清光绪年间，重庆对外开埠。辛亥革命后，先后改为重庆商埠督办处、市政公所、重庆商埠督办公署、市政厅等。1929年重庆正式建市，改市政厅为市政府。由于抗日战争爆发，国民政府迁都重庆，于1937年定为战时首都，1939年又升格为直辖市，翌年再定为中华民国"陪都"。中华人民共和国成立后，1953年重庆改为中央直辖市。1954年重庆市并入四川省，改为省辖市。1983年重庆成为全国第一个经济体制综合改革试点城市，实行计划单列。1997年，全国人民代表大会批准设立重庆直辖市，辖原重庆市、万县市、涪陵市和黔江地区，正式成为全国第四个也是最年轻的直辖市。

重庆是我国面积最大的直辖市，辖区面积8.24万平方千米。1954年，重庆市辖市中区、江北区、沙坪坝区、九龙坡区、南岸区、北碚区六个区。1956年至1976年，先后设置南桐矿区、大渡口区、双桥区三个区，并划入巴县、綦江县、江北县、长寿县四个县。1983年初撤销永川地区所属永川、江津、合川、璧山、铜梁、大足、荣昌、潼南八个县并入重庆市。1994年设立渝北区、巴南区，并将市中区更名渝中区。1997年直辖后，划入原万县市、涪陵市和黔江地区管辖的区域。1998年至2016年，陆续进行"撤市设区、撤县设区"调整，并将原由黔江开发区代管的石柱土家族自治县、秀山土家族苗族自治县、酉阳土家族苗族自治县、彭水苗族土家族自治县等四个自治县改为重庆市直接管理。现在，重庆市下辖共38个行政区县（自治县），其中包括万州区、黔江区、涪陵区、渝中区、大渡口区、江北区、沙坪坝区、九龙坡区、南岸区、北碚区、渝北区、巴南区、长寿区、江津区、合川区、永川区、南川区、綦江区、大足区、璧山区、铜梁区、潼南区、荣昌区、开州区、梁平区、武隆区26个区，城口县、丰都县、垫江县、忠县、云阳县、奉节县、巫山县、巫溪县8个县，以及石柱土家族自治县、秀山土家族苗族自治县、酉阳土家族苗族自治县、彭水苗族土家族自治县4个民族自治县。26个区里的渝中区、大渡口区、江北区、南岸区、沙坪坝区、九龙坡区、北碚区、渝北区、巴南区9个区，人们习惯上称为主城区，是全市政治、经济、金融、文化、交通中心。

重庆现有常住人口3191.43万人，是中国人口最多的直辖市。常住人口以汉族为主，占比约93%。除汉族外，国内55个少数民族在重庆均有分布。全市少数民族人口总数逾200万人，其中土家族人口最多，苗族其次，最少的是塔塔尔族（1人）。但除土家族、苗族以及彝族外，其他少数民族没有比较集中的聚居区。土家族、苗族虽然保留有自己独立的语言，但其内部已经通用汉语，使用民族语言交际的已经不多。

重庆地处四川盆地东南部，地势南北高、中间低，由南北向长江河谷逐级降低。地貌以丘陵、山地为主，其中山地约占76%，故有"山城"之称。重庆依山傍水，主要流经河流包括长江、嘉陵江、乌江、涪江、綦江等。长江横贯全境，流程长达691千米，主城区即位于长江与嘉陵江、乌江等河流交汇处，所以重庆又名"江城"。重庆属亚热带湿润季风气候，常年平均气温18℃左右，夏季高温多雨，冬季温和湿润、少雪多雾，年平均有雾天气多达100多天，素有"雾都"之称。

1.2 重庆移民史与重庆方言

一个地方的方言现在所具有的特征离不开其形成的历史条件，而重庆方言之所以具有现在的特点，与重庆历史上几次大的移民活动密不可分。

重庆历史上有多次移民活动，例如明末清初的"湖广填四川"，中华人民共和国的"三线建设"内迁、长江三峡移民等。人口的大量迁移使本土居民结构发生了很大变化，对当地语言也产生了直接或间接的影响。今天的重庆方言正是重庆土著方言与以湖广方言为主的各地方言相结合的产物。

1.2.1 历史上的移民活动

1.2.1.1 早期巴蜀移民

巴族的起源虽然不在重庆，但重庆人常自称是巴人的后代。夏商时期，巴人先民开始在今湖北省西部、南部和汉水流域一带活动，以渔猎制盐为生。后与当地楚人发生冲突，巴楚之间战争频繁，巴人不敌被迫迁入重庆地区，这就是最早的移民。重庆地区当时居住着濮族、苴族、儴族、共族、奴族等民族，被中原诸夏称为"蛮夷""西南夷"。巴人到来后与当地土著居民杂居共处，建立了以江州为都城的巴国，前后达三百余年，故将外来的巴人与当地土著统称为巴人或巴族。秦灭巴国设置巴郡，为加强统治，抵御本地势力反抗和外来入侵，迁入大批中原人口入巴蜀。新来移民不断与当地巴人和其他少数民族交流融合，加上政治和文化的影响，巴蜀地区语言文化逐渐与华夏民族趋同，华夏语言最终占据主导地位，奠定了巴蜀方言形成的基础。

1.2.1.2 元末明初移民，奏响"湖广填四川"之序曲

元末明初重庆地区移民主要有三类，一是"避乱入川"的湖广地区流民百姓，二是"随军入川"的湖广籍官兵，三是"官迁入川"的湖广人。

元朝末年阶级矛盾和民族矛盾极端尖锐，各地爆发反元农民起义。以韩山童、刘福通为首的红巾军在淮河流域率先起事，湖广地区徐寿辉和明玉珍也相继发动起义，元朝统治者随后进行了血腥镇压。湖广地区百姓为躲避战乱，纷纷携家带口外逃至邻近的巴蜀地区。此时期移民以湖广地区避难百姓为主。

至正十三年（1353年）徐寿辉称帝，国号天完，其后令部将湖北随州人明玉珍领军西征，由巫峡入蜀占领重庆。至正二十年（1360年），陈友谅弑杀徐寿辉登基称帝，明玉珍拒绝招降，自称陇蜀王不与相通。至正二十二年（1362年）明玉珍称帝，建都重庆，国号"大夏"。1366年明玉珍病逝，其子明升继位。明玉珍定国后，从湖广地区带来的大量将士也安居下来，过半数为湖北随州、麻城一带人，也有部分江西人。

为巩固政权，繁衍生息，大夏政权采取了一系列发展生产、稳定社会的措施，同时还从湖广地区广招移民。据多地族谱县志的记载，明玉珍率兵袭重庆，占数郡，称夏主，孝感人多随之从军入蜀，以致家乡荒芜萧条，大夏立国后广泛召集乡人入蜀以自固，黄州民几近倾城迁入蜀地。如长寿的李氏、云阳的蒲氏、巴县的刘氏、璧山的张氏、宜宾的樊氏等都是此时迁入的湖广人，并一直传继下来。此时期移民以跟随明玉珍入蜀的湖广籍官兵为主，辅以大夏政权征召的湖广百姓。大夏政权存在的时间虽短，但社会相对稳定，大量移民不断迁入巴渝地区，对当地语言文化产生了很大影响，奠定了重庆地区移民的社会基础，拉开了"湖广填四川"的序幕。

朱元璋建明称帝后，明升拒不从诏。洪武四年（1371年），朱元璋派兵攻入巴蜀，明升不敌投降。大夏灭亡后，其官兵数万被明军收编，多留居重庆。汤和、周德兴、廖永忠等将领率明军入渝平定大夏后，所携士兵也多留在重庆，以后子孙世代繁衍。洪武初年，为补充巴蜀地区人口不足，迅速恢复生产、稳定社会，明政府下令迁民入川、垦荒实蜀，中央及地方官方组织大规模移民，鼓励其他地区百姓尤其是湖广百姓大量迁入巴蜀。如石柱县向氏家谱所述，大明率军平定重庆后，遂逐楚地百姓入蜀，始祖向氏二人由麻城迁来落户。又如黔江区陶氏家谱所载，祖上自明洪武年间从江西抚州金溪县迁入重庆大足县，后散居全溪、白合、黑溪各地共计千余家。此时期的移民主要有两类，一是亡夏明玉珍部官兵和明军平夏官兵等军事移民，二是明政府颁布"迁民实蜀"政策下入川开垦落户的各地百姓，仍以湖广地区为主。

1.2.1.3 明末清初重奏"湖广填四川"，重庆地区移民格局基本定型

广为流传的"湖广填四川"是指从元朝末年至清代，多次发生的由湖广地区向四川地区迁移的大规模人口流动情况，尤以明末清初规模最大、影响最巨。据《魏源集》所述，张献忠屠蜀地居民殆尽，楚地次之，而江西受害程度较轻。平乱之后，江西人迁入楚地而居，楚人迁入蜀地而居，故当时有"江西填湖广，湖广填四川"一说。

明朝末年，社会动荡，巴蜀地区战争不断，天灾瘟疫接踵而至，民不聊生。崇祯十七年（1644年），张献忠率大军30余万入蜀地，六月占领重庆，十一月攻克成都后建国称帝。这期间蜀地百姓惨遭大肆屠戮，重庆地区也受到严重破坏。《开县志》（1990）[①]描述，清朝顺治初年，张献忠攻入蜀地，掠杀人口无数，开县百姓仅存数姓人家而已。张献忠阵亡后，清军与张献忠余部、南明军与清军、地方豪强武装与农

---

① 四川省开县志编纂委员会. 开县志[M]. 成都：四川大学出版社，1990.

民起义军又多次交战，前后长达三四十年。除去兵祸，又遇天灾。清顺治三年（1646年），重庆遭受大旱大疫；顺治五年（1648年）又遇大旱，斗米三十金竟无出售者，江津县甚至出现"人烟断绝，群虎出游"景象。长期战乱灾荒过后，蜀地人口锐减严重，据统计全川残余人口仅50万左右，成都全城甚至仅剩7万余人。清康熙元年（1662年），作为四川总督驻节之地的重庆城，也不过数百家之人口。康熙六年（1667年），重庆合川全城仅有140余人。

随着清朝统治日益稳固，国家日趋安定，为恢复四川经济社会发展，清政府陆续出台一系列鼓励和扶持移民入川垦荒生产的优惠政策和措施，例如准许外逃流民回川，奖励开垦者土地户籍，免除当地赋税，督导地方官员等。康熙十年（1671年）规定邻省入川开垦土地者，准许入籍，免征五年赋税，并将招募民众数量与官吏升迁挂钩，规定："凡招徕流民三百人以上，且安排得当，垦荒成熟的现任文武各官，不论任职年限均可晋升。"康熙二十九年（1690年）改为入川垦荒者免征十年赋税，且准许其子弟入籍考试。《大竹县志》（2006）[1]就记载，康熙四十一年，大竹知县邹图云奉旨招募楚地居民时，勤慎廉洁，明决果敢。石柱县黄氏族谱记录，康熙年间黄氏先人奉诏填蜀，举全家偕同四邻好友一道，在石柱府洞源里四甲黄鹤坝一带落业。梁平县汪氏族谱记载："其祖先来自湖南永郡，康熙三十六年携子入川，在梁乐善乡西山沟落户置业。"同时还叙述了当时移民在重庆和四川的分布情况："从湖南衡阳迁来的百姓，至巴县、广安州、合州、渠县、垫江等地安家，从湖南祁阳迁来的百姓，至巴县、中江、资州、万县等地安家，合计近千丁。"从此，各地移民大规模入川，全国包括湖南、湖北、广东、福建、江西、云南、贵州、广西、陕西、山西、浙江、山东、安徽、江苏等14省大约620万人迁入巴蜀地区，其中湖广人最多，占比超过55%。《重修四川通志稿（外一种）》（2015）[2]记述了楚地携家入蜀者不下数十万众。《垫江县志》（1993）[3]载，原住人口流亡殆尽，移民多自外地迁来，而楚人尤众。《巴县志》（1994）[4]记载，外来者十之有九为湖广人。经过几代移民迁入和休养生息，重庆地区经济也得到迅速恢复和发展，人口大幅增加，嘉庆十七年（1812年），重庆府人口已超过230万，其中外来移民占85%以上。此时的合川城人口已达18万左右。

---

[1] 四川省大竹县志编纂委员会. 大竹县志[M]. 北京：方志出版社，2006.
[2] 王嘉陵. 重修四川通志稿（外一种）[M]. 北京：国家图书馆出版社，2015.
[3] 四川省垫江县志编纂委员会. 垫江县志[M]. 成都：四川人民出版社，1993.
[4] 赵朝忠. 巴县志[M]. 重庆：重庆出版社，1994.

此时期入川移民还包括以下情况：一是张献忠所率起义军战败后留川。张献忠成年累月在湖广地区与明军作战，大量招收当地百姓补充兵员。《明季北略》记载，张献忠入湖北麻城后，城中降者5.7万人，遂选其中勇士另立一军，号为"新营"。起义军攻克武昌后，又将城中15岁以上20岁以下男子皆录为兵。同时还在湖广地区扩大水师，并建立了"孩儿军""婆子营"等。直至崇祯十七年张献忠由湖广进军四川时，所率部队总人数不下四五十万，大部分均为湖广人，除一部分在战争中牺牲外，大部分都在四川长期居住下来。二是逃灾逃荒入川。清初湖广地区不断暴发水灾、旱灾、蝗灾和瘟疫。康熙二年（1663年），武昌等18个州县发生大水灾。康熙六年至八年，湖南衡阳连续三年大旱。康熙八年，湖北地区又发生水灾。康熙十年，石首、武昌、均州、枣阳等20个州县先后发生了水灾、旱灾和瘟疫。大量灾民被迫出逃，大部分选择向政策好易谋生路程又近的巴蜀地区逃生，如原籍湖南邵阳的肖氏，因灾荒家贫，率三子西行，跋涉数千里至金堂县而居。湖广人因逃灾荒入川的情况，直到雍正、乾隆年间仍未断绝。三是因商贸入川。清朝初期，湖广商人凭借便利的交通条件，经常往来四川开展贸易，后来就入蜀定居。如原籍湖北麻城的商人刘廷奇，先是命家人刘俊臣到四川中江考察，之后偕妻沿途行商再到中江定居。

1.2.1.4 近现代重庆移民

1937年7月7日，抗日战争全面爆发后，国民党政府宣布重庆为"战时首都"。随着国民政府、国民党中央迁抵重庆，大批军政要员、各国驻华使馆也纷纷迁往重庆，许多东部沿海地区工厂、高等院校等同样迁至重庆。至1946年，国民政府宣布"还都"南京时，重庆人口增加到120多万人，其中外来移民达80万人以上。

20世纪60年代中期至80年代初，面对日趋紧张的国际局势，国家决定开始"三线建设"，即以备战为指导思想，逐步将国防科技重工业力量由东向西进行战略大转移。重庆由于其特殊的地理位置和工业基础，成为"三线建设"的重点地区，迁建、新建项目达200多个，现在重庆有影响的大企业、科研院所基本上都是当时奠定的基础。"三线建设"时期迁入重庆的移民大约50万人，主要来自北京、上海、辽宁、广东等12省市。

1.2.2 移民活动与方言的形成

1.2.2.1 早期移民促成巴蜀汉语方言的形成

带着方言的移民塑造了移民后的方言。移民会影响地方语言的分化或融合，分化融合后的语言又会作用于移民的日常交往。远古时期巴人不属于华夏民族，其民族曾被称为"蛮"或"夷"。《后汉书·南蛮西南夷列传》记载，巴氏为巴郡南郡蛮五姓之一，出于武落钟离山，其山有赤黑二穴，巴氏之子生于赤穴。当时作为"夷族"的巴人语言文化和风俗习惯应不同于华夏。《隋书·地理志》也有记述，荆州诸郡多蛮族，与夏人杂居者则与诸华不别，于偏僻山中居住者则语言不通，嗜好全异，而与巴渝同俗。扬雄《蜀王本纪》中也有"蜀人左言"的说法。

巴人在江州建立巴国后，与中原地区交往逐渐频繁。战国时《文选·宋玉〈对楚王问〉》记载："客有歌于郢中者，其始曰《下里》《巴人》，国中属而和者数千人。"这说明当时巴人歌曲在楚国非常流行，若巴楚语言互不相通，应不会出现数千者和，这也间接证明春秋战国时期巴人与楚人语言已有交流融合之势。

秦灭巴国设置巴郡后，华夏族人大规模迁入巴蜀地区，民族之间交流更加紧密。《华阳国志·蜀志》记载，公元前314年，秦惠王封子通国为蜀侯，设置巴郡，并移秦民万家充实巴蜀，以抵御戎伯。除平民百姓外，还迁入一批贵族、富豪、商贾，甚至各国罪犯等，几乎遍布巴蜀各地。其中楚人众多，《华阳国志·巴志》有记载："江州以东，滨江山险，其人半楚。"这数万移民大大促进了巴蜀地区生产力进步和工商业发展，带来了中原华夏民族的语言文化，也改变了当地人口结构。在保留各自语言的基础上，巴蜀土著居民开始学习秦语、楚语，华夏族移民也学习了巴语、蜀语。随着华夏族移民数量不断增加，加上华夏民族居于统治地位，巴蜀土著语言不断被华夏语言所同化代替。《文选·蜀都赋》李善注引刘渊林言："是时蜀人始通中国，言语颇与华同。"经过长期交流共处，巴蜀地区逐渐形成一种以华夏语言为基础，具有地方土著语言特点的巴蜀汉语方言。

1.2.2.2 "湖广填四川"奠定了近代重庆方言基础

"湖广填四川"初期，各地方言混杂，民俗乡音各异。明清时期当地移民主要来自湖北、江西地区，五方语言不能强同，闽粤之人必学官话才能交流，而且有些土音虽同邑者亦不尽解。据《云阳县志》（1999）[①]记录，云阳地处四川东部，原住居民因受流贼之乱逃亡殆尽，自康熙乾隆年间以来，湖南湖北地区百姓开始迁徙入云阳，导致当地方言往往杂以楚语。《永川县志》（1997）[②]也谈到当时情况："土著复业

---

① 云阳县志编纂委员会. 云阳县志[M]. 成都：四川人民出版社，1999.
② 四川省永川县志编修委员会. 永川县志[M]. 成都：四川人民出版社，1997.

仅十分之二三，至今土满人稠，强半客民寄寓。故郡属城市均有各省会馆，唯两湖、两广、江西、福建为多。生聚殷繁，占籍越十余传而土音不改。"比如对"父"的称呼，有爹、爷、伯伯、阿爸等；对"母"的称呼，有娘、妈、母亲等；对"子"的称呼，有儿、崽、幺等。再如对美的形容，除通称好外，还有标、艳、都、佳等；对干事快的形容，有忙溜、快当等。

随着长时间杂居共处，由于生活交际需要，各种方言开始互相影响、互相融合，语言不通情况逐步改观。《大足县志》（1996）[1]就描述过此种现象："凡一般人率能兼操两种语音，平时家人聚谈，粤人操粤音，楚人操楚音，非其人不解其言也；与外人交接则用普通话，远近无殊。"可见当时已经慢慢形成作为"普通话"的通用方言。

从历史上看，重庆地区移民多由北方南迁，语言长期受到北方方言影响，其发音也与北方语系接近。明清以来，湖广地区移民大规模迁入重庆地区，来源地集中，组织性强，迁入后集中居住，短时期内容易形成一定规模的方言社会。由于湖北方言也属于北方方言，与当地原住民方言大多相通，加上移民数量众多，"湖北话"逐渐成为当地强势方言，以重庆主城区为中心，逐步扩散至周边区县。其他如赣、闽、粤等地方言，与原住民及其他地区移民之间交流困难，使用范围不断缩小，基本让位于主流的湖北方言。湘方言与湖北话相似程度较高，但由于移民数量处于劣势，随着长期生活交流，基本融入主流的湖北方言。时至今日，处于"弱势地位"的方言仍有保留，在重庆部分地区形成"方言岛"现象：荣昌地区现在仍存在"客家方言岛"，潼南、梁平等地区还存有"湘方言岛"，以及目前主要集中在大足区中敖镇天山乡茅店子徐姓家族的"闽方言岛"。

清末民初时期，重庆地区语言基本统一。据《云阳县志》（1999）记载："蜀中语言，各县同者八九，异者一二。"《大足县志》（1996）也有记录："近三四十年来普设学校，适龄儿童出就外传，乡谈遂失其传。"可见当时语言已经趋同，即使在同籍者聚居地，也只有老年人尚能保留乡音。至此，以"湖北话"为主体，融合其他地区外来人口方言特征的近代重庆话基本形成。

1.2.2.3 现代重庆方言的发展成型

随着近现代历史风云变幻，经济社会结构变迁，以重庆主城区方言为基础的重庆方言逐渐成型。1937年，重庆成为国民党政府战时"陪都"，伴随政府机关、工厂、

---

[1] 大足县县志编修委员会. 大足县志[M]. 北京：方志出版社，1996.

学校大量迁入，上海、江苏、浙江等地移民给当地带来了吴方言的影响，丰富了重庆方言的词汇，如表示好看、时髦的"格式 [kɛ²¹si²⁴]"，表示回来的"转 [tsuan⁴²] 来"等。此时期移民多是企业家、工商业者、军政官员、知识分子等精英人士，直接带动了重庆市经济和文化的快速发展，人口文化素质和教育程度也得到很大提升，同时也对当地语言产生了较大影响，这也是重庆方言与四川方言有所差别的重要原因之一。

1949 年重庆解放后，中共中央西南局和西南军政委员会设驻地于重庆，大批北方军政干部随军入渝，这些人员主要使用北方方言。1964 年，国家开始"三线建设"，一大批东部沿海、东北地区移民随之进入重庆，与当地居民日常交往中，普通话影响加大。这些都对重庆主城区的语言形成了影响。随着经济迅猛发展和交通条件极大改善，作为重庆政治经济文化中心的主城区，其中心辐射作用愈加明显，其语言对其他各地区的影响也极大，各区县的方言都逐渐向主城区方言靠拢，从而形成了以主城区方言为基础、具有高度统一性的重庆方言。

综上所述，重庆方言作为西南官话的一支，既兼具四川方言和湖广方言的特征，这是与历史上这几个地区大量的人口迁徙分不开的，又具有明显的个性特征，也体现出当地土著方言与移民语言的融合以及后期经济高速发展过程中普通话对方言的影响。

1.3 重庆方言语法研究价值

重庆方言语法研究既具有语言学意义和学术价值，又具有连接城市历史与促进未来发展的意义和文化价值。

1.3.1 重庆方言独立研究的价值

现代汉语有不同的方言，方言又俗称地方话，有着丰厚的历史文化底蕴，与人民生活息息相关。汉语方言有不同的分区方法。一种常见的方法是将汉语方言分为七大方言区，即北方方言、吴方言、赣方言、湘方言、闽方言、粤方言、客家方言。北方方言又分为华北东北方言、西北方言、西南方言和江淮方言。重庆方言属于北方方言中的西南方言。李荣等学者[①]将汉语方言分为官话区、晋语区、吴语区、徽语区、赣语区、

---

① 李荣，熊正辉，张振兴. 中国语言地图集[M]. 香港：朗文出版远东有限公司，1987.

湘语区、闽语区、粤语区、平话区、客家话区等十区，其中官话区分为东北官话区、北京官话区、冀鲁官话区、胶辽官话区、中原官话区、兰银官话区、西南官话区、江淮官话区等八区。西南官话又分为成渝、滇西、黔北、昆贵、灌赤、鄂北、武天、岑江、黔南、湘南、桂柳、常鹤十二片区，重庆方言属于西南官话的成渝片区。

1997年重庆直辖以前，重庆方言同重庆这座城市一样，隶属于四川，是四川方言的一个组成部分，对于重庆方言的研究也是在四川方言之内，作为一个整体进行的。重庆直辖以后，行政上已不再隶属于四川省，因此也有不少人提出来，四川方言不应该再包括重庆方言。如戴伟、周文德（1999）[1]建议，改称四川方言为巴蜀方言，并且，对重庆方言的研究也应从四川方言的范围中独立出来。从历史与现实来看，重庆方言内涵丰富、历史悠久、特点鲜明，尤其在重庆市直辖以后，重庆方言的地位迅速攀升，成为与四川（成都）方言同等地位的西南官话重要代表。今日，重庆方言是以主城区为中心的重庆地区人民包括少数民族在内的通用语言，同时受益于重庆城市日益重要的政治经济地位，重庆方言影响力不断扩大加深，对于重庆方言的独立研究也已到了加强、提速的时候。

重庆方言是重庆文化的重要载体，历史文化是一座城市的灵魂，城市的发展需要文化赋能。重庆历史文化具有浓厚的地域特点和人文精神，是中华民族文化的重要组成部分。由于历史地理原因，重庆与四川长时间共享巴蜀文化，在重庆作为四川省辖市时期，重庆文化又被认为从属于巴蜀文化。1997年重庆升为直辖市，行政级别的改变也带来身份地位的转变，重庆各界开始谋求历史、文化、语言等方方面面的独立，真正将"四川重庆人"转变为"重庆人"。不过，长时间处在巴蜀文化影响下，加之重庆、四川两地地缘相亲、民俗相似、文化相近，重庆作为最年轻的直辖市也较难在短时间内实现"文化独立"，热情的期望与冷静的现实反而导致一定程度上的"文化真空"。

近年来，为构建独立的重庆文化，填补区域文化缺失，专家学者研究成果不断。比如，将重庆文化总结为以巴渝文化为主体，以移民文化为显著特点，兼具革命文化、三峡文化等时代特征；将巴渝文化梳理为巫山原始文化、巴族巴国文化、三国文化、丰都鬼文化、巴渝竹枝词民间文艺、大足石刻艺术、宋末抗元军事文化、明玉珍大夏文化、辛亥革命文化、陪都及红岩文化十大系列。从巴蜀文化到巴文化，再到巴渝文化，

---

[1] 戴伟，周文德. 巴蜀方言重庆话的语音特点[J]. 重庆师专学报，1999（1）：98-102.

一定程度上重塑和构筑了重庆区域文化，尤其是区别于巴蜀文化的直辖市独立文化。虽然"巴渝文化"这一概念仍存在一定争议，也有学者认为巴渝文化从属于巴蜀文化，非并列关系，但不可否认的是，巴渝文化已经成为区域文化的重要代表，这既是学术发展创新的需要，也是时代进步和社会发展的需要。

语言是历史文化的活化石，方言是地方历史文化的重要载体。重庆方言是重庆历史的活字典，是重庆文化的重要表现形式。像"京片子"之于京味文化，"上海闲话"之于海派文化，"重庆言子儿"近些年逐渐兴起，慢慢成为重庆巴渝文化的独特代表。广义的重庆言子儿就是重庆方言，狭义的重庆言子儿指当地的俚语俗语。如起于重庆球迷进而传遍全国的"雄起_{加油}""下课_{被开除}"口号，如形容厉害的"霸道"，形容傻傻的反应慢的"方脑壳"，以及"不存在_{没关系、别放在心上}""要得_{好的}"等。重庆言子儿反映了重庆独特的城市精神、人民性格和生活态度，独有的直白麻辣语言特点立住了巴渝文化形象，成为一张独特的城市名片，为重庆文化的创立、传播、丰富、发展起到十分重要的作用，也为重庆文化走向世界起到桥梁纽带作用。因此，作为重庆文化载体一部分的重庆方言值得独立深入研究。

1.3.2 重庆方言语法独立研究的价值

同大多数方言研究的情况一样，重庆方言的研究也是语音先行，语法方面的研究很少，而独立于四川方言之外，针对重庆方言的语法研究更是少之又少。重庆是一座典型的移民城市，重庆方言具有鲜明的移民特征，移民冲击、塑造、充实、丰富了当地语言，形成了朴实幽默、风趣智慧、开放包容、充满市井气和江湖气的特色重庆话。对于移民对重庆方言的影响，现有的研究和成果主要是从语音和词汇方面进行的，而我们可以看到，重庆方言的很多语法现象是可以从历史中找到出处，并且做出解释的。四川方言的形成也深受湖广移民的影响，但成都话和重庆话除了在语音和词汇上有差别，在语法现象上也有不少差异。

比如表示被动，成都话广泛用"拿跟"表示被动，重庆话常常用"着 [tsau^{21}]"表示被动。艾芜在《南行记·流浪人》里写道："因为踏着乱石，很容易一下子滑到下去，拿跟背上的盐巴压着，怕不起来。""他是矮汉子的伙计，拿跟矮汉子喊作老幺。"这里面的"拿跟"都表示被动，前一个句子中，"拿跟"在重庆话中可以说"着"，但后一个句子中，在重庆话中"拿跟"还不能换成"着"，如果用重庆话说，应为"矮汉子喊他老幺"，因为重庆话中的"着"用作被动时，一般表示遭遇不幸或不愉快的事情。

同属西南官话成渝片区的四川方言和重庆方言，在句法、虚词方面的一些异同，是移民过程中带来的，还是当地自身存在的，抑或是在融合过程当中形成的，从历时层面来看，以上问题都值得进行独立、深入的研究。

重庆现在 30 岁以下的年轻人，也可以称为新派的说重庆话的人，这些人的成长伴随着普通话的大力推广，加上重庆城市的高速发展，他们说的重庆话受普通话影响大，有快速向普通话趋同的趋势。首先向普通话同化的是语音和词汇，但近些年，年轻人说的重庆话中越来越多的句式和构词方式也在向普通话靠拢。

比如儿化，重庆方言中，单音节名词很少儿化，北京话常用的"猴儿、狗儿、刀儿"在 60 岁以上重庆人口中是听不到的，但现在越来越多的重庆年轻人也这么说，并且他们也表示，会有意无意地模仿普通话。不过，儿化在普通话中有表示小称、喜爱的修辞意义，新派重庆话在模仿语音的同时，却没有拿过来其附加的修辞意义，他们在说"猴儿、狗儿、刀儿"的时候，并没有认为所指是小的。这也是一个很有意思的现象，是否表示儿化的小称意义在消磨，是否意味着儿化在衰亡，都是值得研究的。

本书也希望通过对重庆方言语法的研究，能够从历时、共时以及未来等各层面，对重庆方言的保留、重庆文化的发扬以及重庆城市的发展等做出一点具有实际意义的贡献。

1.4 重庆方言语法研究情况

对重庆方言的研究，不管从语音、词汇、语法抑或文化等各个方面，都不能撇开四川方言的研究单独来进行。从古至今，重庆与四川多次分合、合分，"巴蜀"历来被合称，重庆为"巴"，四川为"蜀"，而古代巴蜀方言亦可看作现代重庆方言与四川方言的基础。进入现当代以来，重庆方言和四川方言的发展和主要特征也具有很大的同步性和一致性。1997 年重庆由中央直辖，在此之前重庆在行政上长期隶属于四川，而重庆方言也一直被包含在四川方言之中，或者说绝大多数的人称重庆方言就是四川方言。因此，长期以来对重庆方言的研究也被包含在四川方言的研究之中。对重庆方言专门的研究出现得比较晚，而对重庆方言语法专门的研究更是到了 20 世纪 60 年代才零星出现。直至 20 世纪 90 年代末，尤其是重庆成为直辖市以后，对于重庆方言语法的独立研究才开始加热，并且迅速发展开来。

20世纪90年代,崔荣昌(1994)[1]提出,四川方言的研究大致可分为三个时期:早期,主要是对词汇的研究,从古代散落的蜀语记录到明清蜀语的收集整理都是研究的内容;20世纪40年代到50年代,方言普查时期,四川先后进行了两次省级方言普查;20世纪80年代以后,综合研究时期,从语音、词汇、语法等各层面展开全面研究,并且对四川方言的起源,以及省里不属于西南官话的地区方言进行了调查研究。重庆方言的研究同样也适用于这种三个时期划分的评论。

20世纪40年代以前,重庆方言的研究散见于各区县地方编撰的地方志,并且主要收集的是当地的方言词。20世纪40年代,重庆市对各地区和全市通用的方言词汇进行了全面的收集,这一时期的重要著述是唐幼峰的《重庆方言》(1942)[2];50年代,为了配合普通话的推广,一些学者对重庆方言的语音进行了全面的调查和描写,以此对比重庆话和普通话的差异,比如李运益出版了《重庆人怎样学标准音》(1956)[3]。

20世纪60年代至70年代,关于重庆方言语法的研究才独立出现在人们的视线中,而范继淹应该说是现当代重庆方言语法研究的首推之人。检索《中国语言学论文索引(1900—1949)甲编》[4]和《中国语言学论文索引(1950—1980)乙编》[5],只有三篇关于重庆方言语法研究的论文都是范继淹所作:《重庆方言名词的重叠和儿化》(1962)、《重庆方言表动量的"下儿"和表时量的"下儿"》(1965)、《重庆方言"下"字的分化》(1979,方言)(第一篇和第三篇在其1986年《范继淹语言学论文集》中找到原文)。在《重庆方言"下"字的分化》中,其详细阐述了重庆方言"下"的三种情况——三个读音,不同词义,不同用法:细音去声 [ɕia^{24}],用于动词(包括复合动词的趋向补语)、方位词、限定词,比如"下楼、下去","跳下去、走下楼来","下周、下次";洪音去声 [xa^{24}],用于动量(可数的、不可数的均可,不可数的须儿化且不重叠)、时量(须儿化且不重叠)、副词(全、完全义),比如"打一下、收拾下儿","坐(一)下儿,等(一)下儿","把剩的下都给我,人下都走了";洪音阴平 [xa^{55}],只表时量,不单用,或者儿化,如"下儿" [xar^{55}],或者带儿尾,如

---

[1] 崔荣昌. 四川方言研究述评[J]. 中国语文,1994(6):419-429.
[2] 唐幼峰. 重庆方言[M]. 重庆:重庆旅行指南社,1942.
[3] 李运益. 重庆人怎样学标准音[M]. 重庆:人民出版社,1956.
[4] 中国社会科学院语言研究所. 中国语言学论文索引(1900-1949)甲编[M]. 北京:商务印书馆,1978.
[5] 中国社会科学院语言研究所. 中国语言学论文索引(1950-1980)乙编[M]. 增订本. 北京:商务印书馆,1978.

"下儿"[xa⁵⁵ ər²¹]，或者重叠后儿化，如"下下儿"[xa⁵⁵ xar⁵⁵]。

20世纪80年代到90年代初期，随着四川方言研究的复兴，重庆方言的研究也得到了重视，尤其在语法研究方面，迎来了第一个小高峰。在《中国语言学论文索引·上册（1981—1990）》①和《中国语言学论文索引·下册（1981—1990）》②中，检索到7篇重庆方言研究的论文，且都是关于语法的研究。分别为喻遂生的《重庆话的附缀形容词》（1982），巴言的《重庆方言既说"啥人"又说"哪个"》（1984），余纪的《重庆方言中的"嘿""惨""只有恁个……了"》（1984），彭永昭的《重庆方言中的几个语气词》（1988），喻遂生的《重庆话名词的重叠构词法》（1988）、《重庆方言的"倒"和"起"》（1988）和《重庆话非名词词类的重叠形式》（1990）。喻遂生为这一时期重庆方言语法研究做出了突出贡献，其关于重庆方言词缀、重叠形式等的研究，也是这一时期重庆方言语言研究的主要内容。

20世纪90年代后期，特别是1997年重庆直辖以后至今，重庆方言语法的研究得到全面迅速的发展。笔者在《中国语言学论文索引（1991—1995）》③中，未检索到一篇关于重庆方言研究的论文，无论语音、词汇、语法还是文化方面的；在《汉语方言语法类编》④中，只找到四川话，在四川方言条目下也没找到专门的重庆话语法描写。不过这一时期重庆方言语法研究还是迎来了成果产出高峰：1996年，第一本比较全面描写重庆方言的著作《重庆方言志》⑤面世，书中对重庆方言的语音、词汇、语法均进行了比较全面的调查和描写，但相较于语音和词汇部分，语法方面的研究在广度和深度上都还略显薄弱，仅对实词、虚词和句法的特点进行了部分的列举，阐述不够全面，并且没有从语言学意义上展开来分析和探究形成这些特点的原因以及将来可能的发展趋势。

杨月蓉的《重庆方言量词的语法特点》（2000）和《谈重庆方言中表示能愿的"得"类词语》（2006），刘红曦的《试析重庆方言的单音节语气词》（2000），彭锦维的《重

---

① 中国社会科学院语言研究所. 中国语言学论文索引（1981-1990）上册[M]. 北京：商务印书馆，2005.
② 中国社会科学院语言研究所. 中国语言学论文索引（1981-1990）下册[M]. 北京：商务印书馆，2005.
③ 中国社会科学院语言研究所. 中国语言学论文索引（1991-1995）[M]. 北京：商务印书馆，2003.
④ 黄伯荣. 汉语方言语法类编[M]. 青岛：青岛出版社，1996.
⑤ 翟时雨. 重庆方言志[M]. 重庆：西南师范大学出版社，1996.

庆话语气词的特点》（2001），苗春华的《重庆方言的词缀"头"》（2002），向莉的《重庆方言助词"起"浅析》（2003），钟维克的《谈重庆话的"倒"字用法》（2003），李科凤的《重庆方言与普通话疑问句的异同》（2005）和《重庆方言的"打"》（2005），周艳的《重庆方言动词重叠式的语义条件考察及语义特征》（2006）等文章，从构词法、虚词、特殊的句式等方面对重庆方言语法进行了研究，相较于20世纪90年代以前，这些论文所采用的研究方法、理论和结论都更加多样和深入。2012年杨月蓉主编的《重庆市志·方言志（1950—2010）》的面世，更是重庆方言研究全面开花的一个标志。该书第一次大篇幅、较全面地论述了重庆方言语法，尤其是对重庆方言特殊的结构成分和结构方式进行了专门章节的撰写。其中，重庆方言"表示强调的格式"，系统地阐释了A都不A/A都没有A，道A不A，A倒是A/A倒不A，不A都（也）A了，只有恁个A了，找些N来V六种格式（前五种格式中，除了"不A都（也）A了"里的"A"只能是动词，其余的"A"可以是形容词也可以是动词——作者注）；并且对表示情态的格式也进行了系统的分析，比如"要V要V的，要V不V的，V倒V倒"等。

总体上看，重庆方言语法研究在过去50多年来，从无到有、从被包含于四川方言之中到独立出来，最近20多年是成果多产时期，得到了重视并取得了明显进展，但重庆方言语法的研究还有很多值得深入和需要发掘的问题和现象。让人欣喜的是，有越来越多的语言学硕士和博士研究生关注到并踏入重庆方言语法研究的领域之中。

本书欲讨论的重庆方言语法的五个专题的研究综述，除了下文即将展开的"儿化"部分的研究综述，其他四个部分，即"重叠式名词""形容词生动形式""语气词"以及"与'得'相关的两种特殊句法结构"的关于前人的研究将放在每一章开头的"引言"部分，且主要是对该语法现象在重庆方言中的研究情况进行归纳。重庆方言中对于"儿化"和"重叠"的研究大都是一起进行的，特别是对于"重叠式名词"的研究，往往离不开"儿化"，因此，"儿化"部分的研究综述包含了"重叠式名词"的部分研究情况，没有涉及的将放在"重叠式名词"的引言部分加以补充。

1.5 本书所研究的重庆方言

1.5.1 区域与人群

本书所研究的重庆方言是重庆主城九区：渝中区、渝北区、江北区、南岸区、沙坪坝区、九龙坡区、大渡口区、北碚区和巴南区九个区中老年人所说的重庆话。从前文重庆的人文地理概况，以及重庆的移民史可以看到，重庆市辖38个区县，作为一个市来讲，面积大、区县多、人口多，并且移民现象历史久远，所以重庆地区语言的使用呈现出地域性差异，而这种差异主要是语音和词汇（方言词多）上的，语法上的差别非常小。一直以来，主城区就是重庆的政治经济文化中心，虽然所占地域面积比例不大，但主城区的人说的语言是最具代表性的重庆方言，是整个重庆地区的通用语言，包括少数民族和各方言岛的其他方言使用者在内；并且，主城九区的语言一致性强，几乎没有内部差异。另一方面，如前文所说，重庆近年的发展迅速，城市自身的基础教育和对外地人员的吸引力都大大增强，普通话的影响越来越大，所以客观上表现出年轻人的语言使用向普通话趋近，这种趋近也主要表现在语音和词汇（方言词少）上，语法上变化非常小。因此，本书所选取的语料主要是重庆主城九区50岁以上重庆人使用的语言。

与主城九区说的语言接近的区县有璧山、永川、铜梁、荣昌、长寿、大足、合川、潼南、武隆、南川、涪陵、黔江、垫江、彭水、城口，这些区县在语音、词汇、语法上与主城区基本一致，都具有西南官话成渝片的主要特点，因此，也有学者将以上15个区县与主城九区共23个区县一起划为主城片区方言区。但这15个区县说的语言与主城九区还是有一些差异的，主要表现在个别特殊的语音和词汇上。

主城九区声母鼻音和边音是不分的，一律读成边音 [l]，比如"年"和"连"都读成 [lian^{21}]，"女"和"吕"都读成 [ly^{42}]，"难"和"蓝"都读成 [lan^{21}]。但大足和武隆地区有鼻音 [n]，比如"年"和"连"是有区别的，分别读成 [nian^{21}] 和 [lian^{21}]，"女"和"吕"分别读成 [ny^{42}] 和 [ly^{42}]。但是也并不是所有的鼻音和边音都有区分，像"难"和"蓝"还是不分的，都读成边音 [l]，区分的字只有小部分，比如"年""女"等。

主城九区声母 [f] 和 [x] 基本是区分的，只有韵母是开口呼 [u] 的时候，[xu] 全部读成 [fu]，比如"湖南"读成 [fu^{21}lan^{21}]，"互相"读成 [fu^{24}ɕian^{55}]。但永川、荣昌、合川和潼南地区，声母 [f] 和 [x] 基本是不区分、相互混用的，比如"发"和"华"都读成 [xua^{21}]，"肥"和"回"都读成 [fuei^{21}]，"飞"和"灰"都读成 [xuei^{55}]。

主城九区单音节儿化词少，而垫江地区单音节儿化词较多，比如"雀儿、兔儿、帕儿、烟儿"，但主城区这类词一般都是加"子"，如"兔子、帕子"，或者用重叠形式儿化："雀雀儿"，或者不儿化，如"烟"来表示这个词的意思。

长寿部分地区和南川部分地区的字词还保留了一些古入声字的发音，比如"蛇、特、白、黑"等的韵母读为 [a] 或 [ia]："蛇"[ɕia²¹]，"特"[tʰa²¹]，"白"[pa²¹]，"黑"[xa²¹]。荣昌部分地区还保留了零星方言岛，还有一些其他方言使用者，比如客家方言和湘方言。城口、彭水、黔江距离主城区较远，有个别独特的词汇与主城区不同，比如城口说"狗"是"狗子"，主城区一般单说"狗"。因此，璧山、永川、铜梁、荣昌、长寿、大足、合川、潼南、武隆、南川、涪陵、黔江、垫江、彭水、城口15 个区县的语言虽然与主城九区十分接近，但都不在本书研究所选取的语料范围内。

江津、綦江地区的语言与主城区在基本词汇和语法上都基本相同，但这两个地区有一个特点，就是有入声调。前面说到，主城片区的长寿部分地区，虽然也有个别字词保留了古入声字的发音，但只在特定一两个韵母，但江津、綦江地区有不少的字词都发入声，并且不局限在特定个别韵母，比如"一、得、不、发"等都读入声调。所以，江津、綦江地区的语料不在本书的研究范围内。

位于重庆中部的万州、丰都、忠县、梁平、石柱、开县 6 个区县，与主城区语言在基本词汇和语法上也是基本相同的，最大的不同表现在多零声母字。比如当声母是鼻音 [n]，韵母是 [i][iau][iou][ian][iɛ][y] 时，这些地区都读成零声母："你"[i⁴²]，"尿"[iau²⁴]，"牛"[iou²¹]，"娘"[ian²¹]，"捏"[iɛ²¹]，"女"[y]。所以，万州、丰都、忠县、梁平、石柱、开县等地区的语料也不在本书研究选取的范围之内。

位于重庆东北部的巫山、巫溪、奉节、云阳 4 个区县，其语言在基本词汇和语法上与主城区也是基本相同的，但由于与湖北临界，所以这几个地区的语言具有湖北话的一些特点。主城区声母平翘舌不区分，巫山部分地区区分平翘舌，而这些地区大多是与湖北相邻的地方，其说的语言也呈现出与之相邻的湖北区县的方言特点，如相邻的湖北建始县，当地方言区分平翘舌。前面说到，主城片区的永川等地区，声母 [f] 和 [x] 相互混用，而这四个地区，[f] 和 [x] 一般都说成 [x]，比如"发、华、回、肥、飞、灰"声母都读成 [f]。所以，巫山、巫溪、奉节、云阳等地区的语料也不在本书的研究范围内。

酉阳、秀山地区是重庆的少数民族聚集区，酉阳和秀山都是土家族苗族自治县，并且这两个地区与湖南、贵州都临界，因此，这两个地区语言受少数民族语言和外省市方言影响较大，使得这两个地区语言在语音和词汇上都与主城区有较大差异。所以酉阳、秀山地区的语料不在本书的研究范围之内。

本书研究的主城九区的语言没有内部差异，但有老派、中派、新派的些许区别，这些区别主要表现在语音和词汇上。本书对老派、中派和新派的界定为：老派和中派分别是指 80 岁以上、50 岁以上 80 岁以下，长期居住在主城区的中老年人，这些人的语言几乎完整保留了当地方言的特点，能够基本反映出重庆方言剧变以前的状况；所谓新派，是指 30 岁以下的年轻人，这些人是伴随着重庆的迅速、剧烈发展成长起来的，受基础教育中普通话的绝对普及、全市范围内普通话的大力推广，以及国内外人才大量涌入的影响，他们说话的语音、词汇都带有了普通话的特征，与老派和大部分中派重庆人说话已有较明显差异。老派、中派重庆人和新派重庆人在语音声母的差异主要体现在古代疑母字和影母字的音变上；韵母的差异主要体现在重庆话中普通话没有的韵母逐渐消失或者混用，不过并不是所有音变都像声母音变那样成体系，部分是个别韵母中的个别字。比如，重庆的地标解放碑，老派和大部分中派人读成"[tɕiai^{42}] 放碑"，新派读成"[tɕiɛ^{42}] 放碑"；又如"别个_别人_"，老派、大部分中派人读成"[pɛ^{21}] 个"，新派读成"[piɛ^{21}] 个"。

表 1-1　老派、中派重庆人与新派重庆人语音不同声母对应表

老派、中派重庆人声母	新派重庆人声母	例字
ŋ	ø	我、咬、岸、偶、昂、硬（疑母字）
	ø	爱、奥、安、欧、肮、恩（影母字）
l	ø	艺、宜、疑、研、严、业（疑母字）
v	ø (+u)（浊音消失）	乌、污、吴、五、午、误（影母字）

表 1-2　老派、中派重庆人与新派重庆人语音不同韵母对应表

老派、中派重庆人韵母	新派重庆人韵母	例字
(k+) ai、(tɕ+)iai	(tɕ+)iɛ	街、皆、解、界、戒、介
(k/kʰ/x+) uɛ	o	国、扩、阔、廓、括、或
(p+)ɛ	iɛ	别
(k+)o	ɛ	阁

20 世纪 90 年代以来，随着重庆的迅猛发展，普通话的大力推行，国内外人员的大量融入与当地人的相互交融，重庆方言从基本词汇到方言词都受到普通话的巨大冲击和影响。客观上使得一些方言词逐步被普通话词所代替，基本词汇新词增加、旧词消亡或词义发生变化，现在这些方言词汇在老派、中派重庆人中还得到较完整的保留并且继续使用。因此，本书研究所描写的重庆方言主要是长期生活在主城区的老派和中派重庆人所说的语言。

1.5.2 材料来源

一是田野调查。如前文所述，本书田野调查的对象主要是重庆主城九区50岁以上的重庆人。虽然实际情况是，有不少老人、中年人少时或年轻时曾在各区县或长或短待过，但本书最终选取的语料采集的对象，都是至少在主城区长期居住超过30年的重庆人。选取用作对比的新派重庆人主要为重庆主城区中学的在校学生、重庆籍的大学生，以及在各商圈随机采访或隐秘观察的年轻人。笔者的自省也是重要的来源之一。这部分材料包括口语材料和问卷调查类的书面材料。

二是已有的方言调查成果。这部分材料的选取，主要是从历时的角度和类型学的角度，借鉴前人和其他方言学者的调查材料和研究结论，纵向分析重庆方言某一语法点的发展进程，以及横向对比某一具体语法现象的共性和个性。这部分调查主要是论文、专著等书面材料。

三是文学作品。这部分材料包括古代文学作品和现代文学作品。古代文学作品主要是从历时的角度观察某个语法点的发展。现代文学作品的选取也包括报纸、杂志等实时性强的书面材料，以此观察方言的发展趋势。

1.5.3 研究理论和方法

语法化理论是本书对于重庆方言语法现象分析过程中运用得比较多的理论。方言的研究涉及语言共时和历时两个层面，而语言的共时层面格局和历时演变都不同程度体现出与语法化的相关性。特拉格特（Traughott）和海涅（Heine）从共时与历时结合的角度指出，语法化是语法范畴和语义组织的历时性和共时性的过程，表现为去范畴化、去语义化、扩展和消磨。重庆方言很多语法现象都可以用语法化理论得到解释，比如说重庆话儿化的词汇化、小称意义的消磨。

田野调查法是本书所采用的最主要的研究方法，所有研究都尽量依据第一手调查所得材料。基于田野调查，通过横向与纵向的对比，采用比较法和归纳法，对重庆方言特殊的语法现象进行描写和分析。个别特殊现象的研究采用语音分析与语法研究相结合的方法。

笔者出生于重庆市主城区，2004年以前一直生活在重庆，母语为重庆方言。本书研究所使用的语料部分来自于本人自身的语感，但为了避免主观性，使用本人经验所得的材料，特别是例字、例词的发音，以及例句，大都经过了再次的实地田野调查进行验证。本书田野调查的开展采用了方言调查常用的实地专题暗中调查、实地专题询问式调查、实地集体调查、问卷式调查等方式。随着通信网络技术的发展，人们对现代通信载体更加依赖，本书也采用了电话、网络，比如微信等聊天工具的调查方式。另外，在特定范围（如重庆市高等院校相关专业的重庆籍师生以及重庆市重点高中的学生等语文素养较高，能很好地理解调查问卷的群体）使用刘丹青等人编写的《汉语方言语法调查问卷》（2017）进行更为全面、系统的调查。

本书的研究着眼于重庆方言与普通话相比所呈现出的特殊的语法现象，因此，比较法也是本书使用得比较多的研究方法。在将重庆方言和普通话不同语法现象进行对比的过程中，主要参照朱德熙的"将方言语法和标准语语法研究相结合"的比较方法，通过对这些特殊语法现象详细、清晰、深入的描写，来与普通话的语法进行共时层面的比较。比如，通过共时层面的分析来比较重庆方言的补语"倒""起"与普通话的"着"。另外，大量田野调查的一手语料、不成系统的语法现象，就需要用归纳法来进行进一步的分析，因此，归纳法也是本书主要的研究方法。在方言调查中，对同一个字或词的语音、理解，或者同一个句法表达方式，哪怕同一个片区、同一个年龄段的被调查者都可能会有差别，比如，"街、皆、阶、解、介、界"等普通话读 [tɕiɛ] 的字，重庆方言会有 [kai] [tɕiai] [tɕiɛ] 三种读音，而怎么去甄别、分类，就需要通过合适的、正确的归纳，才能开展进一步的分析。比如重庆方言中表示强调的句式，"A/V 都不 A/V"和"A/V 都没有 A/V"，其实是同一种句式，只是所用的字有些许不同，而这也需要在大量的语料中进行合适的归纳才能得出，从语料许许多多小小的差异中归纳出"大同"，都离不开归纳法。

除了田野调查法、比较法和归纳法，在某些特殊的现象上，本书还使用了将语音分析与语法研究相结合的研究方法。语音变异往往包含着语法因素，轻声、儿化、变调，以及分音、合音，或者一字多音，往往蕴含着语法的内容。在某个虚词弱化、虚化或者语法化的过程中，往往伴随着字词语音的变化，比如，轻声、儿化、小称等。儿化在重庆方言中是特别常见也特别重要的现象，既涉及语音，也涉及词汇和语法。因此，在重庆方言儿化的研究中，使用将语音与语法结合起来的研究。另外，儿化还涉及历时层面的研究，也会使用到共时与历时相结合的比较法。

总体来说，本书采用的研究方法注重描写，重视一手口语材料，力求通过对重庆方言特殊语法现象的描写，展现重庆方言丰富多彩的语法特点，并且在研究中往往采用多种研究方法相结合而非采用单一的研究手段。

1.6 重庆方言的声韵调系统

1.6.1 声母

重庆方言声母 20 个（包括零声母）。

p 巴、白、北、半	pʻ 坡、旁、匹、碰	m 妈、门、猛、灭
f 发、福、湖、互	t 端、迪、档、定	tʻ 他、糖、涂、透
l 梨、吕、泥、女、宜、业		ts 字、子、志、只
tsʻ 词、次、吃、尺	s 思、四、诗、是	z 日、如、人、让
tɕ 鸡、级、几、记	tɕʻ 期、奇、起、气	ɕ 西、习、醒、现
k 瓜、革、街、角	kʻ 康、狂、掐、敲	x 喝、华、咸、巷
ŋ 欧、我、岸、硬	v 乌、吴、五、务	ø 烟、云、王、挖、荣、蓉

重庆方言声母比普通话声母少 2 个（包括零声母），没有普通话声母 [tʂ tʂʻ ʂ ʐ n]，但增加了普通话没有的声母 [z ŋ v]。最主要特点是平翘舌不分、鼻边音不分。

重庆方言不区分平翘舌，没有翘舌音，只有平舌音，声母 [tʂ tʂʻ ʂ ʐ] 一概读成 [ts tsʻ s z]。

重庆方言 [l] 声母，除了普通话中 [l] 声母的字同样读 [l]，还包含两种情况：一是重庆方言声母 [n] 与 [l] 不分，没有 [n] 声母，只有 [l]，声母 [n] 一概读成 [l]；二是普通话中部分以 [i] 开头的零声母字，都加上声母 [l]，比如"宜、疑、严、研、验、业"等。

重庆方言 [f] 与 [x] 基本是区分的，只有普通话中韵母为 [u]、声母为 [x] 的字读成 [fu]。

普通话舌面音声母 [tɕ tɕʻ ɕ] 的字，绝大多数在重庆方言中是相对应的，但也有个别字在重庆方言中读成舌根音声母 [k kʻ x]。

普通话中个别 [tɕ] 声母的字，重庆方言读成 [k] 声母，比如"街、间、角、窖"等。

普通话中个别 [tɕʻ] 声母的的字，重庆方言读成 [kʻ] 声母，比如"掐、敲"等。

普通话中个别 [ɕ] 声母的字，重庆方言中读成 [x] 声母，比如"咸、巷、鞋"，或者 [ɕ] 和 [x] 都说，在不同的地方读成不同的音："下"，作为量词表动量或时量的时候，读成 [xa^{24}]，如"打一下、坐一下、等一下"，"没得下数（指心里没数）"；作为动词、方位名词或限定词的时候，读成 [ɕia^{24}]，如"下去、下面、下周"。

普通话中声母是 [ʐ]、韵母是 [uŋ] 的字，重庆方言中都是零声母，读成 [yŋ]。

重庆方言有两个普通话没有的声母：舌根鼻音 [ŋ] 和唇齿浊擦音 [v]。普通话中以 [a o ɤ] 开头的零声母字，重庆方言中一般都加上声母 [ŋ]。普通话中的零声母音节 wu，重庆方言一般都加上 [v] 声母。

表 1-3　重庆方言与普通话不同声母对应表

重庆方言声母	普通话声母	例字
f	f	发、福、方、奉
f	x	忽、湖、虎、互
l	l	梨、吕、路、蓝
l	n	泥、女、怒、难
l	ø	宜、疑、严、业
ts	ts	字、子、杂、则
ts	tʂ	志、只、渣、这
ts'	ts'	词、次、擦、测
ts'	tʂ'	吃、尺、差、车
s	s	思、四、仨、色
s	ʂ	诗、是、啥、蛇
z	ʐ	日、如、人、让
k	k	瓜、革、改、逛
k	tɕ	街、间、角、窖
k'	k'	康、狂、凯、抗
k'	tɕ'	掐、敲
x	x	喝、华、好、恨
x	ɕ	咸、鞋、巷、下
v	ø	乌、吴、五、务
ŋ	ø	欧、我、岸、硬
ø	ø	烟、云、王、挖
ø	ʐ	荣、蓉、容、熔

1.6.2 韵母

重庆方言韵母38个，其中单元音韵母9个，复元音韵母16个，带鼻音韵母13个。

ɿ 只、字、吃、词、诗、思、日　　i 衣、笔、比、币　　u 哭、湖、土、不　　y 女、吕、虚、举

a 巴、爬、打、踏	ia 家、牙、下、亚	ua 瓜、华、耍、胯	
o 播、泼、左、过	io 脚、觉、药、学		
ɛ 黑、白、这、麦	iɛ 些、铁、写、灭	uɛ 国、或、阔、括	yɛ 缺、月、决、雪
æ 唉、噻			
ər 而、儿、耳、二			
ai 还、牌、凯、害	iai 皆、解、界、戒	uai 乖、坏、帅、外	
ei 杯、肥、美、妹		uei 推、堆、对、累	
au 高、毛、跑、报	iau 标、苗、表、票		
ou 都、周、走、豆	iou 修、球、朽、右		
			yu 俗、曲、局、育
an 班、盘、敢、干	ian 变、严、扁、片	uan 弯、船、短、乱	yan 娟、选、卷、愿
ən 奔、省、正、轮	in 音、民、英、迎	uən 温、坤、绳、准	yn 云、君、寻、群
aŋ 帮、旁、港、抗	iaŋ 央、娘、两、降	uaŋ 光、王、恍、撞	
uŋ 东、中、翁、鹏			yŋ 胸、穷、用、容

重庆方言韵母比普通话韵母少一个，没有普通话韵母 [ʅ ɤ uo iŋ əŋ uəŋ]，但增加了普通话没有的韵母 [æ io iai uɛ yu]。最主要的特点是前后鼻音不分。

重庆方言没有声母 [tʂ tʂʻ ʂ ʐ]，因此也没有与之相拼的韵母 [ʅ]，普通话中的韵母 [ʅ] 和 [ɿ]，重庆方言中都是 [ɿ]。

重庆方言没有韵母 [ɤ]，普通话中韵母读 [ɤ] 的字，重庆方言中大多读 [ɛ]。

重庆方言没有韵母 [əŋ]，普通话中的后鼻音韵母 [əŋ] 和前鼻音韵母 [ən]，重庆方言都读成 [ən]，但声母为 [p pʻ m f] 时除外。当声母为 [p pʻ m f] 时，韵母 [əŋ] 读成 [uŋ]。

重庆方言没有韵母 [iŋ]，普通话中的后鼻音韵母 [iŋ] 和前鼻音韵母 [in]，重庆方言都读成 [in]。

重庆方言没有韵母 [uəŋ]，普通话中的韵母 [uəŋ]，重庆方言都读成 [uŋ]。

重庆方言的韵母往往一个韵母对应普通话中的多个韵母，并且根据声母的不同呈现出系统性的不同对应，单元音韵母、复元音韵母以及带鼻音韵母大多如此。比如，重庆方言中的单元音韵母 [o]，对应的普通话韵母有 [o ɤ u uo ua au iau ou]，只有当声母是双唇音 [p pʻ m] 时，普通话的 [o] 韵母，在重庆方言中才读成 [o] 韵母。

重庆方言韵母与普通话韵母一一对应的很少，只有9个：[ər ou iou ian iaŋ uai

uan ia iɛ]。

1.6.3 声调

重庆方言有四个声调。

阴平 55　阴天关开　　　阳平 21　阳平人国

上声 42　我你走手　　　去声 24　去看帅胖

重庆方言听起来比较"硬"，这也是重庆方言自身特点决定的：重庆方言只有四个调类（听起来很柔和的语言往往调类多，比如泰国语有 5 个声调，粤语有 9 个声调），并且基本都是直线型，没有曲折调（比如普通话的上声 214）；重庆方言调值跨度小，高音和低音的差别没那么大，比如普通话的阳平 35、去声 51；重庆方言变调少，比如上声不变调（普通话上声会变调 21、35），并且变调也几乎都变成阴平，没有新调类，没有起伏；重庆方言没有轻声，连语气词都是四个声调。所以重庆方言听起来比较"硬"，没有普通话感觉那么柔和。

2 重庆方言的儿化及儿尾

2.1 儿化研究情况

2.1.1 儿化在方言学的研究

儿化是方言中一个常见且具有显著特征的现象，其涉及语音、语法、语义、语用等多个方面、不同层次的问题，并且各方面的内容在不同方言中既具有共性的呈现，也有各自鲜明的特点。

通过检索《中国语言学论文索引（1900—1949）甲编》《中国语言学论文索引（1950—1980）乙编》《中国语言学论文索引（1981—1990）上册》《中国语言学论文索引（1981—1990）下册》《中国语言学论文索引（1991—1995）》（以下均简称索引）可以看到：

1949年以前，中国语言学论文中没有（至少题目中没有直接体现）专门对于某一方言儿化现象研究的文章，但有一篇《兰州人口语中常见之"合音"》[①]，通过对兰州方言的调查，兰州话中没有儿化韵，作为后缀的"儿"自成音节，但存在大量叠音名词+后缀"儿"的形式，并且往往通过这种叠音+儿的名词形式指小，表可爱，表达喜爱的感情，而这即是小称儿化的作用。这一现象和重庆方言中的重叠儿化现象非常相似，只是重庆方言中的重叠儿化形式中的"儿"是卷舌儿化韵。因此，《兰州人口语中常见之"合音"》一文中，作者杨国柱对于叠音的描写，应该可以看作早期对于方言中儿化现象的研究。

1949年以后到20世纪90年代以前，这四十余年间，从方言学的角度对儿化现象的研究迅速发展，其中以单个方言片区的儿化现象调查研究尤为突出。检索索引可

[①] 杨国柱. 兰州人口语中常见之"合音"[J]. 新西北，1943（8）：111-112.

以看到以下具有代表性的调查研究成果：

柴然之《四川方言中"儿化词"的音变》（1956），傅为《东北音和北京音的"儿化韵"》（1957），李龄《四川邛崃话里的后加成分"儿"和"儿子"》（1959），蒋希文《赣榆话儿化词的特殊作用》（1962），范继淹的《重庆方言名词的重叠和儿化》（1962）和《重庆方言表动量的"下儿"和表时量的"下儿"》（1965），陈治文《关于北京话里儿化的来源》（1965），尚静《〈关于北京话里儿化的来源〉小议》（1966），李荣的《温岭方言语音分析》（1966）、《温岭方言的变音》（1978）和《温岭方言的连续变调》（1979），郑张尚芳的《温州方言的儿尾》（1979）、《温州方言儿尾词的语音变化（一）》（1980）和《温州方言儿尾词的语音变化（二）》（1981），李明《"儿化"浅谈》（1980），厉兵《长海方言的儿化与子尾》（1981），赵声磊《安阳方言的儿化现象》（1981），徐通锵《山西平定方言的"儿化"和晋中的所谓"嵌l词"》（1981），应雨田《安乡话的"儿化"》（1983），李申《徐州方言的儿化研究》（1983），毛修敬《北京话儿化的表意功能》（1984），马风如《山东金乡话儿化对声母的影响》（1984），吴璇《现代北京音的-儿尾音韵母与现代潮州方音的对应关系初探》（1984），日本学者太田斋的《山东方言的儿化》（1984），贾采珠的《坷儿坎儿麻杂儿》（1985）和《北京话"漫儿"的读音：从"仨漫儿油俩漫儿醋"说起》（1986），董绍克《阳谷方言的儿化》（1985），李国正《四川话儿化词问题初探》（1986），日本学者伊地智善继的《试论北京方言中的词尾"-儿，-子，-头"》（1986），郑有仪《北京话和成都话、重庆话的儿化比较》（1987），俞敏《驻防旗人和方言的儿化韵》（1987），李葆瑞《也谈北京话的"漫儿"》（1988），马文忠《大同方言的"动词+顿儿"》（1987），彭国钧《云南合庆话中词尾头、儿字的语法作用》（1988），田作申《巴东方言中的儿化》（1989），颜森《黎川方言的仔尾和儿尾》（1989）。

20世纪90年代初期到2000年初期，这十年左右的时间可以说是方言儿化现象研究的顶峰，无论从数量上还是从成果上。这一时期，从历时和宏观的角度对方言儿化现象的讨论取得了很大成果，同时，共时和单个专题的研究也进一步深入和扩展。这段时期的研究成果主要有：

应雨田《湖南安乡方言的儿化》（1990），庞兆麟《北京语音中的"儿化韵"》

（1990），刘英《北京话"这儿，那儿，哪儿"的儿化来源》（1990），林焘《北京话儿化韵个人读音差异问题》（1990），武继山《不止是大同方言说"动＋顿ㄦ"》（1990），万幼斌《鄂州方言的儿化》（1990），汤述祖《太谷方言的儿韵、儿尾和儿化》（1991），孙德金《北京话部分儿化韵读音调查》（1991），张林林《九江话里的儿化现象和儿尾》（1992），贾采珠《北京话的轻声儿化韵》（1992），方松熹《浙江吴方言里的儿尾》（1993），董绍克《高密方言的儿化》（1993），胡光斌《遵义方言的儿化韵》（1994），胡海《宜昌方言儿化现象初探》（1994），王洪君《汉语常用的两种语音构词法——从平定儿化和太原嵌l词谈起》（1994），仇克群《国外关于阳谷方言儿化现象的理论分析》（1995），王森《临夏方言的儿化音变》（1995），钱曾怡《论儿化》（1995），王理嘉《儿化韵语素音位的讨论》（1995），李宇明《泌阳方言的儿化及儿化闪音》（1996），李延瑞的《"儿化"性质及普通话儿化韵的发展趋势》（1996）和《论普通话儿化韵及儿化音位》（1996），张树铮《山东寿光北部方言的儿化》（1996），汪长学《重庆方言儿化音刍议》（1996），赵日新《徽语的小称音变和儿化音变》（1999），汪化云《团风方言的儿尾》（1999），李思敬《现代北京话的轻声和儿化音溯源——传统音韵学和现代汉语语音研究结合举隅》（2000），乔全生《山西方言"儿化、儿尾"的研究》（2000），鲁允中《轻声和儿化》（2001），王福堂的《汉语方言语音的演变和层次》（1999）和《北京儿化韵的产生过程》（2002）。

2000年初期以后至今，对方言儿化的研究更多地针对某个具体现象，从更新、更深、更广的语言学理论角度进行专题研究。主要研究成果有：

毛洪波《徐州话儿化现象的特征几何分析》（2003），蒋平、沈明《晋语的儿尾变调和儿化变调》（2003），王文卿《太原话儿尾使用情况》（2004），戴昭铭《弱化、促化、虚化和语法化——吴方言中一种重要的演变现象》（2004），黄进《南京方言儿化语音机理分析》（2005），彭宗平《北京话儿化词研究》（2005），胡光斌《遵义方言儿化的分布与作用》（2005），丁崇明的《昆明方言的儿化》（2006），以及丁崇明、荣晶的《汉语方言不同阶段的儿化及儿化韵的整合》（2013），方梅的《北京话儿化的形态句法功能》（2007）和《北京话儿化词阴平变调的语法意义》（2015）。

通过对近百年方言儿化现象研究成果的梳理，方言儿化的研究从理论、实践，宏观、专题，历时、共时等各个相互的方面、相对的角度都取得了可见成就。

2.1.1.1 宏观的研究

方言儿化现象宏观研究的成就主要为钱曾怡的《论儿化》（1995）[①]和王福堂的《汉语方言语音的演变和层次》（1999）[②]。

钱曾怡主要通过三大部分——儿化的性质和作用、儿化的分布和类型、关于儿化相关问题的讨论，诸如儿化音变与汉语语音的传统结构格局、儿化在汉语一些方言中扩展之势等——全面地、系统地，并且带有类型学视角地对方言中的儿化现象进行了综述。

《论儿化》一文指出"儿化是汉语发展中在一定地区所产生的一种特定的音译结合体，'儿'跟前一音节的融合使儿化词附有'儿'的相关意义"，从这一对儿化性质的定义，就明确了儿化具有方言性：一定地区势必会产生具有当地特征的儿化，而判断这些具有各自特征的儿化现象同属于儿化（而非单纯的语流音变）的是其具有儿的附加意义，接着结合徐通锵、赵元任等前人的观点，通过叙述儿尾发展为儿化的进程，结合不同方言中实际使用的具体例子，来阐述这一观点。文中以韵母、声母、声调作为顺序，用举例的形式列举出儿化的分布，并且总结出儿化的类型：参考日本学者太田斋的观点，从语音形式的角度，将儿化大面上分为融合式和非融合式两大类型（即儿化和儿尾），将融合式儿化细分为六种类型，即卷舌音式、韵母交替式、鼻音韵尾式、边音韵尾式、嵌l式、变调式，并且指出由于方言中语流音变对声母、韵母的影响，这些儿化不能笼统地称为儿化韵。

卷舌音式，即元音卷舌式儿化韵，主要分布在北方方言区，以北京话为代表。

韵母交替式，比如舌面元音式儿化韵，即用儿的舌面元音作为前一音节的韵尾，比如兰州话；或者用儿的韵母直接替换了前一音节的韵腹，比如云南保山话、河南洛阳话、山东平邑仲村方言等。这一类型中，有一种情况不能看作儿化韵，即某个方言音系中自身还存在一套元音卷舌的系统，并且这种方言中的"儿"尾的功能和作用相当于其他方言中的轻声词尾"子"，这种方言中的韵母交替式的语音形式的儿尾，不能看作儿化韵，比如河南获嘉方言。

[①] 钱曾怡. 论儿化[J]. 中国语言学报，1995（5）：142-140.
[②] 王福堂. 汉语方言语音的演变和层次[M]. 北京：语文出版社，1999.

鼻音韵尾式，即鼻音为儿尾的主要语音形式，以浙南吴语和皖南方言为代表。

边音韵尾式，即平舌边音 l 和卷舌边音 ɭ，替代前一音节的韵腹和韵尾。比如四川李庄方言、四川仁寿方言。

嵌 l 式，即边音与前一音节的声母形成儿化。比如山西平定方言、山西太原方言。

变调式，也称为小称变调，即通过变调实现小称儿化的作用。多见于浙江南部方言，以温岭方言为代表。

文章的余论部分，首先讨论了儿化音变与汉语语音的传统结构格局的问题，认为明确树立一种语言总体格局的意识，有助于分析特殊的语言现象，从而有助于解释某个单独方言的特殊儿化形式的合理性。然后讨论了儿化音的产生和过渡形式，指出儿化是汉语发展到一定程度后产生的现象，是超出汉语的原有框架的新形态，而当时的研究成果还不足以确定儿化产生的具体时期。钱曾怡认为研究汉语儿化的产生，离不开方言，应该对具体的方言分别进行探讨。最后，文章讨论了方言儿化的发展，谈到了儿化在不同方言中所处的不同阶段：有的方言的儿化处于蓬勃发展、逐步扩展的阶段，比如四川方言；而有的方言的儿化已处于衰败渐弱的阶段，比如吴语北片方言，以宁波方言为代表。

王福堂在其专著《汉语方言语音的演变和层次》中，专门有一章写儿化韵，全面讨论方言的儿化现象。该章包括八个部分：儿化韵的地区分布和语音形式、儿化韵的性质、儿化韵的合音方式、儿化韵的形成、儿化韵韵类的调整和归并、儿化韵调整归并中"逆行"现象、儿化韵的衰亡、儿化韵和小称变调。与钱曾怡的《论儿化》相比较，王福堂从历时研究的角度对方言演变中的儿化韵现象进行讨论，更加全面、更加深入，其中，第一部分中的"儿化韵和基本韵母的不同表现"指出，方言中基本韵母和儿尾可以生产一整套的儿化韵，并且具有与基本韵母不同的系统，两者在语音系统的内部关系和语音的变化方言的表现也不相同。第四部分"儿化韵的形成"，谈到了儿化韵形成的两大阶段：儿尾向儿化韵的过渡，以及儿化韵合音过程中的不同步，并且详细列举了儿化韵合音过程中的不同步现象，在不同方言中的不同表现形式。第五部分"儿化韵韵类的调整和归并"，归纳出儿化韵生成时和生成后两个阶段的调整和归并。前者的调整和归并是因为儿化韵韵尾的单一化减少了韵腹元音相同或相近的不同韵母存在的条件。而不同韵尾的基本韵母在生成儿化韵以后韵尾变得相同，儿化韵也就成为同音，从而使得两组基本韵母只生成一组儿化韵。后者儿化韵在生成后还需要不断调整和归并，是因为方言中基本韵母的元音音位系统对儿化韵元音音位的配置起着制约作用。儿化韵发展的时间越长,调整和归并的程度就越低,而儿化韵的组数和总量也就越少。所以,根据方言中儿化韵的音位数、儿化韵的组数和总量的多少,就可以判断一种方言中儿化形成时间的早晚。第七部分"儿化韵的衰亡"指出了儿化韵衰亡的必然性:小称意义的磨损;以及在儿化韵最终走向衰亡之前可能经历的过程:儿多层次并存。这部分结合儿化韵的形成、儿化韵韵类的调整和归并等内容,指出儿化韵发展的整个过程:从合音开始—经历调整和归并—语素和音节间的矛盾分裂—走向衰亡。而正是由于方言的多样性,使得儿化现象在不同方言区处于不同的发展阶段,在同一方言区不同人群中间也有可能处于不同的发展阶段,因此,也就会出现儿化韵多种层次的并存。

2.1.1.2 历时的研究

方言儿化现象历时研究的成就主要集中在北京话儿化韵来源的探究上,代表性研究成果有陈治文的《关于北京话里儿化的来源》(1965)、李思敬的《现代北京话的轻声和儿化音溯源——传统音韵学和现代汉语语音研究结合举隅》(2000)、王福堂的《北京话儿化韵的产生过程》(2002)[①],其中以王福堂的《北京话儿化韵的产生过程》最为详尽。

王福堂在该文中以方言为论证材料,基于北京话,结合河北满城话、定兴话,参考山东聊城话、寿光话,推测北京话的儿化韵应该产生于明清之间。这种横向跨越多种方言、纵向打通古今北京话的共时与历时相结合的研究,用现在的语音现实倒推得到早期语音情况的研究方法,为当时和以后对儿化演变,以及方言中其他现象的研究提供了新的思路和方向。

2.1.1.3 方言间儿化现象的比较研究

不同方言间儿化现象的比较研究不同于对某一方言儿化历时研究中结合其他方言儿化现象的研究,后者只是参照其他方言中儿化现象的某一些具体的实例,比如王福堂在对北京话儿化韵产生过程的研究中,发现河北满城话、定兴话中的儿化韵的生成有先后顺序,因此结合具体的民歌中儿化的情况,帮助推测北京儿化韵的形成时间。而前者是将不同方言间的儿化现象,成系统地加以比较,具有代表性的研究为郑有仪

---

① 王福堂. 北京话儿化韵的产生过程[M]//北京大学汉语语言学研究中心《语言学论丛》编委会. 语言学论丛(第二十六辑). 北京:商务印书馆,2002:75-88.

的《北京话和成都话、重庆话的儿化比较》（1987）。

郑有仪对北京话、成都话、重庆话三者儿化的比较，从语音、词汇、语义三个部分展开：一是儿化韵和儿化音节；二是儿话词汇；三是儿化的作用。在郑有仪的研究中多采用描写的方式，即将三种方言各自的情况加以详细罗列，写出相同点和不同点，然后对不同的地方加以比较分析，着重说明各自儿化的特点。这种研究对于同属北方方言的三种方言还是有一定价值的，并且将这种共时的、描写的比较研究的方法应用于方言的研究，也具有一定的探索意义。

2.1.2 重庆方言儿化的研究

从前文重庆方言研究综述中可以看到，20 世纪 90 年代以前，对于重庆方言语法的研究虽然不多，但其中对于重庆方言儿化现象的专题研究比例却不小。笔者检索《中国语言学论文索引（1900—1949）甲编》《中国语言学论文索引（1950—1980）乙编》《中国语言学论文索引（1981—1990）上册》《中国语言学论文索引（1981—1990）下册》《中国语言学论文索引（1991—1995）》（以下均简称索引），以及 1995 年以后非常有代表性的关于重庆方言儿化的研究可以看到这些篇目：范继淹的《重庆方言名词的重叠和儿化》（1962）、《重庆方言表动量的"下儿"和表时量的"下儿"》（1965）和《重庆方言"下"字的分化》（1979），郑有仪的《北京话和成都话、重庆话的儿化比较》（1987），汪长学的《重庆方言儿化音刍议》（1996）。

2.1.2.1 重庆方言名词的重叠和儿化

可以说，重庆方言儿化现象研究的开路者和集大成者首推范继淹，他的三篇文章从语音、构词、语义方面描写了重庆方言儿化词的特点。《重庆方言名词的重叠和儿化》一文中，讨论了重庆方言儿化最常见也是区别于普通儿化形式最大的特点，即重叠儿化式。普通话中的单音节或者双音节、多音节名词和名词性词素一般都不能重叠，除了部分亲属称谓，如"爷爷、奶奶、爸爸、妈妈、哥哥、弟弟、姐姐、妹妹"等，以及极少数的物体名词，如"星星、蝈蝈儿、蛐蛐儿"。重庆方言除了双音节、多音节名词一般不能重叠，单音节名词和名词性词素基本都能重叠。有人认为这是名词双音化的构词手段，但范继淹不这么认为，因为重庆方言的单音节名词或名词性语素的重叠往往伴随着儿化，形成重叠儿化的形式，而这些重叠儿化式词往往具有指小、表爱的小称儿化的功用。因此，范继淹认为重庆方言中的重叠儿化式构词属于儿化词。

范继淹还归纳出了重庆方言中重叠儿化式词的两个特点:"一、凡是有对立形式的,重叠儿化形式表示小称;没有对立形式的,单纯重叠形式不表示小称。二、绝大多数重叠形式都跟非重叠形式对立,特别是黏着语素的重叠形式跟非重叠形式的双音形式对立,因此,重叠不是名词双音化的一般构词手段,而是修辞性的构词手段。"名词双音化的一般构词手段是加子尾(桌子)、儿尾(锅儿)和其他语素(抽屉),而不是重叠。

儿化和儿尾都是重庆方言的常见构词形式,范继淹总结了重庆方言中儿化和儿尾的特点和不同之处:儿化只出现在单音节重叠以及双音节、三音节之后,而不出现在单音节之后;而儿尾的情况恰恰相反,只出现在单音节之后。范继淹将二者同时与普通话单音节儿化词作对比:普通话的单音节儿化式分别对应重庆方言的重叠儿化式和儿化式,如"刀",刀儿——刀刀儿——刀儿;包儿——包包儿——包儿。范继淹还指出重庆方言的儿化和儿尾都是构词手段。

2.1.2.2 儿化词"下儿"的研究

范继淹对于重庆方言儿化现象的另一个重要贡献是对于儿化词"下儿"的研究。首先从语音上,下作为儿化词"下儿"的时候,有两个读音,分别为洪音去声 [xar^{24}] 和洪音阴平 [xar^{55}]。洪音去声 [xa^{24}],用于动量(可数的、不可数的均可,不可数的须儿化且不重叠)、时量(须儿化且不重叠)、副词(全、完全义),比如"打一下、收拾下儿","坐(一)下儿,等(一)下儿","把剩的下都给我,人下都走了";洪音阴平 [xa^{55}],只表时量,不单用,或者儿化,如"下儿" [xar^{55}],或者带儿尾,如"下儿" [xa^{55} ər^{21}],或者重叠后儿化,如"下下儿" [xa^{55} xar^{55}]。总的来说,洪音去声 [xa^{24}] 有四种用法,洪音阴平 [xa^{55}] 有三种格式。

洪音去声 [xa^{24}] 的"下"有四种用法,其中"表示不可数的动量"和"表示时量"的两种情况以并且只能以儿化"下儿"的形式出现。

1. 表示可数的动量(不可儿化)

用于可数的动量,表示动作的次数。用在动词后,可以跟数词自由组合,也可以重叠,重叠后用在动词前。这种情况下,不管是否重叠,都不能儿化,这也是与普通话的不同之处。普通话名量词(一本儿书)和动量词都可以儿化,但重庆方言的名量词可以儿化(一本儿书),但可数的动量词不能儿化。(列举这种情况是为与下面表示不可数动量的必须儿化的"下儿"作对比。)例如:

普通话：

（1）他打了弟弟两下ⅼ，弟弟还手打了他三下ⅼ。

（2）他下下ⅼ都往死里打。

重庆方言：

（3）他打了弟弟两下 [xa^{24}]，弟弟还手打了他三下 [xa^{24}]。

（4）*他打了弟弟两下ⅼ，弟弟还手打了他三下ⅼ。

（5）他下下 [xa^{24}] 都往死里打。

（6）*他下下ⅼ都往死里打。

2. 表示不可数的动量

用于不可数的动量，表示尝试、一次性动作或多次重复性动作，相当于普通话的动词重叠。这种情况下，必须儿化，并且只能用在动词后。例如：

普通话：

（7）没弄好，让他帮你弄弄。

（8）出门前把房间收拾收拾。

重庆话：

（9）没弄好，让他帮你弄下ⅼ。

（10）出门前把房间收拾下ⅼ哈。

例（9）（10）里的"下ⅼ"也可以用"一下ⅼ"，但"一下ⅼ"的语气重一些，带一点儿"必须"的意思在里面，"下ⅼ"更随意、更常用。

3. 表示时量

用于时量，表示短暂的时间，相当于普通话的"一会儿"。用于时量也是必须儿化，但不能重叠，并且只能用在动词后。重庆方言中表示时量时，"下ⅼ"一般读作洪音阴平 [xar^{55}]，只是偶尔也说成洪音去声 [xa^{24}]，在意义和用法上与洪音阴平的"下ⅼ"没有区别。

4. 用作副词（不可儿化）

这种情况与儿化词"下ⅼ"没有关系，故不再赘述。

洪音阴平 [xa^{55}] 的"下"只用于时量，表示短暂的时间，相当于普通话的"会儿、一会儿"。表示时量时，不能以单独的"下"出现，必须以以下三种格式出现：一是儿化形式，"下ⅼ"；二是带儿尾的形式，"下儿"，读作 [xar^{55} lɛ^{21}]；三是重叠儿化形式，"下下ⅼ"。这三种格式的重音位置不一样，例如：

1)"下ᵣ",全句的重音在前面的动词上

（11）等下ᵣ嘛,马上就到了。

2)"下儿",全句的重音在前面的动词上,但"下"字有次重音

（12）等下ᵣ嘛,马上就到了。

3)"下下ᵣ",全句的重音在第一个"下"字,动词有次重音

（13）等下下ᵣ嘛,马上就到了。

范继淹认为（11）（12）（13）三个例中,（11）语气最轻,（12）语气稍重,（13）语气最重,因此得出结论为:儿化形式的"下ᵣ"是一般语气,带儿尾形式的"下儿"则对时量有所强调,重叠儿化形式的"下下ᵣ"的强调语气最浓。

范继淹对于重庆方言儿化现象的讨论在当时具有开创、划时代的意义,不论研究所取得的成果,还是研究所采用的理论和方法,都对后人对重庆方言、对重庆方言儿化现象的进一步研究打下了基础,开拓了方向。虽然范继淹所得出的一些结论在现在看来还有一些值得商榷和重新论证的地方,但这本身也说明语言是发展的,语言的研究是历时与共时相结合的。

比如说重叠儿化形式的儿化词,在现在重庆方言的实际使用来看,小称义已经逐步磨损,逐渐呈现出音变儿化的趋势。又比如"下ᵣ、下儿、下下ᵣ"三者的语气,现在的使用中,可能语气的强弱已经没有什么区别,不同的选择,更多是使用者年龄上或者群体的差别。

2.2 儿化韵和儿尾词

邢向东在《西部官话中名词小称形式的分布和类型——兼及动词重叠式的分布》（2020）中提出了"儿缀"的概念:"儿缀"是官话方言名词的一种主要的小称形式;"儿缀"包括儿化词和儿尾词,统称为"儿缀词"。

西南官话成渝片区的重庆方言,具有丰富的表示小称的"儿缀词",包括儿化词和带儿尾的词:一个是加在原词末字的韵母上、不能独立成音节的儿化韵,另一个是跟在原词后、独立成音节的"儿",本书称之为儿尾词。从数量上来看,儿化词大大多于儿尾词。本书儿化词中的"儿"用下标表示,例如"瓶瓶ᵣ",儿尾词的"儿"字号不变,例如"狗儿"。

钱曾怡（1995）在《论儿化》中指出:儿化词在书写时,一般都是用两个汉字来

表示只有一个音节的儿化词，很难从字面上区分书面语中的"儿"是儿尾还是儿化韵。因此，也导致了不少学者在论及儿尾和儿化时不着意区分，但实际上大家对于两者语音上的差别还是明确的。在讨论北京话儿化的来源时，钱曾怡指出儿尾词是北京话儿化词的来源之一："儿"是名词性标记，有表小、表喜爱、表亲切、表轻松之意。

在儿化的进程中，从语法功能上，"儿"经历了从自由的名词性语素到成为构词成分的曲折手段的虚化过程。从语义上看，"儿"经历了从最早指"小儿"到表示动物、植物的名词，再到单纯表示接尾词的过程。

儿化词是由儿尾词发展而来，太田辰夫（2003）[①]、林焘（1990）[②]、李思敬（1994）[③]、王福堂（2002）在对儿化韵的产生的讨论中，虽然对于儿化韵产生的时间上看法不一致，但都认为儿化韵的出现大大晚于儿尾词。"儿"，《说文解字注》[④]上说："孺子也。乳子也。"即幼儿、小儿之意，名词，与之组成的"儿"字词结构为"儿"为中心语复合式名词。太田辰夫指出，在唐代，"儿"作为接尾词，多用于表示动物的名词，如猫儿、狗儿、鸟儿、雀儿等，表示小或者可爱意；宋代以后，"儿"可以广泛用于一般名词后，但仍表示小或可爱；到元代以后，"儿"作为单纯接尾词的情况越来越多，表示小或可爱的意义逐渐弱化。李思敬根据文献中明代的小说、歌谣等多种材料推测儿化产生于元代末年、明朝初年，李思敬除了从语音上"儿不再是一个独立音节"来解释，还从语法现象的角度进行佐证："儿"尾虚化到一定程度，不管独立音节，还是合音形式，都可以省略不写。赵元任（1979）[⑤]直接指出，"儿"实际上只是一个名词性标记。因此，儿化的语法功能的首要特点是名词性标记。

方梅（2007[⑥]、2015[⑦]）在讨论北京话儿化功能的扩展时指出，北京话儿化的语法功能呈现出逐渐虚化的特点：从自由语素发展为曲折手段，即从复合构词到派生构词再到曲折构词。其认为派生构词是儿化的构词手段，转变词类为儿化的构形手段，

[①] 太田辰夫. 中国语历史文法（修订译本）[M]. 蒋绍愚，徐昌华，译. 北京：北京大学出版社，2003.

[②] 林焘. 北京话儿化韵个人读音差异问题[M] // 林焘. 语言探索集稿. 北京：北京语言学院出版社，1990：61-70.

[③] 李思敬. 汉语"儿"[ɚ]音史研究（增订版）[M]. 北京：商务印书馆，1994.

[④] 许慎，段玉裁. 说文解字注[M]. 郑州：中州古籍出版社，2006.

[⑤] 赵元任. 汉语口语语法[M]. 北京：商务印书馆，1979.

[⑥] 方梅. 北京话儿化的形态句法功能[J]. 世界汉语教学，2007（2）：5-13.

[⑦] 方梅. 北京话儿化词阴平变调的语法意义[M] // 北京大学汉语语言学研究中心《语言学论丛》编委会. 语言学论丛（第五十一辑）. 北京：商务印书馆，2015：33-51.

两者均为名词性标记。重庆话儿化具有北方话儿化的大多数特点，但重叠儿化是重庆话与北京话最大的不同，因此在语法功能上除了共性重庆语也有自己的特点。

从语音上看，"儿"经历了从自由的独立音节到附着于前一音节的儿化韵的衰减过程。王洪君（1999）[①] 在论述"二合一"式合音构词法时，把北方儿化合音的过程分为六个阶段：

第一阶段：双音节阶段，合音尚未开始的阶段。

第二阶段：一个半音节阶段，即后字轻声弱化阶段，并可细分为前后两期。

第三阶段：长音节阶段，比如延川儿化，第二音节失去独立的音节身份，与前字连接成为一个最多5个时间格的单音峰。

第四阶段：长度正常的特殊单音节阶段（上），比如万荣、洪洞、长海的儿化，起点是上一阶段的长韵母，终点是下一阶段的与单字韵母同形，其间有许多的中介阶段。

第五阶段：长度正常的特殊音节阶段（下），比如平定儿化，"-儿"的特征在个别方言还进一步向前扩展到了前字的介音。

第六阶段：正常单音节阶段，比如长治、四川等地的儿化。

本章将重庆方言中的儿化和儿尾放在一起进行研究，两者具有明显的共性，也有各自的特点。重庆方言不仅有一定数量的儿化词，也与儿化有一定关系的儿尾。共时层面，儿化词和儿尾词同时存在；历时层面，部分儿化词是从儿尾词发展而来。重庆方言的儿化和儿尾都是名词性标记，物理小称意义磨损严重，主观上有表小作用。

重庆方言中的儿尾：属于北方话儿化合音六个阶段中的第一阶段，即合音尚未形成的双音节阶段；语法上，重庆方言中的儿尾属于自由的名词性语素阶段，是名词性标记；语义上，小称意义磨损，主要表事物的概念义，多用于非正式、不严肃的口语语境。

重庆方言中的儿化：属于北方话儿化合音六个阶段中的第六阶段，即正常单音节阶段；语法上，"儿化"是名词性标记，构词能力强；语义上，小称意义磨损严重，有主观表小作用。

---

① 王洪君. 汉语非线性音系学——汉语的音系格局与单音节字[M]. 北京：北京大学出版社，1999.

2.3 儿化韵

重庆方言的"儿"本音是卷舌元音 [ər]，但卷舌程度不及普通话，作为单音节词使用的情况很少。"儿"在词语中处于其他音节前面时发本音 [ər]，比如，"儿子、儿童、儿菜"。儿化韵"ㄦ"，在不同的韵母条件下，有不同的儿化规则和不同的发音。

2.3.1 儿化韵的表现形式

2.3.1.1 韵腹为 [a]，儿化为 [ar]

当韵母的韵腹即主要元音舌位较低时，一般是在韵腹上直接卷舌儿化，即在主要元音后加 [r]。这样，韵尾不同的韵母，在儿化后韵尾脱落，出现读音相同的情况。比如，"竿竿ㄦ"和"刚刚ㄦ"都为 [kar⁵¹]。重庆方言中，儿化韵形式为在韵腹上直接加卷舌儿化的主要是韵腹为 [a] 的韵母：[a、ai、au、an、aŋ、ia、iau、ian、iaŋ、ua、uai、uan、uaŋ、yan]，一共 14 个。

[a] – [ar]，例如：下下ㄦ [xa¹xar¹]一会儿

（1）等下下ㄦ，我马上就下来。

[ai] – [ar]，例如：盖盖ㄦ

（2）这个盖盖ㄦ太紧了，帮我揪 [tɕiou³]拧一下。

[au] – [ar]，例如：荷包ㄦ

（3）你帮我拿一下嘛，我的衣服没得没有荷包ㄦ得。

[an] – [ar]，例如：盘盘ㄦ

（4）你把这些脏盘盘ㄦ洗了撒。

[aŋ] – [ar]，例如：棒棒ㄦ，用扁担挑重物的苦力人群

（5）现在重庆街上的棒棒ㄦ越来越少了。

[ia] – [iar]，例如：衣架ㄦ

（6）一到晾衣服，衣架ㄦ就找不到了。

[iau] – [iar]，例如：悄悄ㄦ

（7）等娃儿睡着了，妈妈悄悄ㄦ地溜出来了。

[ian] – [iar]，例如：边边ㄦ

（8）我才拖了地，你靠边边儿走，莫踩到了。

[iaŋ] – [iar]，例如：秧秧儿

（9）——这些菜好久_{什么时候}可以吃哒 [iɛ¹]呀？

——还是秧秧儿，吃不得_{不能吃}，莫着急。

[ua] – [uar]，例如：花花儿

（10）去阿坝的路上，一路上都是野花花儿，嘿_很漂亮！

[uai] – [uar]，例如，乖乖儿的

（11）妈妈出去一下，你一个人在屋头乖乖儿的哈，妈妈一下儿 [xar¹]_{一会儿}就回来。

[uan] – [uar]，例如，弯儿

（12）——美美百货啷个走_{怎么去}？

——前面拐个弯儿就到了。

[uaŋ] – [uar]，例如：一对双儿 [suar¹]_{双胞胎}

（13）她生了一对双儿，嘿乖_{很漂亮}！

[yan] – [yar]，例如：圈儿

（14）今晚上吃多了，我们去跑两圈儿嘛。

2.3.1.2 韵腹为 [e、ə、ɛ、o、u]，儿化为 [ər]

当韵母的韵腹为 [e、ə、ɛ、o、u] 时，儿化后主要元音都向央元音 [ə] 靠拢，儿化韵均为 [ər]。同样，韵尾不同的韵母，在儿化后韵尾脱落，出现读音相同的情况，比如，"格格儿 [kɛ²kər²⁻¹]_{格子}""核核儿 [fu²fər²⁻¹]_{水果的核}""钵钵儿 [po²pər²⁻¹]_{很大的碗}""杯杯儿 [pei¹pər¹]_{杯子}""盆盆儿 [pʻən²pʻər²⁻¹]_{盆子}""棚棚儿 [pʻuŋ²pʻər²⁻¹]_棚"，儿化韵都为 [ər]。重庆方言中，这种儿化韵形式的韵母有 [ɛ、iɛ、yɛ、o、io、ou、iou、u、uŋ、ei、uei、ən、uən]，一共 13 个。

[ɛ] – [ər]，例如：格格儿

（15）你在书上画恁个 [nən⁴ko¹]_{这么}多格格儿干啥子嘛。

[iɛ] – [iər]，例如：油碟儿_{火锅蘸料}

（16）吃火锅要蘸油碟儿才正宗。

[yɛ] – [yər]，例如：缺缺儿_{缺口}

（17）——这个碗啷个怎么有个缺缺儿呀？

——我洗碗的时候不小心碰磕了一下。

[o] – [ər]，例如：钵钵儿，很大的碗

（18）汤嘿很多，要用钵钵儿才装得倒够装。

[io] – [iər]，例如：角角儿钱 以角为单位的零钱

（19）——你包包儿头包里啷个恁个多角角儿钱吔？

——买菜补找的（零钱）。

[ou] – [ər]，例如：豆豆儿, 豆子

（20）你尝一下嘛，这个豆豆儿巧克力味儿的，嘿好吃！

[iou] – [iər]，例如：溜溜儿球

（21）溜溜儿球是我弟弟小时候最喜欢耍玩的玩具。

[u] – [ər]，例如：核核儿

（22）——妈妈，我苹果吃完了，核核儿甩扔到哪点儿, 哪里吔？

——放到那里就行了，一下儿, 一会儿我来收收拾。

[uŋ] – [ər]，例如：棚棚儿

（23）——这个棚棚儿看起要垮要垮的，安不安全哟？

——放心嘛，安全得很很安全！

[ei] – [ər]，例如：杯杯儿

（24）妈妈，把杯杯儿递给我下儿[xar⁴] 吔。

[uei] – [uər]，例如：推推儿车 婴儿推车

（25）出去耍记把幺儿的推推儿车带起着。

[ən] – [ər]，例如：盆盆儿

（26）洗完脸把盆盆儿收好嘛，净是总是到处放。

[uən] – [uər]，例如：跳绳儿

（27）小学体育考试要考跳绳儿。

2.3.1.3 韵腹为 [i、y]，儿化加 [ər]

当韵母中作为韵腹的主要元音舌位较高较前，即当韵腹为 [i、y] 时，儿化时没有

2　重庆方言的儿化及儿尾 | 039

韵尾的，直接在韵腹后加上儿化韵 [ər]，有韵尾的，韵尾脱落，然后在韵腹后加上儿化韵 [ər]。这样，韵尾不同的韵母，在儿化后，出现读音相同的情况，比如，"叽儿 [tɕiər¹]""星儿 [ɕiər¹]"，儿化韵均为 [iər]；"女儿 [lyər³]""马云、赵云 [yər²]"（重庆话中，叫人名，一般最后一字儿化），儿化韵都是 [yər]。重庆方言中，这种儿化韵形式的韵母有 [i、in、y、yn、yŋ]，一共5个。

[i] – [iər]，例如：叽儿

（28）那条狗到处屙尿，着 [tsau²]被 他打得叽儿呀叽儿地叫形容叫得很惨。

[in] – [iər]，例如：星儿

（29）我今天表现好，又得了一颗星儿。

[y] – [yər]，例如：女儿

（30）她女儿嘿优秀，长得漂亮，成绩又好。（重庆话中，"女儿""女儿"均可用，但"女儿"读成 [ly³lɛ²]，且用得较少。）

[yn] – [yər]，例如：马云、赵云（重庆话中，叫人名时，最后一个字一般都儿化。）

（31）三国演义里面我最喜欢赵云。

[yŋ] – [yər]，例如：小琼儿（人名）

（32）小时候带我的保姆，一直跟倒着妈老汉爸爸喊小琼儿，都不晓得她姓啥子什么。

2.3.1.4 韵腹为 [ɿ]，儿化时去掉原韵腹变为 [ər]

当韵腹为舌尖元音 [ɿ] 时，儿化时去掉 [ɿ]，在声母后直接加上儿化韵 [ər]。

[ɿ] – [ər]，例如：子儿

（33）——今晚上哪个谁做饭？

——我们抓子儿抓阄决定嘛。

重庆方言有38个韵母，除了 [æ、uɛ、iai、yu]4个韵母，其余的34个韵母均可儿化（其中 [ər] 本身也是儿化韵）（见表2-1）。可以儿化的韵母占重庆方言韵母总数的89.47%。可以看出，儿化韵在重庆话中十分普遍，是重庆方言非常重要的一个特点。

表 2-1 重庆方言儿化韵表

韵腹	原韵母	儿化韵母	例词
a	a	ar	下下儿 [xa¹xar¹] 一会儿 旮旮儿 [kʻa¹kʻar¹] 指犄角旮旯
	ai		盖盖儿
	au		荷包儿 包包儿
	an		盘盘儿 坛坛儿
	aŋ		棒棒儿 巷巷儿 [xaŋ⁴xar⁴⁻¹] 巷子
	ia	iar	衣架儿 架架儿
	iau		悄悄儿 瓢瓢儿
	ian		边边儿 天天儿
	iaŋ		秧秧儿 箱箱儿
	ua	uar	花花儿 褂褂儿 背心
	uai		乖乖儿的
	uan		弯儿 碗碗儿糕
	uaŋ		双儿 双胞胎
	yan	yar	圈儿
ɛ	ɛ	ər	格格儿
	iɛ	iər	油碟儿 火锅蘸料
	yɛ	yər	缺缺儿 缺口
o	o	ər	钵钵儿 很大的碗
	ou		豆豆儿
	io	iər	角角儿钱 以角为单位的零钱
	iou		溜溜儿球
u	u	ər	核核儿 [fu²fər²⁻¹] 水果的核
	uŋ		棚棚儿
e	ei	ər	杯杯儿
	ən		盆盆儿
	uei	uər	推推儿车 婴儿推车
	uən		跳绳儿
i	i	iər	叽儿
	in		星儿
y	y	yər	女儿
	yn		马云、赵云（人名）
	yŋ		小琼儿（人名）
ɿ	ɿ	ər	子儿

2.4 儿化词的范围

重庆方言的儿化词数量大、范围广，儿化词主要是名词，也有少量的儿化动词、形容词、量词、副词、代词。

2.4.1 儿化名词

重庆方言中儿化名词数量最大，有的名词虽然作为单音节词时不能儿化，但在双音节词、多音节词里或者短语、句子当中，或者重叠后，也会儿化。与同样有大量儿化名词的普通话，特别是北京话相比，重庆话名词的儿化又不尽相同。

2.4.1.1 单音节儿化名词

重庆方言的儿化词和普通话儿化词的范围最大的不同在于：普通话中大量的单音节名词都可以儿化，而重庆话中能够儿化的单音节名词却非常少。

普通话中的动物类单音节语素几乎都可以儿化，例如：

狗儿　猫儿　猴儿　兔儿　鸟儿

重庆话中这类语素往往加儿尾，或者加子尾表示，例如：

狗儿　猫儿　猴子　兔儿/兔子　雀儿

其中，重庆方言只有兔儿可以儿化，并且往往作为构词成分用在菜名当中，例如：

红烧兔儿　泡椒兔儿　粉蒸兔儿

普通话中有的单音节儿化词，重庆话中这些单音节词不能够儿化，但可以直接成词使用，并且用法与普通话该词的儿化词形式基本相同，例如：

普通话：字儿　词儿　歌儿　空儿　球儿

重庆话：字　词　歌　空　球

这类在普通话中一般儿化，但在重庆话中不能儿化的单音节词非常多。

重庆话中可以儿化的单音节词很少，并且这些在重庆话中能够儿化的单音节词，在普通话中大部分不儿化，例如：

梨儿 [liər^{21}]　　　　　　　杏儿 [xər^{24}]

菌儿 [tɕuər^{24}] 泛指一切菇类、菌类　　　　键儿 [tɕiar^{24}]

女儿 [lyər^{42}]　　　　　　　双儿,双胞胎 [suar^{55}]

泡儿 [pʻar^{24}]　　　　　　　旋儿 [ɕuar^{24}]

（34）我今天买了嘿多水果，有苹果、梨儿，还有杏儿。

（35）重庆人喜欢喝菌ᵣ汤，香菇、蘑菇、鸡腿ᵣ菇……啥子菇都可以熬汤。

（36）中午吃火锅嘴里着被烫了个泡ᵣ。

（37）老人说头上长两个旋ᵣ的娃儿嘿混很犟、很倔。

（38）小时候，一下课女同学就在一起踢毽ᵣ。

女ᵣ、双ᵣ，例见（13）（30）。

这些重庆话常用的单音节儿化词中，只有"兔ᵣ、泡ᵣ、旋ᵣ"在普通话中一般也儿化，并且意义、用法基本相同。

2.4.1.2 双音节儿化名词

与重庆方言中单音节儿化词很少不同，重庆方言中，双音节儿化词非常多，并且有的双音节词必须儿化，有的双音节词可儿化可不儿化。与单音节儿化词情况相比：普通话中可以儿化的双音节词，有的在重庆方言中不能儿化，重庆方言中能够儿化的双音节词，有的在普通话中一般不儿化。

重庆方言中必须儿化、普通话中往往也儿化的双音节名词，例如：

汤圆ᵣ	豆芽ᵣ	蒜苗ᵣ
肉丁ᵣ	鸡丁ᵣ	藕丁ᵣ
豆瓣ᵣ	门闩ᵣ	
纸壳ᵣ	弹壳ᵣ	
竹竿ᵣ	烟杆ᵣ	
猪肝ᵣ	鸡肝ᵣ	鸭肝ᵣ
鸡腿ᵣ		

不过，普通话中，特别是北京话中，"纸壳ᵣ"一般不单说，往往说"硬纸壳ᵣ"。这种情况下，意义和用法都和普通话一致。

重庆方言中必须儿化、但普通话中没有的双音节名词，例如：

滑竿ᵣ,轿子	灶鸡ᵣ,指蟋蟀	
弟娃ᵣ,弟弟	鸡娃ᵣ,小鸡	鸭娃ᵣ,小鸭
窑裤ᵣ,内裤	脸壳ᵣ,面具	

（39）爬山太累了，我们坐滑竿ᵣ上去嘛。

（40）农村夏天的晚上，到处都是灶鸡ᵣ叫。

（41）小娃儿都喜欢鸡娃ᵣ、鸭娃ᵣ，每次看到有卖的，都要喊妈老汉买。

2 重庆方言的儿化及儿尾 | 043

（42）恁个大了，还穿个窑裤儿在屋头跑来跑去的。

（43）小时候，我们都喜欢各人_自己_画脸壳儿戴起耍。

这些双音节儿化词往往是方言词，在普通话中不用。

重庆方言中可儿化、但普通话中不能儿化的双音节名词，例如：

蒜薹儿　　　　苍蝇儿　　　　　舌头儿

爱人儿　　　　麻雀儿

这些双音节儿化词与普通话中对应的双音节词意义相同，但感情色彩和语气有差别。

普通话中儿化、但重庆方言中不能儿化的双音节名词，例如：

小鸡儿　　　　金鱼儿　　　　　小狗儿

小车儿　　　　（南）小街儿　　　小菜儿

小宝儿　　　　小王儿

树枝儿　　　　天窗儿　　　　　锅盖儿

这些词在重庆方言中也说，但有的词的意义和普通话里的儿化词不太一样。例如，普通话中的"小鸡儿、金鱼儿、小狗儿、小菜儿、小车儿、小街儿、小宝儿、小王儿"都有表示小、可爱、喜爱、怜惜、疼爱的意思，但重庆方言中，这些词只是客观地表达与大相对的小，例如"小鸡、小狗、小车"，仅仅指外形上或者年龄上的小。

2.4.1.3 三音节儿化名词

重庆方言中的三音节儿化词与儿尾作为构词成分组成的三音节词不同，后者"儿"字单独成音节，且处在词语中间位置，比如鹅儿肠、猫儿毛、羊儿疯、疯儿洞、叶儿粑等，而重庆方言中的三音节儿化词往往是最后一个字儿化。例如：

青菜头儿，_一种蔬菜，类似儿菜_　　黄角泡儿，_黄角兰_　　车笔刀儿，_削笔刀_

鹅石宝儿，_鹅卵石_　　　　　萝卜缨儿　　　　铺盖卷儿

（44）泡青菜头儿是重庆人嘿喜欢吃的一种泡菜。

（45）黄角泡儿嘿香，重庆人女的都喜欢别在胸前。

（46）一到削铅笔，车笔刀儿就找不到了。

（47）每次到江边耍，都要捡很多鹅石宝儿回来。

其中，"萝卜缨儿、铺盖卷儿"这类的三音节儿化词，普通话中也有，并且意义和用法都相同。

2.4.1.4 作为单音节词时不儿化，在双音节或三音节词里儿化

锅——火锅儿

嘴——烟嘴儿、脸嘴儿，嘴脸

刀——车笔刀儿

这类词作为单音节词，或者加其他词缀构成双音节词，如"嘴巴、刀儿、刀子"，或者双音节、三音节儿化词，在重庆话中，都是常用词。

2.4.1.5 作为单音节词时不儿化，在短语或句子中儿化

门——进门儿

（48）你今天不说清楚，不得准你进门儿，进屋。

烟——一根烟儿

（49）还剩一根烟儿了，你也抽得太快了撒。

天——天儿

（50）恁个贵买的钢琴，只学了一天儿。

2.4.1.6 单音节名词重叠时儿化，在其他结构的词里不儿化

车——车子——轿车——车车儿

虫——虫子——毛毛虫——虫虫儿

（51）把你的车车儿都收好，满地下地上都是。

（52）妈妈，桌子上有个虫虫儿。

名词的重叠和儿化在重庆方言中是很有特点的一种语法现象，在下文会专门来讲。

2.4.1.7 带其他后缀的双音节名词，词缀可以儿化

石头儿　　砖头儿

搞头儿　　赚头儿

甜头儿　　苦头儿

（53）做恁个久，没得点搞头儿，忙活这么长时间，一点好处都没捞着。

（54）这个生意没得赚头儿得，这桩买卖赚不了什么钱。

这类后缀的儿化在普通话中往往词缀读成轻声。

2.4.1.8 双音节儿化名词作为构词成分放在其他语素前面时，可保持儿化

豆瓣儿酱　　　　胡豆儿瓣

蚌壳儿油　　　　高跟儿鞋

这一类词大多是偏正结构，里面的双音节儿化词往往充当修饰成分。

2.4.1.9 亲属之间称呼的儿化

兄弟姐妹间，排行的序数词可以单音节儿化。例如：

四妹儿——四儿　　　三妹儿——三儿

兄弟姐妹间，排行序数词也可以重叠儿化，例如：

五妹儿——五五儿　　　　九弟——九九儿

也可以儿化亲属称谓词，序数词不儿化。例如：

五妹儿　　　幺弟儿

二爸儿　　　小舅儿　　　幺叔儿

但这些亲属称谓重叠时，往往不儿化。例如：

妹妹　　　　弟弟

爸爸　　　　舅舅　　　　叔叔

另外，还有一类是人名的最后一个字往往儿化，这一类儿化呈现出与亲疏、感情色彩无关的趋势，故不在讨论之列。（见后"2.7.2 重庆方言的音变儿化"）

2.4.2 儿化动词

这里所指的重庆方言中的儿化动词多为动宾结构式词，儿化的实际上是动宾型动词中的宾语部分，即动词后面的名词性语素儿化。这类词大多是方言词，本书将这类后一个名词性语素儿化的动宾型动词归为"儿化动词"。例如：

垮杆儿, 垮台, 倒闭

（55）再恁个搞下去，我们这个公司只有垮杆儿了。

亲嘴儿, 接吻

（56）现在的年轻人，在街上就亲嘴儿。

藏猫儿 / 逮猫儿〔见例（157）〕

走人户儿 [fər⁴], 串门

（57）一到过年过节，家家户户都要走人户儿。

进门儿，嫁进来

（58）你们媳妇儿，指儿媳妇好久什么时候进门儿哟，我们等倒喝喜酒吔。

这里的进门儿特指嫁进婆家，与例（48）的"进门儿，进屋"不一样，但结构是一样的，都是动宾结构。

使用儿化动词的时候，往往语气没那么严肃，有开玩笑、打趣之意。

2.4.3 儿化形容词

重庆方言中儿化形容词不多，主要是方言词。例如：

鲜儿[ɕuar¹]，指味道鲜美

（59）这个汤好鲜儿哟，鲜儿惨了。

从调查来看，这里的"鲜"可儿化可不儿化，主要看当时说话的语气。

费劲儿，难

（60）这个事情好费劲儿哟（但办成了），你必须请我撮一顿吃饭。

遇缘儿，正好

（61）你来得好遇缘儿，你来得真是时候，王老师刚回来。

热和儿，暖和

（62）屋头开了暖气的呀，好热和儿。

这些情况下，用儿化形容词，往往语气轻松、随意。

2.4.4 儿化量词

重庆方言中的儿化量词数量不多，主要为名量词。例如：

一本儿（书）

两分儿（钱）

一截儿（香肠）

半斤儿（白酒）

这些情况下，使用儿化量词，主要表达一种说话人认为很少、有点儿瞧不上的意思。

（63）你一个礼拜一本儿书都没看完呀。

（64）两分儿钱就算了嘛，不要了，不要了。

（65）屋头香肠只剩一截儿了。

（66）半斤儿白酒，漱漱口。

还有一个比较特殊儿化量词"下儿",下儿/下下儿/一下儿,可以表示时量,这时"下"为阴平调,表示一会儿。

下儿/一下儿,还可以表示动量,这时"下"为去声,表示一下。

重庆方言中,还有一个使用得比较多的单音节儿化不定量词"点儿",一般跟在动词性或形容词性语素后面。例如:

过去点儿　　　　下来点儿　　　　隔开点儿

抓紧点儿　　　　嘿实点儿,用力点　　快点儿

（67）你过去点儿,挤倒着我了。

（68）你沾/蹲下来点儿,我看不到。

（69）你们两个隔开点儿,挤恁个拢离这么近干啥子。

（70）抓紧点儿,抓紧点儿,几点了嘛,还没弄完。

（71）嘿实点儿,一个大男人,这点儿力气都没得。

（72）快点儿撒,我都等了半天了。

这种情况的 V 点儿、A 点儿,往往表达说话人不满意、生气的态度,往往语气急促、带有埋怨。

重庆方言中,不定量词"点",本身还可以重叠儿化:"点点儿",表示很少很少,相当于没有了。例如:

（73）只剩恁个点点儿了,你哪个不都吃了吔,给我留啥子嘛留。

（74）只剩点点儿了,马上就好,马上就好,一秒钟。

这里的"点点儿",往往也表达说话人的不满,或者回答者的求饶、讨好（因为问话人不满了）。

重庆方言中,有部分特定的表示次数、日期的量词可以儿化,并且往往以重叠儿化的形式出现:回回儿、年年儿（子）,往往表达说话人不满意、生气的态度,带有埋怨,例如:

（75）你回回儿都是恁个这样,哪个怎么说都不改。

（76）年年儿（子）都去你们屋头家过年,今年也该去下我妈老汉那边我父母家了撒。

2.4.5 儿化副词

重庆方言中副词的儿化往往与重叠形式同时出现。例如:

悄悄儿　　　　偷偷儿　　　　刚刚儿

使用这些儿化副词时，往往是比较随意、闲聊的时候，语气轻松、俏皮，比较严肃、正式的时候，往往选择表达相同意思的另外的副词，但并不是简单地去掉儿化。例如：

（77）娃儿刚刚儿悄悄儿地偷偷儿地把巧克力放到我包包头里了。

（78）对不起，刚才是我不小心把书撕坏了。

这里用"刚才"表示刚刚儿的意思。

（79）她小心翼翼地把送给我的贺卡放进我包里。

这里用"小心翼翼"表示悄悄儿的意思。

2.4.6 儿化代词

重庆方言中的儿化代词，主要是由作为构词成分的单音节词"点"儿化，然后与其他语素组成双音节或多音节儿化代词。

重庆方言中儿化指示代词只有带"点儿"的两种情况：

这点儿，这里　　　　　那点儿，那里

（80）我就在这点儿等你哈，快去快回。

（81）妹妹还在那点儿等你，快点儿去。

重庆方言中儿化疑问代词，也是具有带"点儿"这一特征，其余疑问代词都不儿化。

哪点儿，哪里　　　　　好点儿，多少

好大点儿　　　　　　　好多点儿

（82）你在哪点儿的？我来找你。

（83）还剩好点儿嘛？吃不完算了嘛。

（84）还剩好多点儿没做完嘛？回来再做嘛。

（85）好大点儿事？不着急以后再说嘛。

"好点儿、好大点儿、好多点儿"，往往表示说话人认为没多少了，或者没那么急迫，有劝说做事者缓一缓之意。这里的"好点儿、好多点儿"在重庆方言中也可以用不儿化的疑问代词"好多"来表示，但"好多"不代表说话人的主观意愿，仅仅客观地问多少。

2.5 儿化的功能和作用

重庆方言的儿化既是一种构词现象，也是一种修辞现象，其语法功能主要体现在构词上，语义作用主要体现在主观表小上。

2.5.1 儿化的语法功能

2.5.1.1 儿化构词不改变词性和词义

重庆方言中，儿化构词不改变词性和词义的时候，儿化后往往有表小的作用，可以客观上表小，也可以主观上表小。

儿化形式表示物体物理属性、客观意义上的小，例如：

车——车车儿、水——水水儿

（86）哥哥那个车好大，我这些车车儿一堆都比不上哥哥一个。

（87）（罐头里的水果都吃完了）还剩点儿水水儿，你喝了嘛。

儿化形式表示主观意义上的小，即带有看不上、鄙夷、不满、生气、埋怨的态度，例如：

回回——回回儿、年年——年年儿

（88）姐姐成绩好，回回都是第一，妹妹成绩很撇差，回回儿都是最后几名。

（89）他们厂效益好，年年奖金都是几万，我们厂不行，年年儿（子）都只得恁个几百块钱。

上述功能可以看作儿化的基本功能，即作为构词手段派生构词。

2.5.1.2 儿化改变词性和词义

重庆方言中，儿化可以改变原词的词性或词义构成新词。

1. 名词儿化后词义改变

人——人人儿，指画的小人儿、马——马马儿，指的小马儿

（90）一天到晚不干正事，净画些这些人人儿马马儿的，有啥子用嘛。

嘴——嘴嘴儿，容器的出口

（91）把（高压锅）嘴嘴儿，高压锅上面的那个帽儿吹一下，可能堵起了。

（92）（茶壶）嘴嘴儿不要对着别人，不礼貌。

2. 动词儿化后变成名词

盖——盖盖儿

（93）把被子盖好，晚上冷。

（94）麻烦帮我把这个（瓶子的）盖盖儿车开拧开下哒。

推——推推儿，指推子，剃须刀

（95）小宝头发长了，拿推推儿给他推下嘛。

这里的推推儿，还可以继续作为构词成分，与其他语素构成新词，如"推推儿车"。

带——带带儿

带——鞋带儿

在表示"带带儿"这种一长条一长条的事物时，常用词只有"鞋带儿[xai²tar⁴]"儿化，"领带、腰带、皮带"等都不儿化。

滚——滚滚儿，滚轮儿

（96）这个箱子的滚滚儿坏了，推不动了。

3. 动词儿化后变为量词

捆——捆儿

（97）（在农村）厨房还有一捆儿（柴），今天够用了。

"捆"儿化后也可以变为名词。

（98）把不要的东西打成捆儿，包裹。

4. 形容词儿化后变成名词

尖——尖尖儿

尖——豌豆尖儿、红苕尖儿

（99）她嘴嘿叼很挑食，吃青菜只吃尖尖儿。

"尖"作为形容词单独使用时，读其本音 [tɕian¹]，但重叠儿化后读成 [tian¹tiar¹]，这里的"尖尖儿"也可以看作"重叠"构词使其名词化。

"尖"儿化改变词性也可以不重叠，而是从形容词变为名词性语素，例如"豌豆尖儿、红苕尖儿"。作为名词性语素的"尖儿"与重叠儿化后的"尖儿"读音相同，都读成 [tiar¹]，但意思不太一样：青菜的尖尖儿指青菜中最嫩的部分，"豌豆尖儿、红苕尖儿"中的尖儿，泛指这种青菜叶，等同于"豌豆苗儿、地瓜叶"。

上述儿化改变词性的功能也可视为儿化的构形手段，即转变词类，但均为名词性标记。

2 重庆方言的儿化及儿尾 | 051

2.5.1.3 儿化语素作为构词成分，构成新词

重庆方言中，儿化语素可以作为构词成分，与其他语素组成新词。主要体现在含儿化的双音节语素作为构词成分，跟在其他形容词性语素后面。例如：

淡啪啪儿 [pʰia⁴²pʰiar⁴²]，形容味道很淡，没味儿。

（100）这个菜淡啪啪儿的，哪个吃得下嘛。

星儿豁豁儿 [ɕiərˈxoˈxərˈ]，形容某样物品一看外观就能看出不牢固、不结实、不耐用。

（101）你买这个梯子星儿豁豁儿的，我一踩就烂了。

（102）你做这个飞机模型看起星儿豁豁儿的，轻轻一碰就要散架的样子。

烂扎扎儿 [za⁴²zar⁴²]，形容某样物品外观看上去明显质量不好，并且往往伴随说话者对该物品主观感受上的嫌弃。

（103）你买这个菜烂扎扎儿的，一看就是别个(别人)挑剩下的。

（104）你穿的恁个烂扎扎儿的，哪个女娃儿看得起你嘛。

烦告告儿 [kau²⁴kar²⁴]，形容某样物品或人外表看上去很脏。

（105）你这身衣服好久(多长时间)没换了，烦告告儿的。

（106）去洗个澡换身衣服嘛，整个人烦告告儿的。

飞飞儿，形容很薄（或很薄的东西）。

（107）这个纸薄飞飞儿的，一看就嘿撇 [pʰiɛ²⁴](质量差、水平低)。

飞飞儿还可以跟在名词性语素后面：纸飞飞儿，形容随手撕下来或随便的一张小纸条。

（108）你看到我今天记的电话号码没有，就是在一张纸飞飞儿上的。

这种儿化语素作为构词成分与其他形容词组成的新词，在使用时往往表达出说话人的一种不满意、看不上的意味。

2.5.2 儿化的意义与作用

从儿化的形成发展过程中可以看到（李思敬，1994），在唐代，儿尾多用于表示动物的名词，如猫儿、狗儿、鸟儿、雀儿等，表示小或者可爱义；到宋代以后，名词末儿尾的应用广泛了，但仍表示小或可爱；再到元代以后，儿尾使用的范围更大了，

并且表示小或可爱的意义逐渐弱化，儿化的产生不仅仅是一种语音上的音变现象，儿化既是一种构词现象，也是一种修辞现象。儿化从"儿，孺子也，表示幼儿"的基本义发展成含有表示小、少、轻微、可爱的意义，有表达喜爱、轻松的感情和语气，再到表示小、可爱义的逐渐虚化，到成为名词性标记，儿化的意义与作用也伴随着儿化的语法功能在不断发展。

方梅在研究北京话儿化时，对儿化形式与非儿化形式在指称意义上有无差别，提出了"客观小量"与"主观小量"的概念，客观小量与主观小量对比见表2-2。

表2-2 北京话儿化的客观小量与主观小量

对比项目	客观小量	主观小量
含义	儿化形式与非儿化形式在指称意义上有差别，儿化形式指称形体小的事物	儿化形式与非儿化形式在指称意义上没有差别，用儿化形式，与所指实体的物理属性（大或小）没有多大关系，仅仅表示可爱
例子	球儿 绳儿 盆儿 坑儿 车儿	名词： 人儿 脸儿 嘴儿 这孩子嘴儿甜。（与褒义搭配） *这孩子张嘴儿就骂人。（与贬义搭配） 非名词： 慢慢儿 偷偷儿 远远儿 月月儿 天天儿 回回儿

重庆方言的儿化除了具有儿化的基本意义和作用——表示小、少、轻微、可爱的含义，表达喜爱、轻松、亲切的感情和语气，也有类似北京话儿化表示主观小量的作用，但与北京话儿化表示的主观小量又有很多不同之处。重庆方言的儿化表示主观小量并不是与客观小量相对的一个概念，更多的是表示一种戏谑、轻蔑、鄙夷、看不上的感情和语气，并且非名词的儿化现象使用更多，尤其是量词的儿化使用，在表达主观上瞧不上、看不起时，常常伴随重叠，比如"点点儿"。（见表2-3）

表 2-3　重庆方言儿化表示主观小量

名词	尿死狗儿：指尿床的小孩 婆娘儿：女人，对女性不尊重的称呼
动词	垮杆儿：垮台，倒闭 往往描述一种导致不好结果的动作 见例（55）
量词	一本儿（书）　两分儿（钱）　一截儿（香肠）　半斤儿（白酒） 表达一种说话人认为很少、有点儿瞧不上的意思 见例（63）（64）（65）（66）
	上述用法也可以是：本本儿　分分儿 表达认为少、瞧不上
	点点儿　回回儿　年年儿 表达说话人的不满，或者回答者的求饶、讨好（因为问话人不满了），或者生气的态度，带有埋怨 见例（73）（74）（75）（76）
副词	悄悄儿　偷偷儿　刚刚儿 使用这些儿化副词时，往往是比较随意、闲聊的时候，表达说话人轻松、俏皮的语气 见例（77）
代词	好点儿　好大点儿　好多点儿 往往用于反问句，表达说话人认为没多少东西，或没多大的事儿 见例（83）（84）（85）

　　重庆方言与四川方言有一个共同特点是声母比普通话少。重庆话的声母没有舌尖后音，舌尖后音 tʂ tʂʻ ʂ ʐ 归并到舌尖前音 ts tsʻ s z，同时，重庆方言没有鼻音，鼻音 n 归并到边音 l。辅音音位的减少，使方言在连续的语流中，有些词的末音节自然儿化，从而反过来加强了语言的表达效果。

　　李国正（1986）指出，四川话里有一类儿化词主要体现方言的乐感，即言语的审美功能。重庆方言中也有这样一类儿化方言词，体现出方言的韵律感。这类儿化词数量比四川话更多，比如蚌壳儿、白鲢儿、罗汉儿、拼盘儿、摊贩儿、大汉儿、脑花儿、秋老虎儿、汤圆儿、豆芽儿、肉丁儿、蒜苗儿、豆瓣儿、门闩儿、窑裤儿、滑竿儿、灶鸡儿、皮衫儿、鲫壳儿，指鲫鱼、老汉儿，指父亲 等。

2.6 儿化变调

重庆方言中的儿化变调主要体现在重叠儿化式词中。

2.6.1 阳平音节重叠儿化后变为阴平

盘盘儿 [pʻan²¹pʻar²¹⁻⁵⁵]　　格格儿 [kɛ²¹kər²¹⁻⁵⁵]

缺缺儿 [tɕʻyɛ²¹tɕʻyər²¹⁻⁵⁵]　　钵钵儿 [po²¹pər²¹⁻⁵⁵]

角角儿钱 [tɕio²¹tɕiər²¹⁻⁵⁵]　　核核儿 [fu²¹fər²¹⁻⁵⁵]

棚棚儿 [pʻuŋ²¹pʻər²¹⁻⁵⁵]　　盆盆儿 [pʻən²¹pʻər²¹⁻⁵⁵]

回回儿 [xuei²¹xuər²¹⁻⁵⁵]　　年年儿 [nian²¹niar²¹⁻⁵⁵]

阳平音节儿化韵不重叠时不变调，比如油碟儿 [tiər²¹]，跳绳儿 [suər²¹]，马云、赵云 [yər²¹]、小琼 [tɕʻyər²¹]（三个均为人名）。

2.6.2 去声音节重叠儿化后变为阴平

盖盖儿 [kai²⁴kar²⁴⁻⁵⁵]　　棒棒儿 [paŋ²⁴par²⁴⁻⁵⁵]

豆豆儿 [dou²⁴dər²⁴⁻⁵⁵]　　罐罐儿 [kuan²⁴kuar²⁴⁻⁵⁵]

担担儿面 [dan²⁴dar²⁴⁻⁵⁵]　　帕帕儿 [pʻa²⁴pʻar²⁴⁻⁵⁵]

串串儿 [tsʻuan²⁴tsʻuar²⁴⁻⁵⁵]　　褂褂儿，背心儿 [kua²⁴kuar²⁴⁻⁵⁵]

去声音节儿化韵不重叠时不变调，比如衣架儿 [tɕiar²⁴]。

2.6.3 阴平音节和上声音节儿化韵不变调

下下儿 [xa⁵⁵xar⁵⁵]　　悄悄儿 [tɕʻiau⁵⁵tɕʻiar⁵⁵]

边边儿 [pian⁵⁵piar⁵⁵]　　杯杯儿 [pei⁵⁵pər⁵⁵]

秧秧儿 [iaŋ⁵⁵piar⁵⁵]　　花花儿 [xua⁵⁵xuar⁵⁵]

乖乖儿的 [kuai⁵⁵kuar⁵⁵]　　溜溜儿球 [liou⁵⁵lər⁵⁵]

推推儿车 [tuei⁵⁵tuər⁵⁵]

一对双儿 [suar⁵⁵]　　荷包儿 [par⁵⁵]

弯儿 [uar⁵⁵]　　圈儿 [tɕʻyar⁵⁵]

叽儿 [tɕiər⁵⁵]　　星儿 [ɕiər⁵⁵]

阴平音节中，不管重叠词儿化还是单个字儿化，儿化韵都不变调，依然是阴平。

桶桶儿 [tʻuŋ⁴²tʻər⁴²]　　狗狗儿 [kou⁴²kər⁴²]

腿腿儿 [t'ueɪ⁴²t'uər⁴²]　　　膀膀儿 [paŋ⁴²par⁴²]

重庆方言中，上声字儿化的不多，除了重叠儿化的少数几个例子，还有单音节儿化词"子儿 [tsər⁴²]"，作者通过自省认为，勉强能算的还有"婶婶儿"，但因为重庆当地不太细分亲属词，习惯通通用"叔叔、嬢嬢 [niaŋ⁵⁵niaŋ⁵⁵]"来称呼，所以"婶婶儿"一词可以读作儿化韵，但几乎不用。

重庆方言的儿化变调，只要变调大都变成阴平，上声不变调（上声变调是普通话变调中很常见的一种情况）。

2.6.4　儿化变调的功能

2.6.4.1　儿化韵变调和小称变调

严格来说，儿化变调有两种情况：儿化韵变调和小称变调。

日本学者太田斋（1984）[①]在论述山东方言的儿化时，将汉语的儿化分为两大类：融合式和非融合式，相当于儿化韵和儿尾。同时，把融合式儿化概括为六种类型：卷舌音式、韵母交替式、鼻音韵尾式、边音韵尾式、嵌l式和变调式。其中，变调式儿化作为单独的一种儿化的类型，与本书讨论的儿化韵变调并不是一回事。

变调式儿化实质上是小称变调，也就是通过声调的改变，起到小称儿化的功用。这种特殊变调和儿化韵一样，也具有表示小称意义的语法功能，因此，也有的学者称之为儿化变调。王福堂归纳出小称变调发展的四个阶段：第一阶段，自成音节的儿尾与变调共同表示小称。在这一阶段，儿尾还未与前一语素融合，但已经出现了变调现象，儿尾和变调共同表示小称。例如广西桂平木乐话，通过变高平调55，使"儿"从实词转化为词尾，表示小称意义。第二阶段，儿化韵与儿化变调共同表示小称。这一阶段，儿尾已经与前一语素合音形成儿化韵，同时发生变调，儿化韵和儿化变调共同担负小称意义。例如广东信宜话，单元音韵母变成 -n 尾韵，-p、-t、-k 尾韵母变成具有同部位韵尾的鼻韵母 -m、-n、-ŋ，鼻韵母和复元音韵母不变，同时通过升变调，共同承担小称义的作用。第三阶段，没有儿化韵，有小称变调。第四阶段，没有儿化韵，变调融入本调系统。到这两个阶段，儿化韵已不存在了，小称变调的意义也快消失了，只在某些高平调比55更高的时候，变调还承担着一些小称的意义。

李荣（1978）在讨论温岭方言的变音时提到，有一种变调在功用上有名词化、

[①] 太田斋. 山东方言的儿化 [J]. 东京都立大学人文学报, 1984 (166)：35-59.

表示小的作用，浙江温岭方言的变调就相当于儿化。[①]李荣（1966、1979）在温岭方言语音分析和温岭方言的连续变调里系统归纳了温岭方言的两种变调情况：受环境制约的变调和不受环境制约的变调。[②③]受环境制约的变调指连续变调的情况，类似北京话的变调，没有表小的指称意义；不受环境制约的变调指逢入声即改变韵母，在功用上类似广州的变音和北京的儿化，即具有小称意义，而李荣也将这种受环境制约的变调称为"变音"。温岭方言系统变音见表2-4。

表2-4 温岭方言的变音

古平 15	阴平：转弯 tɕyø^{42} ʔuɛ$^{33\text{-}15}$	阳平：鱼 ŋ$^{31\text{-}15}$
古仄 51	阴上：鸟 tiɔ$^{42\text{-}51}$ 阴去：马褂 ʔmo^{42} kuo$^{55\text{-}51}$ 阴入：橘 kyʔ^{55}——kyn^{51}	阳上：公社 kuŋ^{33} zo$^{31\text{-}51}$ 阳去：妹 me$^{13\text{-}51}$ 阳入：闸 zəʔ^{11}——zɛ^{51}

钱曾怡（1995）在谈到表2-4温岭方言的变音情况时也说过，以上变调虽然看不出跟"儿"的本调 [n^{31}] 有什么联系，但严整性地表现出名词化、小称义的类化作用；表2-4中部分入声韵变鼻辅尾的现象，也体现出"儿"音的作用。

同时，钱曾怡（1995）还提到，除了浙江南部吴语和徽州部分地区，广东、广西一些地区，比如广州、台山、玉林等地，都存在小称变调的情况。例如浙江青田，潘悟云（1988）[④]在青田方言的连续变调和小称音变中指出：青田方言的小称变调主要用于名词，表示小、可爱或微不足道等意义。也有少数用于形容词、副词的，表示少许、浅、差一点儿、有点儿等意义，大体上从小义引申而出。与温岭方言变调形式类似，青田方言的小称变调也是严整地按照一定规则的变调。

又如安徽绩溪华阳镇方言，赵日新（1989）[⑤]在对安徽绩溪方言音系特点的研究中也提到以变调表示小称的情况，以及这种小称变调的规律，见表2-5。

[①] 李荣.温岭方言的变音[J].中国语文，1978（2）：96-103.
[②] 李荣.温岭方言语音分析[J].中国语文，1966（1）：1-9.
[③] 李荣.温岭方言的连续变调[J].方言，1979（1）：1-29.
[④] 潘悟云.青田方言的连续变调和小称音变[M]//复旦大学中国语言文学研究吴语研究室.吴语论丛.上海：上海教育出版社，1988：238-428.
[⑤] 赵日新.安徽绩溪方言音系特点[J].方言，1989（2）：125-130.

表 2-5　安徽绩溪华阳镇方言小称变调

阴平、上声变阳平	猪 tɕy⁵⁵ —— 细猪　ʂɿ³⁵ tɕy⁵⁵⁻⁴⁴
阳平变阳去	牛 ŋi⁴⁴ —— 细牛　ʂɿ³⁵ ŋi⁴⁴⁻³¹
阴去、阳去变阴平	凳 tiã³⁵ —— 细板凳　ʂɿ³⁵ pɔ²¹³ tiã³⁵⁻⁵⁵
入声变高降	鸭 ŋaʔ³² —— 细鸭　ʂɿ³⁵ ŋaʔ³²⁻⁵³

可以看出，像温岭方言、青田方言、绩溪华阳镇方言这样成系统的小称变调在北方方言中是没有的或者说几乎看不到的，而属于北方方言的重庆话的儿化形式属于最典型的儿化韵：卷舌音式。所以，重庆方言的儿化变调不同于这类变调式儿化，而是在元音卷舌儿化的基础上变调。

2.6.4.2 儿化变调的功能

重庆方言的儿化变调属于小称变调，即儿尾与前一语素韵母合音形成儿化韵的同时，发生的一种非语流音变性质的变调，这种变调与儿化韵一样，也具有表示小称意义的语法功能，也可称之为儿化变调。重庆话中儿化变调的物理小称意义逐步磨损，更多地体现在主观上的表小作用。

重庆方言儿化变调主要体现在：阳平、去声音节重叠儿化后变为阴平。

比如前文提到的阳平音节重叠儿化后变为阴平的情况：

盘盘ᵣ [pʻan²¹pʻar²¹⁻⁵⁵]　　　格格ᵣ [kɛ²¹kər²¹⁻⁵⁵]

缺缺ᵣ [tɕʻyɛ²¹tɕʻyər²¹⁻⁵⁵]　　钵钵ᵣ [po²¹pər²¹⁻⁵⁵]

角角ᵣ钱 [tɕio²¹tɕiər²¹⁻⁵⁵]　　核核ᵣ [fu²¹fər²¹⁻⁵⁵]

棚棚ᵣ [pʻuŋ²¹pʻər²¹⁻⁵⁵]　　盆盆ᵣ [pʻən²¹pʻər²¹⁻⁵⁵]

回回ᵣ [xuei²¹xuər²¹⁻⁵⁵]　　年年ᵣ [nian²¹niar²¹⁻⁵⁵]

（109）a. 爸爸去年去英国出差给我带回来的那套骨瓷的盘子是我最喜欢的，平时都舍不得用。

b. *爸爸去年去英国出差给我带回来的那套骨瓷的盘盘ᵣ是我最喜欢的，平时都舍不得用。

c. 这些盘盘ᵣ摔坏了就算了，没得啥子没关系，妈妈明天再买几个就是了。

d. 把那个盘子递给我下耶。

e. 把那个盘盘ᵣ递给我下耶。

前文说到，重庆方言儿化的小称作用除了表示小、可爱等意义外，很多情况是表示一种轻视、无所谓、看不上的态度。这里的 a 句子中盘子表示很珍惜、很重要的，因此不能用"盘盘儿"；c 句子中的盘子是一些日常用的，可能也已经用了很长时间了，所以坏了也无所谓，所以一般用"盘盘儿"；d、e 两个句子中用"盘子、盘盘儿"都可以，表示不带感情色彩的概念义。

（110）a. 去超市买菜，找了我一把角角儿钱，随手放进旁边的捐款箱了。

b. *他家里很穷，交给老师的学杂费都是角角儿钱凑成的。

a 句子可以用"角角儿钱"，表示一毛、两毛的零钱没看上；b 句子不能用"角角儿钱"，虽然实际上是一毛、两毛的零钱构成的，但句子没有轻视、看不上的意思，所以只能说"他家里很穷，交给老师的学杂费都是一毛、两毛的零钱凑成的"。

（111）a. 不打了（玩牌），回回儿都是你赢。

b. *不打了（玩牌），回回都是你赢。

c. 不打了（玩牌），每次都是你赢。

表示次数的儿化量词"回回儿"，一般只能以重叠儿化的形式出现，表示一种生气、埋怨，与"每"的用法类似，有表示强调之意。表达说话人的不满，或者回答者的求饶、讨好（因为问话人不满了），或者生气的态度，带有埋怨，见例（75）。

（112）a. 新年快乐，祝您年年高升。

b. *新年快乐，祝您年年儿高升。

前文例（76）可见，"年年儿"表达说话人的不满，或者回答者的求饶、讨好，或者生气的态度，带有埋怨。因此，在表示好的意愿时，不能用"年年儿"。

前文去声音节重叠儿化后变为阴平的情况：

盖盖儿 [kai^{24}kar$^{24-55}$]　　　　棒棒儿 [paŋ^{24}par$^{24-55}$]

豆豆儿 [dou^{24}dər$^{24-55}$]　　　　罐罐儿 [kuan^{24}kuar$^{24-55}$]

担担儿面 [dan^{24}dar$^{24-55}$]　　　帕帕儿 [pʻa^{24}pʻar$^{24-55}$]

串串儿 [tsʻuan^{24}tsʻuar$^{24-55}$]　　　裤裤儿, 背心儿 [kua^{24}kuar$^{24-55}$]

去声音节重叠儿化后变为阴平这一类情况，小称意义已经很大程度上磨损了，更多的是口语中的既定用法，比如"棒棒儿、担担儿面、串串儿"这一类儿化词已经成词，并已经可以在全国各地使用了，只是普通话中第二个儿化叠字往往读成轻声，但重庆话中儿化变调并未轻读。

在使用方言词的时候，本身就多是一种随便、轻松的环境，不过小称意义也几乎磨损殆尽，多是一种概念义，而年轻人也常常用重叠儿化的形式来代替了，比如"瓢瓢儿"，或者直接不用了。

综上，重庆方言的儿化变调主要承载了小称意义的语法功能，但从发展趋势来看，重叠儿化变阴平调的情况在口语中已经逐渐固化下来，小称意义磨损严重，更多的是主观上的表小。

2.7 儿化的分类

方梅在对北京话儿化的研究中，从形态学的角度，将儿化现象分为音变儿化与小称儿化：音变儿化是单纯语音条件促发引起儿化现象，而语义、句法等不变；小称儿化则是语义、句法改变引起的儿化，这时的语音变化是语义、句法变化的外化手段。重庆话的儿化韵情况，同样也可以分为音变儿化和小称儿化两种类型。

本节仅讨论重庆方言中"音变儿化"的体现以及发展趋势，不展开讨论，前文提到的"儿化"的功能、作用等，均指小称儿化。文中未特别指出是"音变儿化"的"儿化"，均指小称儿化。

2.7.1 音变儿化

董少文（1964）[1]在对北京话儿化韵的来源中提到，儿化的来源不一，最重要的是"儿"，如"花儿、鸟儿"；一部分由"里"字变来："这儿、那儿、哪儿"由"这里、那里、哪里"变来；一部分由"日"字变来："今儿、明儿、昨儿、后儿"由"今日、明日、昨日、后日"变来。除了这三种来源，还有别的来源，比如"不知道"说成"不儿道"，三个音节变成两个音节。对于以上四种来源，陈治文（1965）肯定了这一论断，并进行了进一步的调查发现：特别是以 zh-、ch-、sh-、r-、[tʂ-、tʂʻ-、ʂ-、ʐ-、] 做声母的字，在一定条件下（口语、轻声、说快了），往往会使它面的一个音节发生儿化的现象，用于补充董少文的说法。据此，本书将北京话儿化四种来源进行了归纳，见表2-6。

---

[1] 董少文.语音常识（改订版）[M].北京：文化教育出版社，1964.

表 2-6　北京话儿化来源

来源		例子
1	儿，表小或可爱，或仅为名词标记	花儿、鸟儿
2	里	这里、那里、哪里
3	日	今日、明日、昨日、后日
4	zh-[tʂ-]	不知道——不儿道 顺治门——顺儿门 油炸鬼——油儿鬼 郑重其事的——郑儿其事的 你等着瞧吧——你等儿瞧吧
	ch-[tʂʻ-]	盘缠钱——盘儿钱 工程师——工儿师 瞎扯白咧——瞎儿白咧 捌伤起来没完——捌儿起来没完
	sh-[ʂ-]	图书馆——图儿馆 多少钱——多儿钱 七十八——七儿八 胡说八道——胡儿八道
	r-[ʐ-]	羊肉胡同——羊儿胡同 同仁医院——同儿医院 工人日报——工儿日报 光荣榜——光儿榜

表 2-6 中 2、3、4 三种情况，儿化的形成并不涉及语义、句法的变化，仅仅是因为口语、轻声、说得快等造成的，这种单纯由语音条件促发的儿化就是音变儿化。而第一种情况，由 "儿" 变来，或具有指 "小" 意义，或是句法变化的外化手段，这类儿化则是小称儿化。

2.7.2 重庆方言的音变儿化

研究重庆方言的儿化，首先必须区分音变儿化和小称儿化。李国正（1986）[1]在四川话语音发展的新动向研究中提到人名末音节的儿化，姓氏用字与 "老" "小" 所

---

[1] 李国正. 四川话儿化词问题初探[J]. 中国语文, 1986（5）: 366-370.

构成的双音节词末音节的儿化，以及叠音名词的儿化三种情况。在这三种情况中，重庆话儿化的条件和情况与四川话有些不同，但当下重庆话的儿化也呈现出这三种发展趋势。特别是第一种情况，人名末的儿化，在现在重庆人的表达中可以说已经逐渐失去了小称儿化在语义、句法上的功能，很多情况下可以看作单纯语音促发的音变儿化了。而第三种情况，名词的重叠儿化，也是重庆话的一个重要特征。

在现在的重庆话中，人们对语音上符合儿化条件的人名的最后一个字习惯性儿化。重庆方言有38个韵母，作为人名最后一个音节儿化的往往是韵尾为鼻音 [n、ŋ] 的字，其中，韵尾为 [n] 的字习惯性全部儿化；韵尾为 [ŋ] 的，[uaŋ、yŋ] 往往儿化，而 [aŋ、iaŋ、uŋ] 只有作为人名末尾两个重叠的字的时候才儿化。人名末字儿化情况如下（以下例子均为人名的习惯性读法）：

  [an] – [ar]： 曹华兰——曹华兰儿

  [ian] – [iar]： 廖谦——廖谦儿

  [uan] – [uar]： 王盼——王盼儿

  [uaŋ] – [uar]： 李小双——李小双儿

         董双双——董双儿双儿

  [yan] – [yar]： 张权——张权儿

  [ən] – [ər]： 蔡少芬——蔡少芬儿

  [uən] – [uər]： 蒋少文——蒋少文儿

  [in] – [iər]： 刘星——刘星儿

  [yn] – [yər]： 马云——马云儿

  [yŋ] – [yər]： 邓小琼——邓小琼儿

         龚琼琼——龚琼儿琼儿

在互相之间关系比较亲密的时候，可以只称呼一个字或后两个字，这种情况下这个单字或后两个字的最后一个字也儿化，例如：

  温沁 —— 温沁儿 —— 沁儿   曹华兰 —— 曹华兰儿 —— 兰儿

  张秀英 —— 张秀英儿 —— 秀英儿 杨小君 —— 杨小君儿 —— 小君儿

根据关系的亲疏等条件，决定是否选用附带感情色彩的称呼，体现在称呼名字的方式上：是否带姓氏、加词缀、重叠等方面，而非体现在是否儿化。例如：

  温沁 —— 温沁儿 —— 沁儿 / 小沁儿 / 沁沁儿

在重庆，基本上任何人称呼"温沁"，都读作"温沁儿"，而关系的亲疏等附带感情色彩的称呼体现在称呼名字的方式上——姓名末字或后两字、加词缀、重叠等方式。关系亲密的可以称呼"沁ᵣ/小沁ᵣ/沁沁ᵣ",一般关系可以称呼"温沁ᵣ"或"小温"。这里的"小温"并不儿化,因为不是"姓名末字",如果称呼"刘雯",则读作"刘雯ᵣ"。

我们可以看到,韵母为 [uaŋ、yŋ] 的字可以单字儿化,也可以重叠儿化,但重叠儿化的时候是两个字均儿化:董双双——董双ᵣ双ᵣ、龚琼琼——龚琼ᵣ琼ᵣ,所以,我们依然可以看作单字的儿化,即其儿化并不需要重叠。而 [aŋ、iaŋ、uŋ] 则不同。

[aŋ] - [ar]：　　陈棒棒——陈棒棒ᵣ

　　　　　　　　任航行——任航行

　　　　　　　　向放——向放

[iaŋ] - [iar]：　　王秧秧——王秧秧ᵣ

　　　　　　　　明扬阳——明扬阳

　　　　　　　　温阳——温阳

[uŋ] - [ɹe]：　　刘棚棚——刘棚棚ᵣ

　　　　　　　　李朋鹏——李朋鹏

　　　　　　　　刘鹏——刘鹏

韵母为 [aŋ、iaŋ、uŋ] 的字作为人名末字,只有在重复并且特定的情况下才会儿化。同样,可进一步类推,在前文表 2-1 中可以儿化的词,作为人名都可以儿化(重庆方言的 38 个韵母,除了 [æ、uɛ、iai、yu] 4 个韵母,其余的 34 个韵母均可儿化),但是这些情况的儿化不能认为是人名最后一个字儿化的一般规律,即没有类推性、没有能产性(只有韵尾为 [n] 的末字儿化,可以类推)。

另外,"儿" [ər] 作为人名最后一个字时,读法与儿尾词相同,读成 [lɛ²¹]。例如容祖儿、赵雪儿等名字,重庆话都读成某某 [lɛ²¹],且不管前面一个字是什么调类,都不变调,读成阳平。

重庆方言中人名末字的儿化几乎不带感情色彩,与性别、年龄、关系亲疏几乎无关,关系的亲疏等附带感情色彩的称呼体现在称呼名字的方式上,比如称呼姓名末字或后两字、加词缀、重叠等方式。只要符合"韵尾为 [n] 的字习惯性全部儿化;韵尾为 [ŋ] 的,[uaŋ、yŋ] 往往儿化,而 [aŋ、iaŋ、uŋ] 只有作为人名末尾两个重叠的字的时候才儿化"这个准则。这种人名末字的儿化有音变儿化的趋势,不涉及语义、句法的变化,并且具有类推性。例如:

（113）邓小平、习近平，重庆话在说到伟人或者是政治人物或者德高望重的人物的姓名时，依然会遵照该儿化原则，重庆话说成邓小平儿、习近平儿。（伟人、政治人物，男性）

（114）姑姑单位局长李景平儿因为严重违法违纪被判了十五年。（身边的位高权重的人物，男性）

（115）赵华平儿当总经理把这个厂子治理得很好。（身边的位高权重的人物，女性）

（116）季羡林儿都恁个大岁数脑壳头脑还这么清晰，不得了。（德高望重的人物，男性）

（117）宋庆龄儿年轻的时候很漂亮，老了也恁个有气质。（德高望重的人物，女性）

因此，人名最后一个字儿化，只要符合人名末字儿化的规律，儿化后的人名从功能、意义、感情色彩上几乎都没有改变，很大程度上可认为属于音变儿化。

方梅（2007）在讨论北京话儿化时，指出音变儿化是单纯由音变形成的，其成员是相对有限的，与小称儿化相比，是不具备能产性的。但重庆方言中的音变儿化，比如人名中韵尾为 [n] 的末字儿化，是可以无限类推的，即可以认为是具有能产性的。对于李国正提到的，姓氏用字与"老""小"所构成的双音节词末音节的儿化以及叠音名词的儿化这两种情况，是否属于音变儿化，或者说是否有发展为音变儿化的趋势，在后文的研究中会专门加以讨论。由此可见，音变儿化在重庆方言是一种非常普遍的现象，同属于北方方言的重庆话为什么会出现和北京话儿化大相径庭的一个特点，也是一个值得探讨的问题。

对于这一点，可以从重庆方言人名末字儿化的发展进程来探究。在对80岁以上老派重庆人以及50岁以上的中派重庆人的采访中，受访者表示，他们以及回忆他们的长辈在称呼对方人名时，使用儿化还是在与自己比较熟悉、比较亲近的人之间，多用在比较轻松、不太正式的场合。但随着时间的推移，到现在的部分中年人，特别是年轻人，在称呼对方名字采用儿化时，已经几乎觉察不到"小称"之意，而成为一种发音习惯。随着称呼别人名字末字儿化逐渐成为一种下意识的习惯，人名末字儿化小称义的磨损漂白，我们可以认为，在重庆方言中，人名末字的儿化可以认为是一种"音变儿化"，或者是有往"音变儿化"发展的趋势。

另外，重庆话在称呼人名时发生的语音的"儿化"，与方梅等提到的北京话的"音变儿化"既有相同点也有一些差别。相同点：两种儿化都不涉及语义、句法的变化——北京话的音变儿化仅仅是因为口语、轻声、说得快等造成的；重庆话是只要符合末字

韵尾为 [n]，以及符合相关条件的 [ŋ] 的人名都可以儿化。不同点：北京话"音变儿化"的词单纯由语音条件促发形成，是相对有限的，不具备能产性；重庆话的音变儿化是由小称儿化的语义磨损、漂白而来的，因此，同小称儿化一样，具有类推性和能产性。

2.8 儿尾

重庆方言有大量的儿化词和带儿尾的词，除了儿化韵以外，还有作为独立音节的、特殊的词缀"儿"，本书称之为儿尾，儿尾构成的词称之为儿尾词，例如"娃儿、狗儿、猫儿"。这种时候，即"儿"在词语中处于最后一个音节或者句子的末尾时，"儿"就不发其本音卷舌元音 [ɚ] 了，而是在前面加上边音声母 [l]，同时卷舌脱落，读 [lɛ²¹]。重庆方言中，儿尾词的数量比儿化词少得多。

2.8.1 儿尾词的构成

能带儿尾的词根一般是单音节语素，并且主要是名词类语素，其后面加上后缀"儿"构成儿尾词，即"名词性语素/（个别非儿化词）+儿"构成儿尾词。

2.8.1.1 人称类语素 + 儿

"人称类语素 + 儿"构成的儿尾词在重庆方言中除了表示其词根本身的概念义外，往往还表达引申义，例如：

娃儿 自己的孩子，也可泛指小孩儿

（118）——这是哪个的娃儿，管下撒！

——我娃儿，不好意思哈。

（119）一到周末，公园头尽是 全是 娃儿。（这里的娃儿泛指小孩儿）

妹儿 自己的妹妹，也可泛指年轻女孩儿，特别是年轻女服务员

（120）这是我妹儿，多多关照哈。

（121）这个妹儿长得多乖的。（这里的妹儿泛指年轻女孩儿）

（122）妹儿，麻烦拿点餐巾纸呔！（这里的妹儿指年轻女服务员）

弟儿 自己的弟弟，也可泛指年轻男孩儿

（123）这是我弟儿，从小就喜欢跟倒 着 我耍。

（124）弟儿，再开瓶啤酒！（泛指年轻男孩儿）

哥儿_{哥们儿，也可泛指看上去不年轻的陌生男性}

（125）这是我哥儿，平时嘿照顾我，嘿耿直_{仗义}。

（126）哥儿，麻烦问下解放碑怎么走？（泛指看上去不年轻的陌生男性）

姐儿_{姐们儿，也可泛指看上去不年轻的陌生女性}

（127）姐儿，我们之间不说这些_{指不用客气}。

（128）姐儿，麻烦把这里收拾下吔。（可泛指看上去不年轻的陌生女性）

崽儿_{类似普通话的兔崽子，有骂人的意味}

（129）崽儿，你今天不给我说清楚，莫想走！

傻[xa³]儿_{傻子}

（130）你这个傻儿，啷个放恁个多盐嘛！

疯儿_{疯子}

（131）你这个疯儿，懒得理你！

赖儿_{耍赖皮的人}

（132）赖儿，以后不跟你打牌_{玩扑克}了。

2.8.1.2 动物类语素 + 儿

"动物类语素 + 儿"形式的儿尾词大都表示词根的概念义，往往不带说话者个人的感情色彩。例如：

猫儿、狗儿、兔儿

（133）他们屋头养了嘿多宠物，猫儿、狗儿、兔儿都有。

猪儿、羊儿、牛儿

（134）娃儿喜欢去农村耍，嘿喜欢看农民养的猪儿、牛儿、羊儿呀那些。

马儿、耗儿_{耗子、老鼠}、雀儿_{泛指鸟}、鹅儿

（135）动物园那匹白色的马儿最受娃儿喜欢。

（136）娃儿觉得农村啥子都好，就是屋头有耗儿。

（137）妈妈，快点儿来看，树上好多雀儿！

（138）公园头有几只放养的鹅儿，周围_{附近}的娃儿都很稀奇_{喜欢}，每天都来看。

重庆方言里，主城区人说鹅说"鹅儿"，但说鸡、鸭不说"鸡儿、鸭儿"，而说"鸡娃_儿、鸭娃_儿"，并且这种情况的"娃_儿"是儿化韵，读 [uar²¹]，但是鹅不说"鹅娃_儿"。

2.8.1.3 事物类语素 + 儿

"事物类语素 + 儿"形式的儿尾词大都表示词根概念义,不表小。例如:

刀儿、瓢儿_{勺子}、锅儿、桶儿、裤儿、帽儿、包儿、肚儿、样儿

(139) 刀儿妈妈,麻烦把刀儿递给我下吔。

(140) 喝汤的瓢儿吔? 放到哪点的,没看到吔。

(141) 吃完饭记倒把锅儿也洗了哈。

(142) 把鲫鱼放到桶儿头,接_放点水,明天再弄。

(143) 把裤儿穿正,后面是扭起的_{歪的}。

(144) 外面太阳大,出去耍给幺儿把帽儿戴起。

　　——中午吃饭的发票找不到了。

　　——看下你屁股包儿_{裤子后口袋}头有没得。

(145) 今天吃多了哈,看你肚儿都圆_{鼓起来}了。

(146) 看他那个样儿哟,哭吸流了_{形容一把鼻涕一把泪}。

2.8.1.4 地方、位置类语素 + 儿

"地方、位置类语素 + 儿"形式的儿尾词不多,常用的只有几个。例如:

巷 [xaŋ⁴] 儿、旮 [kʻa¹] 儿

(147) ——补衣服的搬到哪里去了吔?

　　——搬到菜市场边边儿那个巷儿头去了。

(148) 我到处找,结果你(宠物狗)躲到这个旮儿头来了。

2.8.1.5 非名词类语素 + 儿

"非名词类语素 + 儿"构成的儿尾词,在重庆方言中常用的只有一个,即既可以表示动量也可以表示时量的"下儿 [xa¹lɛ²]"。

(149) ——吃饭了!

　　——下儿,我把这点做完就过来。

2.8.2 儿尾的功能和作用

重庆方言的儿尾和小称儿化在语法功能和语义上具有高度相似的特点,既是一种构词现象,也是一种修辞现象。儿尾语法功能主要是构词,主要用在口语语境,表示

非正式、不严肃的语气。

2.8.2.1 儿尾构词

重庆方言中,儿尾的小称意义磨损漂白,儿尾词往往表示概念义,与不加儿尾的形式相比,客观意义上的指小作用已经几乎消亡,儿尾构词往往不改变词性和词义。但主观意义上,一般在口语中使用,往往出现在非正式场合。例如:

狗——狗儿

（150）马路对面有一只狗。

（151）马路那边有只狗儿。

两个例子意思相同,但例(151)往往是在日常对话中使用。

有学者讲这种与小称意义无关的"-儿"成为自由儿化(重庆话的儿尾可以看作儿化的第一阶段),即有或者没有在语法和语义上都没有影响。

2.8.2.2 含儿尾的双音节语素构词

重庆方言中,含儿尾的双音节语素可以作为构词成分,与其他语素组成新词,这类新组成的词往往是三音节的,所构成的新词在语义上与原双音节儿尾词不同。例如:

疯儿洞 指疯疯癫癫的人（主要指小孩儿）

（152）你这个疯儿洞,一天到晚坐不住,净惹事!

羊儿疯 羊癫疯

（153）他羊儿疯又犯了。

猫儿毛 怪脾气

（154）老汉 父亲 猫儿毛发起来,哪个都管不倒 管不了,他各人 自己 妈都要决 骂。

叶儿粑 一种粽叶里面包糯米的点心

（155）我嘿喜欢吃叶儿粑,每次回重庆都要吃,又甜又糯。

鹅儿肠 一种可以当中药用来熬水喝的草

（156）婆婆 奶奶 说她们以前经常一到夏天就挖鹅儿肠来熬水喝。

2.8.3 儿尾变调

重庆方言儿尾词的变调主要表现在部分阳平音节儿尾变阴平。

雀儿 [tɕʰio²¹lɛ²¹⁻⁵⁵]　　　　娃儿 [ua²¹lɛ²¹⁻⁵⁵]

瓢儿 [pʻiau²¹lɛ²¹⁻⁵⁵]　　　　　鹅儿 [o²¹lɛ²¹⁻⁵⁵]

但"牛儿 [liu²¹lɛ²¹]、羊儿 [iaŋ²¹lɛ²¹]"不变调,儿尾依然读成阳平。

另外,还有一类特殊情况,即当儿尾词作为构词成分组成的三音节词语,这类词中间的"儿"读成 [ər⁵⁵],这里的"儿"卷舌音 [r] 不脱落,前面也不加边音声母 [l],但有的首字为阳平的词语中的"儿",声调变为阴平。例如:

鹅儿肠 [o²¹ər⁵⁵tsʻaŋ²¹]

但大多数这样的三音节词中的"儿",不变调,读成本音 [ər²¹],变调与否主要依据"儿"与其前一语素搭配时是否变调,变则都变,不变则都不变。例如:

叶儿粑 [iɛ²¹ər²¹tsʻaŋ²]　　　　猫儿毛 [mau⁵⁵ər²¹mau²¹]

疯儿洞 [fuŋ⁵⁵ər²¹tuŋ²⁴]　　　　羊儿疯 [iaŋ²¹ər²¹fuŋ55]

重庆方言儿尾变调的功能与儿化变调一致:儿尾词形成之初,变调主要承载了小称意义的功能,随着儿尾小称意义的磨损,儿尾词大多数情况下仅表示事物的概念义,这时候变调已经固化下来,成为一种习惯。

2.8.4　儿尾与子尾、重叠、重叠儿化

重庆方言中,可以带儿尾的词根不多,并且大多是名词性单音节语素,其中部分词根可以单独成词使用,意思与其对应的儿尾词相同,单音节词单独使用的场合更正式,而儿尾词多用于口语,这种情况主要体现在动物类语素中。例如:

猫儿——猫　　狗儿——狗

猪儿——猪　　羊儿——羊　　　牛儿——牛

马儿——马

鹅儿——鹅

另外,还有表示事物的"刀儿——刀、锅儿——锅"。

"猫"有一种情况可以儿化:藏猫儿/逮猫儿,但这个时候的"猫"已经不表示动物了,这里的"藏猫儿/逮猫儿"表示捉迷藏、躲猫猫的意思。例如:

(157)妈妈,我们来藏猫儿/逮猫儿嘛我们来玩捉迷藏的游戏吧。

"雀儿、耗儿、兔儿"不能说成"雀、耗、兔",但可以说成"雀雀儿"和"耗子、兔子"。这类儿尾词的词根大多是黏着性语素,不能单独成词,但词根重叠儿化或者

加"子"后，构成的词与之对应的儿尾词同义，子尾词可用于书面语也可用于口语，但儿尾词多用于口语。例如：

耗儿——耗子　　兔儿——兔子

肚儿——肚子　　样儿——样子

裤儿——裤子　　帽儿——帽子

巷儿——巷子

赖儿——赖子　　傻儿——傻子

疯儿——疯子

"刀儿"也可以说成"刀子"。

"裤儿"有一种情况可以儿化："窑裤ㄦ"，但意义变了，裤儿/裤子可以指一切裤子，长裤、短裤、牛仔裤……但"窑裤ㄦ"特指内裤。

"兔"比较特殊，可以带儿尾说成"兔儿"，可以加子尾，说成"兔子"，还可以直接儿化，说成"兔ㄦ"，三者意义相同。"兔"是重庆方言中唯一可以单音节直接儿化的动物类语素。

雀儿——雀雀ㄦ　　包儿——包包ㄦ

瓢儿——瓢瓢ㄦ　　桶儿——桶桶ㄦ

旮儿——旮旮ㄦ　　下儿——下下ㄦ

"帽儿、样儿、巷儿"也可以说成"帽帽ㄦ、样样ㄦ、巷巷ㄦ"。

"下"比较特殊，可以带儿尾说成"下儿"，可以重叠儿化，说成"下下ㄦ"，可以直接儿化，说成"下ㄦ"，还可以加子尾，说成"下子"。例如：

（158）等下子，我马上就来。

这四种情况的"下"，都表示时量，"一会儿"的意思，都读成 [xa]，但"下儿、下下ㄦ、下ㄦ"中的"下"，都读成阴平 [xa^{55}]，"下子"中的"下"，读去声 [xa^{24}]。

一个词根既可以直接加儿尾构成儿尾词，也可以直接重叠儿化构成重叠儿化式词，体现出重庆方言中两种常用构词法：儿尾构词和重叠儿化构词。

除了动物类等一些名词性语素单独成词、词根后加"子"、重叠儿化等几种方式构成与其对应的儿尾词同义的词语外，还有一类比较特殊的方式来构成与其相对应的儿尾词意义相同的词语：重叠，但不儿化。例如：

娃儿——娃娃

妹儿——妹妹　　弟儿——弟弟

这类儿尾词主要是亲属间的，重叠后通常特指有血缘关系的那部分含义：娃娃——自己的孩子，妹妹——自己的妹妹，弟弟——自己的弟弟，同例（118）（120）（123）中的"娃儿、妹儿、弟儿"的意义。但"哥、姐"不能这么类推，"哥儿、姐儿"一般指没有血缘关系但关系很好的朋友，或者指代看上去不年轻的陌生人，见例（125）~（128）。与自己有血缘关系的哥哥和姐姐，一般只用"哥哥、姐姐"或者前面加限定词"大、二、三、四……"，比如"大哥、二哥、大姐、二姐"。

2.9 重庆方言儿化的发展

本章伊始，谈到重庆方言的儿化韵和儿尾词时，从合音的角度讨论了儿化韵的发展。

重庆方言的儿化处于儿化合音的第六阶段，即最后一个阶段：正常单音节阶段。

2.9.1 儿化韵的发展进程

丁崇明、荣晶（2011）[1]在讨论汉语方言不同阶段的儿化及儿化韵的整合中，从历时的角度归纳出语音系统中儿化韵变化的三种情况：一是儿化韵数目的增加；二是儿化韵的整合；三是儿化韵的衰落。这三种情况实质上也体现出儿化韵发展进程的三个阶段，即从产生到巅峰再到衰落。

通过六个合音阶段，儿化韵形成后，从理论上讲，该方言中韵腹元音不同的基本韵母数量和形成的儿化韵应该是大致相等或者差不多的，即韵腹元音不同的基本韵母与其所形成的儿化韵应该是一一对应的。比如说具有代表性的延川方言，其基本韵母与儿化韵的对应关系见表2-7。

---

[1] 丁崇明，荣晶. 汉语方言不同阶段的儿化及儿化韵的整合[J]. 语文研究，2011（2）：18-22.

表 2-7 延川方言基本韵母与儿化韵对应表

基本韵母	儿化韵
ɿ ʅ ʮ ʯ i u	ɿɚ ʅɚ ʮɚ ʯɚ iɚ uɚ
a ia ua ya	ɐɚ iɐɚ uɐɚ yɐɚ
ɤ yɤ	ɤɚ yɤɚ
iE yE	iEɚ yEɚ
ɔ iɔ	ɔɚ iɔɚ
ai uai	ɛɚ uɛɚ
iɛ uɛi	ɚɛ uɚɛ
ɤɯ iɤɯ	ɤɯ iɤɯ
æ̃ uæ̃	æ̃ɚ uæ̃ɚ
ɯ̃ iɯ̃ uɯ̃ yɯ̃	ɯ̃ɚ iɯ̃ɚ uɯ̃ɚ yɯ̃ɚ
ɑɣ̃ iɑɣ̃ uɑɣ̃	ɣ̃ɐ iɣ̃ɐ uɑɣ̃ɐ
ə̃ɣ iə̃ɣ uə̃ɣ yə̃ɣ	ə̃ɣɚ iə̃ɣɚ uə̃ɣɚ yə̃ɣɚ
ɜʔ iɜʔ uɜʔ yɜʔ	ɜɚ iɜɚ uɜɚ yɜɚ

可见，延川方言的基本韵母与所生成的儿化韵是整齐对应的，并且韵腹元音不同的韵母所生成的儿化韵也是不同的，从理论上说，所有方言的儿化韵形式应该都是像延川方言这样的，但实际情况并非如此。

王福堂（1999）列举了若干方言中基本韵母（不含卷舌元音 ɚ 本身）与儿化韵的对应关系，见表 2-8。

表 2-8 部分方言中基本韵母与儿化韵对应表

方言	基本韵母数量	儿化韵数量
太原	35	29
济南	37	28
北京	39	26
山东德州	36	22
陕西志丹	54	19
大同	36	14
山西忻州	46	11
山西长治	35	8
成都	35	4

可见，以上这些方言中儿化韵的数量都少于甚至大大少于方言中基本韵母的数量，这种现象是儿化韵形成过程中因为调整和归并所带来的。王福堂（1999）指出，儿化韵生成过程中的调整与归并，是由于儿化韵韵尾的单一化，这种单一化使得韵腹元音相同或相近的不同韵母的留存条件减少了，同时，不同韵尾的基本韵母在生成儿化韵后，韵尾变得相同，从而儿化韵也就成为同音。

以北京话儿化韵为例，北京话基本韵母与儿化韵对应关系见表2-9。

表2-9　北京话基本韵母与儿化韵对应表

基本韵母	儿化韵
a ai an, ia ian, ua uai uan, yan	ɐr iɐr uɐr yɐr
ɤ	ɤr
o uo	or uor
ie ye	ier yer
ɿ ʅ ei ən, i in, uei uən, y yn	ər iər uər yər
u	ur
au iau	aur iaur
ou iou	our iour
aŋ iaŋ uaŋ	ãr iãr uãr
əŋ iŋ uəŋ	ə̃r iə̃r uə̃r
iuŋ uŋ	iũr ũr

从表2-9中可以看到，北京话基本韵母17组37个（不含卷舌元音 ɚ 和 ɛ），对应生成儿化韵11组26个，其中多组韵腹元音相同或相近的基本韵母，以及韵尾不同的基本韵母，儿化后生成相同的儿化韵。比如 ai、an 两组基本韵母只生成 ɐr 一组儿化韵，uai、uan 两组基本韵母只生成 uɐr 一组儿化韵，ei、en 两组基本韵母只生成 ər 一组儿化韵，uei、uen 两组基本韵母只生成 əur 一组儿化韵。

从北京话儿化韵的特点来看，我们可以判断北京话的儿化韵处于合音六个阶段的第四阶段，即"儿"的特征扩展到前一语素音节的韵腹位置。北京话拥有26个儿化韵，这个数量是非常多的，这体现出该方言儿化韵中音系的不协调，而儿化越是发展到巅峰时期，其音系越是不协调，因此，北京话儿化韵的整合还处于快速调整、归并阶段，其儿化的进程正处于巅峰状态。

现在再来看看重庆方言的基本韵母生成儿化韵的调整与归并情况。

重庆方言有 38 个韵母，除了 æ、uɛ、iai、yu 和卷舌元音 ər 外，其余 33 个韵母均可儿化，生成 ar、iar、uar、yar、ər、iər、uər、yər 8 个儿化韵。王福堂指出，"儿化韵生成后的调整和归并主要是由于方言语音系统中元音音位的制约作用。"一般情况下，从某一方言儿化韵的音位数、儿化韵的组数，以及儿化韵的总数，可以判断出该方言中儿化韵的发展阶段。结合北方方言儿化合音的六个阶段也可以看出，儿化韵发展的时间越长，发展的程度越高，其调整和归并的程度也越深，即儿化韵的数量越少。从表 2-8 可以看到，成都话的儿化韵只剩下 4 个，其儿化韵的高度整合主要表现之一体现在中元音的整合：成都话只有一组中元音音位的儿化韵 ər。

同属西南官话、成渝方言小片区的重庆方言，从语音上看，虽然还保留 8 个儿化韵，但结合表 2-8 可以看到：只有山西长治和成都的儿化韵数量是少于或等于 8 个的。所以，我们依然可以认为重庆方言儿化已经发展到儿化合音的最后一个阶段。而如果从词汇、语法等方言来分析，我们可以更加清晰地看到重庆方言的儿化已经发展到末期阶段。

2.9.2 重叠儿化的强大构词力

方言中儿化的发展进程，不管处于哪个阶段，生成、活跃、巅峰还是衰弱，其演变过程都应包含语音、语义、语法、语用等各层面共同进行的集合体。儿化韵合音的六个阶段主要是从语音方面探讨儿化的发展，通过上文可以看到，重庆方言的儿化在语音的发展上，已经到了儿化的末期阶段。理论上，语音系统中儿化的发展阶段，应该是与儿化词在词汇系统中的进程，以及儿化在语法功能、语义作用上是一致的。实际上，当下重庆方言的儿化词很大部分是以重叠儿化的形式出现。

从儿化韵的生成发展可以看到，儿化韵是由儿尾过渡而来，儿化韵的形成要以儿尾的轻声化作为条件。非轻声的儿尾不会引发儿化。在对老、中、青三代主城区人的调查中可以发现，重庆方言的儿尾也有向儿化韵过渡的趋势。但重庆方言没有轻声，那是否就不符合非轻声儿尾不会发展为儿化韵的规律了呢？笔者发现，重庆方言中儿尾变为儿化韵的词大多有变调——变为阴平。

通过调查，笔者绘制出重庆主城区老、中、青三代人使用儿尾与儿化韵的一张对比表。在调查过程中，并没有大规模采用问卷调查的方法，而主要通过创造语境，诱导被调查者说出目标词语，通过隐秘观察法，记录被调查者无意识状态下对目标词语的选择使用情况。在调查过程当中，对待被调查字词、语素，很多调查对象使用了儿尾、子尾、单音节儿化、重叠、重叠儿化五种形式，笔者一一记录下来，从中也可以看出重庆方言儿尾向儿化韵过渡的特殊性，即重叠儿化。

调查表中的呈现并不是完全一一对应的，比如说，如果有10个老人说了"娃儿"，只有一个老人既说了"娃儿"又说了"娃娃"，那么记录表中就只记录"娃儿"。但如果10个老人，5个说"娃儿"，5个既说了"娃儿"又说了"娃娃"，或者比例为6∶4、7∶3，调查人员就会直接询问，这几个词一般用哪个，如果对方表示都比较常用或者使用起来不别扭，则几个词都记入表中。在对年轻人的调查过程中笔者发现，老年人和中年人的用法他们都能明白，但自己平时使用时不选择，所以在对年轻人的调查记录表中，主要记录他们日常使用的那个词。

调查表中的老派是指80岁以上（样本主要是85岁以上）的老年人，中派是指50~65岁（样本主要是60岁左右）的中年人，新派是指40岁以下的年轻人。（见表2-10）

表2-10　重庆主城区老、中、青三代人使用儿尾与儿化韵对比

例字	老派	中派	新派
娃儿	娃儿、娃娃	娃儿、娃娃、洋娃娃、娃娃儿	娃儿、洋娃娃、娃娃儿
妹儿	妹儿、妹妹、幺妹儿	妹儿、妹妹、幺妹儿	妹儿、妹妹
弟儿	弟弟	弟弟、弟儿	弟弟、弟儿
哥儿	哥哥、二哥	哥哥、二哥、哥儿	哥哥、二哥哥、哥儿
姐儿	姐姐、大姐	姐姐、大姐、姐儿	姐姐、姐儿
崽儿	崽儿、崽崽	崽儿、崽崽、崽崽儿	崽儿、崽崽儿
傻儿	傻儿、傻子	傻儿、傻子	傻儿、傻子
赖儿	赖儿	赖儿、赖子	赖子
疯儿	疯儿、疯儿洞、人来疯儿	疯儿、疯儿洞、人来疯儿	疯子、人来疯儿
猫儿	猫儿、小猫儿、逮猫儿、藏猫儿、逗猫儿惹狗	猫儿、奶猫儿、逮猫儿、藏猫儿、猫猫儿狗狗、逗猫儿惹狗	猫儿、小猫儿、猫猫儿、藏猫儿、猫
狗儿	狗儿	狗儿、狗狗儿	狗儿、狗狗儿

续表

例字	老派	中派	新派
兔儿	兔儿、兔子	兔儿、兔子、泡椒兔儿	兔儿、兔子、泡椒兔儿
猪儿	猪儿	猪儿	猪
羊儿	羊儿、羊子	羊儿、羊	羊、山羊、绵羊
牛儿	牛儿	牛、牛牛儿	牛
马儿	马儿、人人儿马马儿	马儿、人人儿马马儿	马儿、马、人人儿马马儿
耗儿	耗儿	耗儿、耗子	耗子
雀儿	雀儿、雀雀儿	雀儿、雀雀儿	雀雀儿
鹅儿	鹅儿	鹅儿、鹅	鹅
刀儿	刀儿	刀儿、刀子、刀刀儿	刀子、刀刀儿、刀
瓢儿	瓢儿	瓢儿、瓢瓢	瓢儿、瓢瓢儿
锅儿	锅儿、锅锅儿	锅儿、锅、火锅儿	锅、火锅儿
桶儿	桶儿	桶儿、桶桶儿	桶桶儿、桶
裤儿	裤儿、窑裤儿	裤子、内裤儿	裤子、内裤儿
帽儿	帽儿	帽儿、帽子、帽帽儿	帽子、帽帽儿
包儿	包儿	包儿、包包儿	包包儿、包包、包
肚儿	肚儿	肚儿、肚子	肚子
样儿	样儿、样子	样儿、样子、样样儿	样子、样样儿、样儿
巷儿	巷儿、巷子	巷子、巷巷、巷巷儿	巷子、巷巷儿
旮儿	旮儿	旮儿、旮旮	旮旮角角儿
下儿	下儿、下儿、下下儿	下儿、下儿、下下儿	下儿、下儿、下下儿

从表 2-10 中可以看出，重庆方言儿尾、儿化、重叠儿化三者之间，大致呈现出三种情况：儿尾向重叠过渡、儿尾向重叠儿化过渡、儿尾脱落变为单音节词，其中，现在重庆方言中最多且快速发展的是重叠儿化形式。

儿尾向重叠过渡。只重叠不儿化的形式大多出现在中年人的话语中，老年人不太用，年轻人用得很少。例如：

娃娃　　雀雀

瓢瓢　　巷巷　　旮旮

儿尾向重叠儿化过渡。这部分词是使用得最多的，尤其在中年人和年轻人当中，但老年人更倾向于儿尾词或者子尾词。例如：

猫猫儿　　　　狗狗儿　　　　娃娃儿

桶桶儿　　　　巷巷儿　　　　样样儿

崽崽儿　　　　雀雀儿　　　　瓢瓢儿

包包儿　　　　旮旮角角儿

儿尾脱落变为单音节词。有些词在使用中儿尾没有了，而是还原为独立自由的单音节词，或者变为实语素，与其他词素构成双音节词。例如：

猫　　　　刀　　　　锅

猪　　　　牛　　　　山羊

从调查表中，我们发现有一部分儿尾词，年纪越大的人越不用，中、青年，特别是年轻人用得多，比如哥儿、姐儿、弟儿、妹儿。可以看到，这些年轻人用得多的儿尾词已经不是这个单音节词本来的意思了，哥儿、姐儿、弟儿、妹儿不是指哥哥、姐姐、弟弟、妹妹，而主要用的是其泛指义项。这是由于这些词不是传统意义的词，如"哥儿"已经引申为指其他意义的称呼语了，不是亲属称谓了，所以老人不用这样的称呼语。因此，这种情况不应作为儿尾词向儿化韵过渡的反例。

王福堂指出，儿化韵的形成要以儿尾的轻声化作为条件，非轻声的儿尾不会引发儿化。前文提到重庆方言没有轻声，但通过调查可以发现，重庆方言中儿尾向儿化韵的发展有通过变调来实现过渡的痕迹。例如：

雀儿——雀雀儿　　　　　　娃儿——娃娃儿

瓢儿——瓢瓢儿

上述本音为阳平的儿尾词，儿化后重叠语素的第二个语素都变为阴平。而没有变为阴平的儿尾词，很大一部分儿尾脱落了，现在年轻人大多单独使用或变为双音节词中的实语素。例如：

牛儿——牛、奶牛　　　　　　羊儿——羊、山羊

鹅儿——鹅

包括这些儿尾词作为构词成分组成的三音节词，年轻人也不太用了。例如：鹅儿肠、羊儿疯。

少部分儿尾词开始被年轻人单独使用，一部分原因可能是普通话对当地方言的影响。普通话中很多单音节名词可以儿化，但单音节儿化这种形式和发音方式，在重庆方言发展的历史长河中，一直没有大量出现过。因此，年轻人可能就选择了不儿化单独使用，比如"锅、刀、猪、牛、猫"；或者将其作为构词语素与其他语素成词，来实现双音化，比如"山羊、奶牛"。

儿尾向重叠、儿化、重叠儿化的过渡当中，往往并没有一个很明确的分割时点，是一代人一代人地交替逐渐完成的，很多形式会在某一段时间同时使用，然后慢慢地被取代，但从整体上来看，能够发现儿尾向儿化韵过渡的趋势。这一规律与王福堂归纳的儿化韵的形成过程大致相同，但重庆方言中的儿尾向儿化韵过渡又有其自身的语法特点。

从调查表中可以看出，重庆方言为数不多的儿尾词中，大部分过渡到儿化韵的词语都是通过重叠儿化实现的。从数据来看，在重庆方言中，儿尾向儿化韵过渡完成的过程中，重叠儿化是作为一个整体成为构词手段。即重叠和儿化在构词过程当中，同时发生、同时进行、同时完成，与"儿尾——重叠""儿尾——儿化韵"一样，三者是并列、平行进行的。范继淹（1962）[1]在重庆方言名词的重叠与儿化中指出，"重叠不是名词双音化的一般构词手段，而是修辞性的构词手段。"名词双音化的一般构词手段是加子尾、儿尾和其他语素，而不是重叠。但从重庆方言历时的发展来看，我们不得不认为，在重庆方言中，"重叠儿化"已经作为一个整体的构词手段，来实现字词的双音节化，来完成儿尾向儿化韵的过渡。因为，重庆方言中的重叠儿化名词已逐渐失去了表示小称的作用。

范继淹（1962）指出，重庆方言的名词有对立形式的，重叠儿化形式表示小称，非重叠的双音形式表示一般事物。重庆话名词的重叠不是名词双音化的一般构词手段，而是修辞性的构词手段。名词双音化的一般构词手段是加子尾或儿尾或其他语素，而不是重叠。自范继淹1962年发表《重庆方言名词的重叠和儿化》一文已60多年，这60多年就像一个见证，在几代人的交替中，重叠儿化词在重庆方言的使用中，已经慢慢没有了小称的色彩，更多的是作为一种整体的构词手段，来实现名词的双音化。这里并不是说本书不认同范继淹的说法，而是在60多年的时间里，我们还看到了重庆方言儿化韵的衰变——从小称色彩的失去开始。

---

[1] 范继淹. 重庆方言名词的重叠和儿化[J]. 中国语文, 1962(12): 558-560.

针对重叠儿化和子尾两种构词方式（在表 2-1 "重庆方言儿化韵表"已做过儿尾的调查，其中出现重叠儿化形式的词，已经询问过同样的问题），笔者也做了一个调查表，旨在调查重叠儿化的形式是否有小称的作用。这里笔者特意选择了当年范继淹调查过的词，以追求更客观的调查结果。这个调查同样是在老、中、青三代人中做的。（见表 2-11）

表 2-11 重庆方言重叠儿化和子尾名词使用调查表

子尾	重叠儿化	子尾	重叠儿化
刀子	刀刀儿	虫子	虫虫儿
盖子	盖盖儿	桌子	桌桌儿
椅子	椅椅儿	盆子	盆盆儿
盘子	盘盘儿	杯子	杯杯儿
巷子	巷巷儿	网子	网网儿
帽子	帽帽儿	豆子	豆豆儿
果子	果果儿	条子	条条儿
块子	块块儿	蚊子	蚊蚊儿
皮子	皮皮儿	带子	带带儿
篮子	篮篮儿	缸子	缸缸儿
瓶子	瓶瓶儿	格子	格格儿
旗子	旗旗儿		

总的来看，子尾词和重叠儿化式词老、中、青三代人都在使用。在表示概念义时，岁数越大的人越多地使用子尾形式，越年轻的人，往往子尾和重叠儿化形式都使用。其中个别子尾词和重叠儿化式词，年轻人现在已经很少或者不太使用了。

子尾形式很少使用：块子_{指一块一块的东西}、果子。

（159）（碗摔碎了）大块子我已经捡起来了，你再看下还有没有些小块子我没看到的。（老年人）

（160）大块块儿我已经捡起来了，你再看下还有没有些小块块儿我没看到的。（年轻人）

其对应的重叠儿化形式还在使用，也有一定小称的色彩，但因为不存在非重叠儿化的对应形式，所以这些词保留下来的义项就只有小称部分的意义，而表达非小称义项时，需要加上限定词或语素，比如，嘿大一块、这一块（地）都是我的（往往很大）；一个苹果、这些瓜果（大小已经达到可以论个买卖），而"果果ᵣ"往往是复数形式存在：这些果果ᵣ。

儿化形式很少使用：桌桌ᵣ、椅椅ᵣ、缸缸ᵣ。

这些词基本上只使用其子尾形式，或作为实语素与其他语素成词，在表示小称时通过加限定词实现，比如一张小点的桌子、一把小点的椅子、餐桌、靠椅。只有在说"桌桌ᵣ椅椅ᵣ"的时候会儿化。例如：

（161）（活动结束后）这些桌桌ᵣ椅椅ᵣ收好，不要乱七八糟地放起。

这里的桌桌ᵣ，并没有小称的意味，而是泛指，并且数量多。

"缸子"本身就有"大"的意思，比如水缸，重庆话中没有"牙缸"这样的指小的"缸"的词。

剩下的词，子尾形式和重叠儿化形式都比较常用，但在使用重叠儿化形式的时候，更多的是在一种不太严肃、不太正式的环境，很多人（部分老年人、大部分中年人和年轻人）并没有觉得自己是在表达小称的意思。

通常情况下，老人用得多的形式是比较古老的形式，年轻人用得多的是后起的形式，结合表 2-10、表 2-11 我们可以看到两个特点：一是对比"儿尾"与"重叠儿化"形式的选择，岁数越大的人，用儿尾词越多，岁数越小的人，用重叠儿化式词越多；二是在仅表示概念义，即表概念义时，子尾词和重叠儿化式词都可以使用，但岁数大的人更多地使用子尾形式，年轻人则是子尾词和重叠儿化式词都使用，但也存在个别特例。比如说年轻人更倾向于说"桌子、椅子、缸子"等子尾词来表示概念义，而不是使用"桌桌ᵣ、椅椅ᵣ、缸缸ᵣ"等重叠儿化式词。但从词汇本身的义项来分析，这些词汇自身具有"大"的义项，用子尾形式来表示概念义更加中性，然后通过添加限定性词语来表示实际情况的"大"或者"小"。这种情况仅存在于个别例子，子尾词取代重叠儿化式词并不是趋势。

另外，也有表概念义的子尾形式词被年轻人弃用，进而被重叠儿化形式代替。比如说年轻人更倾向于说"块块ᵣ、果果ᵣ"等重叠儿化式词来表示概念义，而不是使用"块子、果子"，这也受到词汇本身义项的影响，"块、果"相对于"桌、椅、缸"就是"小"，因此，重叠儿化形式的"块块ᵣ、果果ᵣ"从最初的表小，发展为表概念义，并且代替子尾形式的"块子、果子"。在"子尾"形式和"重叠儿化"形式均表概念义的情况时，年轻人更多地选择用重叠儿化形式。

不少学者也注意到了这一现象。邢向东在《西部官话中名词小称形式的分布和类型——兼及动词重叠式的分布》（2020）中专门讨论了西南官话的"重叠式名词和儿缀词的历史层次"，并指出："在西部官话重叠式名词和儿缀词并存、叠置的方言中，重叠名词出现较早，处于方言的底层；儿缀词进入较晚，处于方言的上层。"该文还从重叠式名词和儿缀词的分布特点、类型和语音特点、数量、表意功能的强弱，以及 AA 式与 AA$_{儿}$ 式的蕴含关系等几个方面来说明重叠式名词早于儿缀式名词。

综上，重庆方言儿化韵发展、衰变的过程和特点可以归纳为三点：一是儿尾词向重叠、儿化、重叠儿化形式过渡，重叠儿化形式为最主要形式；二是重叠儿化式词小称意义磨损、漂白，"重叠儿化"逐步成为基本的构词法；三是儿尾、子尾脱落，单音节词重新变为自由词单独使用，或者变为实语素。其中第一点和第二点是重庆方言儿化韵发展的主要特点，第三点部分是受普通话大量单音节词儿化使用的影响。总的来看，我们可以认为：儿化韵的形成，伴随着其附着的小称意义，而儿化韵的衰亡，是因为小称意义的磨损。

对于重庆方言儿化韵发展、衰变的第二个特点——重叠儿化式词小称意义磨损、漂白，"重叠儿化"逐步成为基本的构词法，我们有理由认为，随着"重叠儿化"式名词小称义的漂白，"儿化"不再涉及语义、句法的变化，重庆方言中的"重叠儿化式名词"也有向"音变儿化"发展的趋势，并且如人名末字儿化一样，具有能产性，即"重叠儿化"作为构词法具有强大的生命力。

2.10 重庆方言的重叠儿化与音变儿化

从上文儿尾、儿化、重叠儿化的发展，我们可以看到：语音系统方面，重庆方言 33 个可儿化韵母发展至今已整合为 8 个儿化韵；语义作用方面，重庆方言儿化的小称意义呈逐步衰减之势，磨损严重；词汇系统方面，重庆方言儿化式词的范围呈现出扩展的趋势，并且主要以重叠儿化的形式和人名末字儿化的形式出现；语法功能方面，重庆方言的儿化构词功能主要以"重叠+儿化"的形式进行派生。

通过对重庆方言儿化在语音、词汇、语法与语义系统的分析，我们可以认为，重庆方言的儿化在语音与语义上处于儿化发展的末期阶段，但在词汇与语法上还处在巅峰阶段。于是这里就出现一个问题：重叠儿化形式的词，是否属于典型意义的儿化词，即小称儿化？对于这一点，就不得不思考以下两个问题。

一是具有小称意义的重叠儿化形式的词，主要是由"儿化"派生带来的，还是由"重叠"派生带来的小称义？

二是随着进一步发展，重叠儿化是否与人名末字儿化一样，可归属于音变儿化，或者说有发展为音变儿化的趋势？

对于第一个问题，还需要结合重庆方言重叠式词的发展，在下一章探讨"重叠"时，笔者一起展开讨论。

对于第二个问题，如果答案为"是"，那么重庆方言的儿化（小称儿化）在词汇和语法系统方面也可以认为是处于儿化发展的末期阶段了。笔者认为是。

从汉语自身的特点来看，小称儿化的衰亡是不可避免的。汉语中，一个语素通常是一个汉字，即一个音节，即可构成单音节词，少量的一个语素由两个或者更多的汉字组成，构成多音节单纯词，但反之，不存在多个语素存在于一个音节当中的情况。而儿化韵实质上是一种合音，是语流音变过程中生成的一种两个语素共存于一个音节之中的现象。这种情况不符合汉语中语素与音节的结构规律，两个语素共用一个音节的情况，迟早会有一个语素占主导，另一个语素逐步消磨，直到一个语素把另一个语素彻底排斥掉，因此，儿化韵在产生之时，也许就注定了会消亡。

随着小称儿化语音形式的消失殆尽，刚开始会有其他语法形式来承接曾经儿化韵形式表示小称意义的词，比如同属西南官话的昆明方言。丁崇明在对昆明方言儿化词衰变的讨论中详细列出了昆明方言儿化词衰变的多种方式：儿化形式 — 非儿化形式；儿化形式 — 非儿化重叠形式 — 子尾词；儿化 — 儿化重叠 — 非儿化重叠形式 — 子尾词；儿化 — 儿化子尾混合式 — 子尾。从昆明话儿化的发展中我们可以看到，当儿化韵从语音上磨损、消失后，方言会以其他形式来承接小称意义的儿化韵词。

与昆明方言不同，重庆方言在语音流变上，儿化韵以音变儿化形式高速发展，主要包括两个方面：一是人名末字儿化的可推及性规律。韵尾为 [n] 的字习惯性全部儿化；韵尾为 [ŋ] 的，[uaŋ、yŋ] 往往儿化，而 [aŋ、iaŋ、uŋ] 只有作为人名末尾两个重叠的字的时候才儿化。二是表示概念义的重叠儿化式名词。从人名儿化规律中的"[aŋ、iaŋ、uŋ] 作为人名末尾两个重叠的字的时候才儿化"也体现出了重叠儿化式的强大生命力。昆明方言儿化发展到现在，是以子尾词承接小称儿化韵词，重庆方言中也有儿化韵、儿尾、子尾脱落，单音节词重新变为自由词单独使用，或者变为实语素的情况，但并没有出现子尾词或儿尾词逆向发展，重新取代重叠儿化式词的情况。因此，从重庆方言儿化词的发展趋势来看，笔者现在不敢推测会有其他什么样的形式来承接重庆方言中的儿化韵词。

现在重庆话中的儿尾词、子尾词、重叠儿化式词都在同时使用，从数量上来看，儿尾词最少，子尾词和重叠儿化式词数量相当，但是由于重叠儿化式的能产性，即在实际使用的语境中不自觉地创造新词的能力更强，不少子尾词和儿尾词在使用过程中，不知不觉地被重叠儿化式代替；而与之相对的，重叠儿化式词没有发展成为子尾词的，子尾词的数量已经固化，甚至随着重叠儿化式的增多，子尾词的数量也许还会随之减少。

综上所述，从重庆方言儿化词不断增加这一现象我们认为：重庆方言名词构词法中，儿化是优势构词法，并且，单音节语素构成的名词——AA、A子、AA儿，即儿尾、子尾、重叠儿化构词中，"AA儿"这一构词法的构词能力是最强的。

重庆方言重叠儿化形式的名词随着小称的语义磨损、漂白，有可能像重庆话中人名末字的儿化一样，儿化不再涉及语义、句法的变化，而是单纯的语音的变化，并且，由于这种音变儿化是从小称儿化的语义漂白而来，因此，具有同小称儿化一样的能产性，即重叠儿化式词逐渐固化下来，但不再表小称义。

2.11 关于"幺儿"

"幺儿"一词，从普通话来看，典型的偏正结构构词，中心词为"儿"，修饰成分为"幺"，义为"最小的孩子"。值得注意的是，在重庆方言中，人们往往约定俗成地将其用成了儿尾词。首先，从语音方面，"幺儿"一词的发音与重庆方言中儿尾词的发音规则是一样的，幺儿读成 [iau^{55}lɛ^{21}]，即"儿"在词语中处于最后一个音节或者句子的末尾时，"儿"就不发其本音卷舌元音 [ɚ] 了，而是在前面加上边音声母 [l]，同时卷舌脱落，读成 [lɛ^{21}]。

从语义语用上来看，"幺儿"在重庆方言中，既可以指最小的孩子，也可以概指自己的孩子（不一定是最小），还可以指关系很好的或者喜欢的人（一般是没有血缘关系的）。并且后两种意义，特别是最后一种使用得更多。例如：

（162）皇上爱长子，百姓爱幺儿。

（163）外面太阳大，出去要给幺儿把帽儿戴起。

（164）幺儿，我好想你哟！

例（162）中的"幺儿"指最小的孩子，例（163）中的"幺儿"指自己的孩子，例（164）中的"幺儿"可能是很好的朋友，也可能是情侣或者伴侣。

《永川县志》[①]中记载："土著复业仅十分之二三，至今土满人稠，强半客民寄寓。故郡属城市均有各省会馆，唯两湖、两广、江西、福建为多。生聚殷繁，占籍越十余传而土音不改。"比如对"父"的称呼，有爹、爷、伯伯、阿爸等；对"母"的称呼，有娘、妈、母亲等；对"子"的称呼，有儿、崽、幺等。

也就是说，"幺"在重庆方言的形成历程中，发展到某一个阶段，其意义从最初的"幺，小也。象子初生之形"[②]，引申出了"儿"，即儿子、孩子的意义。对比"儿"与"幺"在《说文解字》中的最初意义，"儿，孺子也"，可以发现："象子初生之形"与"孺子也"都有"小；子"的义项。因此，"幺"在某一阶段发展出"儿"的意义也是有可能的。

但是，我们只是说"幺"发展出了"儿"的意义，并不是说"幺"只表示孩子，表示其最初"小"意义的"幺"就不存在了。也就是说，"幺儿"一词既具有"可以指所有的孩子（不仅仅指最小的）"和"关系好的人、喜欢的人"的意义，也具有"最小的孩子"这一意义，"幺儿"为多义词。我们这里认为"幺儿"是"幺+儿"的儿尾词，其实是针对其引申出来的"儿"的意义来谈的。

综上所述，"幺儿"一词指"最小的孩子"这一意义时，"幺"用的是其最初的义项"小"，此时的"幺儿"是偏正结构。在泛指孩子和关系亲近的人的时候，"幺"使用的是其引申义"儿"的义项，此时的"幺儿"是儿尾词，而"幺幺"是从"儿"这一义项的"幺儿"发展而来的。

当"幺儿"为儿尾词时，这时的"幺儿"就可以归到2.8.4 儿尾与子尾、重叠、重叠儿化中列出的"一类比较特殊的方式来构成与其相对应的儿尾词意义相同的词语：重叠，但不儿化"的情况中去：

幺儿——幺幺　　娃儿——娃娃
妹儿——妹妹　　弟儿——弟弟

这类儿尾词主要是亲属间的，重叠后特指有血缘关系的那部分含义：幺幺——自己的孩子，娃娃——自己的孩子，妹妹——自己的妹妹，弟弟——自己的弟弟。重庆话中叫自己的孩子"幺幺"时，一般都是在表达强烈的喜爱情绪，可以是爸爸妈妈叫

[①] 四川省永川县志编修委员会. 永川县志[M]. 成都：四川人民出版社，1997.
[②] 许慎，徐铉. 说文解字[M]. 南京：江苏古籍出版社，2001.

孩子，也可以是爷爷奶奶、姥姥姥爷叫孩子。重庆的奶奶、姥姥（特别是年轻的姥姥、奶奶）在叫自己的（外）孙子（外）孙女时，常常伴随着高平调叫"幺幺"，并且第二个"幺"字无限拖长。

对于"幺儿、幺幺"的用法，我们在做表2-10重庆主城区老、中、青三代人使用儿尾与儿化韵对比表时，专门对这两个词进行了统计，见表2-12。

表2-12 "幺儿"与"幺幺"在重庆主城区老、中、青三代人中的使用情况

词语	老年人（80岁以上）	中年人	年轻人
幺儿、幺幺	幺儿	幺儿、幺幺	幺儿、幺幺

很有意思的是，大家在说到"幺儿"这个词的时候，都没有用到"最小的儿子"这个义项，也就是说，不管哪个年龄段的被试者，在聊天中说到幺儿时，都是在指亲近、喜欢的人，可以是自己的孩子，也可以是朋友。老年人在使用"幺儿"时，基本上是在称呼自己的孙子辈，并且几乎不用"幺幺"。中年人使用"幺儿"时，大多数是称呼自己的孩子，使用"幺幺"时，基本都是称呼自己的孙子孙女。年轻人（已经有孩子的）会同时使用"幺儿、幺幺"称呼自己的孩子，使用"幺儿"称呼朋友或伴侣；年轻人（没有孩子）使用"幺儿"的情况更多，并且基本是对关系好的朋友或者情侣间的爱称。

这样子看，就很容易推出"幺"为"儿"的义项时，作为儿尾词的"幺儿"的语义发展进程如下：幺儿（自己的孩子）— 幺儿（喜欢的人）— 幺幺（对自己孩子的爱称/喜欢的人）。

"幺儿"现在还没有发展成"幺幺儿"这一重叠儿化形式，但如果结合重庆方言"儿化"和"重叠"两者的发展来看，笔者认为"幺儿"在不久的将来就会发展成"幺幺儿"。

《永川县志》（1997）中提到，重庆方言中对"子"的称呼，有儿、崽、幺等。我们可以再从"崽"的发展来对比一下"幺"的发展。《说文解字》中并没有"崽"字，《古代汉语词典》[①]中：仔，同"崽"，方言，小孩子，也称小动物。可以看到，"崽"本身有孩子的意思，但因为有"动物的孩子"的义项，因此，由"崽"发展而来的词在重庆方言中有贬义的感情色彩，例如"崽儿、鬼崽崽儿"。

"崽儿"类似普通话的兔崽子，有骂人的意味。"鬼崽崽儿"指调皮捣蛋的小孩。

"崽"与"幺"表达的感情色彩不同，但它们的发展却很相似：

---

① 陈复华. 古代汉语词典[M]. 北京：商务印书馆，1998.

由"幺"的"儿"义发展而来的"幺儿、幺幺"，表示自己的孩子、关系亲近的人，表达说话人一种喜欢的感情色彩。而由"幺"的最初义"小"组成的"幺儿"依然表示"最小的孩子"。同样的，由崽的"动物的幼子"组成的"崽崽、崽崽ᵣ"并不带有感情色彩，仅仅表示动物的幼崽。但由"崽"的"小孩子"发展出来的"崽儿、崽崽、崽崽ᵣ"则带有说话人强烈的不喜欢的感情色彩。

崽儿、崽崽、崽崽ᵣ（均表示对讨厌的、不喜欢的人的称呼）。

"崽儿"从儿尾词到儿化韵的发展进程，从侧面而言也是对"幺儿"发展的印证和推测，即承载"儿"意义的"幺儿"，应该不久也会出现"幺幺ᵣ"的用法，其儿化的发展可以归纳为"幺儿 — 幺幺 — 幺幺ᵣ"。这也是儿化是重庆话的名词优势构词法的强大的同化类推作用使然。

2.12 小结

本章同时研究重庆方言的儿化和儿尾，重庆方言不仅有一定数量的儿化词，也有与儿化有一定关系的儿尾词。共时层面，儿化词和儿尾词同时存在；历时层面，部分儿化词是从儿尾词发展而来。重庆方言的儿化和儿尾都是名词性标记，物理小称意义磨损严重，主观上有表小作用。

重庆方言中的儿尾：属于北方话儿化合音六个阶段中的第一阶段，即合音尚未形成的双音节阶段；语法上，重庆方言中的儿尾属于自由的名词性语素阶段，是名词性标记；语义上，小称意义磨损，主要表事物的概念义，多用于非正式、不严肃的口语语境。

重庆方言中的儿化：属于北方话儿化合音六个阶段中的第六阶段，即正常单音节阶段；语法上，"儿化"是名词性标记，构词能力强；语义上，小称意义磨损严重，有主观表小作用。

重庆方言除了 [æ、uɛ、iai、yu] 4 个韵母外，其余的 34 个韵母均可儿化（其中 [ər] 本身也是儿化韵），整合后儿化韵数量为 8 个 [ar、iar、uar、yar、ər、iər、uər、yər]。韵腹为 [a] 的韵母，儿化为 [ar]；韵腹为 [e、ə、ɛ、o、u] 的韵母，儿化为 [ər]；韵腹为 [i、y] 的韵母，儿化加 [ər]；韵腹为 [ɿ] 的韵母，儿化时去掉原韵腹变为 [ər]。

重庆方言中的儿化词主要是儿化名词，还有少量儿化动词、儿化形容词、儿化量词、儿化副词和儿化代词。儿化名词的分布可以细分为九大类：单音节儿化名词；双音节儿化名词；三音节儿化名词；作为单音节词时不儿化，在双音节或三音节词里儿化；作为单音节词时不儿化，在短语或句子中儿化；单音节名词重叠时儿化，其他结构的词里时不儿化；带其他后缀的双音节名词，词缀可以儿化；双音节儿化名词作为构词成分放在其他语素前面时保持儿化；亲属之间称呼的儿化。

重庆方言的儿化既是一种构词现象，也是一种修辞现象，其语法功能主要体现在构词上，语义作用主要体现在主观表小上。儿化构词可以分为三类：一是儿化构词不改变词性和词义。儿化后往往有表小的作用，可以客观上表小，也可以主观上表小。儿化构词不改变词性和词义，是儿化的基本功能，即作为构词手段派生构词。二是儿化改变词性或词义，构成新词。可视为儿化的构形手段，即转变词类。三是儿化语素作为构词成分，构成新词。主要体现在含儿化的双音节语素作为构词成分，跟在其他形容词性语素后面，构成新词，往往表达出说话人的一种不满意、看不上的意味。前面两种构词中的儿化均为名词性标记。

重庆方言的儿化除了具有儿化的基本意义和作用——表小、表轻松以外，更多的是表示主观小量的作用。重庆话儿化表示主观小量并不是与客观小量相对的一个概念，更多的是表示一种戏谑、轻蔑、鄙夷、看不上的感情和语气。

重庆方言儿化变调主要体现在重叠儿化式词中，阳平、去声音节重叠儿化后变为阴平调；阴平、上声音节儿化韵不变调。重庆方言的儿化变调属于小称变调，即儿尾与前一语素韵母合音形成儿化韵的同时，发生的一种非语流音变性质的变调，这种变调与儿化韵一样，也具有表示小称意义的语法功能，也可称之为儿化变调。重庆话中儿化变调的物理小称意义逐步磨损，更多地体现在主观上的表小作用：表示一种轻视、无所谓、看不上的语气；表达说话人的不满，或者回答者的求饶、讨好（因为问话人不满了），表达一种生气、埋怨的态度。

本章提出了重庆方言"音变儿化"的概念：不涉及语义、句法的变化，由小称儿化语义磨损、漂白而来，具有类推性和能产性。重庆方言中人名末字的儿化和重叠儿化式名词具有音变儿化的趋势：人名末字儿化逐步呈现出不带感情色彩，与性别、年龄、关系亲疏无关的特点。称呼某人附加感情色彩时，体现在称呼姓名的方式上，比如是否带姓氏（沁儿）、名字加前缀（小沁儿）、名字重叠（沁沁儿）等，而非体现在姓名末字是否儿化。韵尾为 [n] 的字习惯性全部儿化；韵尾为 [ŋ] 的，[uaŋ、yŋ] 往往儿化，[aŋ、iaŋ、uŋ] 只有作为人名末尾两个重叠的字的时候才儿化；重叠儿化式名词的小称义磨损漂白，逐步成为基本的构词法。

重庆方言儿尾词的构成可以归纳为人称类、动物类、事物类、地方位置类以及非名词类五大类型。重庆方言的儿尾和小称儿化在语法功能和语义上具有高度相似的特点：主要语法功能是构词，儿尾直接构词，或者含儿尾的双音节语素作为构词成分，与其他语素组成新词，这类新组成的词往往是三音节的，所构成的新词在语义上与原双音节儿尾词不同。儿尾主要用在口语语境，表示非正式、不严肃的语气。

重庆方言儿尾词的变调规律：前字为阴平、上声调，儿尾不变调；前字为阳平、去声调，儿尾变阴平调。儿尾变调的功能与儿化变调一致：儿尾词形成之初，变调主要承载了小称意义的功能，随着儿尾小称意义的磨损，儿尾词大多数情况下仅表示事物的概念义，这时候变调已经固化下来，成为一种习惯。

重庆方言中可以带儿尾的词根不多，大多是名词性单音节语素，其中部分词根可以单独成词使用，部分词根是黏着性语素，不能单独成词。这部分不能单独成词的黏着性语素，重叠儿化或者加"子"后，可以构成子尾词或重叠儿化式词，词义与相同词根的儿尾词相同，但感情色彩和语气上有些差别：子尾词既可用于书面语也可用于口语，但儿尾词多用于口语；同样用于口语，重叠儿化式词可以表示主观小量，表达说话者不同的语气，但儿尾词通常只表示概念义。

重庆方言儿化韵发展有两个主要特点：儿尾词向重叠、儿化、重叠儿化形式发展；重叠儿化形式从表示小称义向作为构词法发展。在重庆方言名词构词法中，儿化是优势构词法，并且，单音节语素构成的名词——AA、A子、AA$_儿$，即儿尾、子尾、重叠儿化构词中，"AA$_儿$"这一构词法的构词能力是最强的。重庆方言中的"幺儿"一词，从语义上有从偏正式词向儿尾词发展的可能性，基于AA$_儿$的强大构词力，"幺儿"还有可能发展为"幺幺$_儿$"。

本章还讨论了重庆方言儿化的发展进程，结合重庆方言现在儿化韵的数量（只有8个，北京话有26个），通过对重庆老、中、青三代人对儿尾词和儿化韵词使用情况的分析、对儿尾词和儿化韵共时与历时的调查，得出重庆方言儿化韵发展、衰变的过程和特点：一是儿尾词向重叠、儿化、重叠儿化形式过渡；二是重叠儿化形式从表示小称意义，向作为基本的构词法过渡；三是儿化韵、儿尾、子尾脱落，单音节词重新变为自由词单独使用，或者变为实语素。最后指出儿化韵的衰亡，是因为小称意义的磨损。

3 重庆方言的重叠式名词

3.1 引言

上一章最后部分讨论了重庆方言的重叠儿化式词，且讨论范围特指重叠儿化式名词，提出了这样两个问题：一是具有小称意义的重叠儿化形式的词，主要是由"儿化"派生带来的，还是由"重叠"派生带来的小称义？二是随着进一步发展，重叠儿化是否与人名末字儿化一样，可归属于音变儿化，或者说有发展为音变儿化的趋势？想要解决或者更深入地探讨这一现象，就绕不开重庆方言的重叠构词，特别是重庆方言中大量存在的重叠式名词。

前人对于重庆方言"重叠"的研究，除了"儿化"部分提到的范继淹的《重庆方言名词的重叠和儿化》和《重庆方言"下"字的分化》两篇文章外，还有喻遂生（1988、1990）的《重庆话名词的重叠构词法》[①]和《重庆话非名词词类的重叠形式》[②]，周艳（2006）的《重庆方言动词重叠式的语义条件考察及语义特征》[③]三篇文章，其中，只有喻遂生的《重庆话名词的重叠构词法》是关于"重叠式名词"的专门研究。

喻遂生在《重庆话名词的重叠构词法》中考察了重庆方言名词的重叠式构词，指出："AA式重叠是重庆话名词复音化的一般性构词手段，从总体上说，只有名词才有这种构词手段，非名词AA式重叠后即变为名词。"可见，AA式重叠式名词多是重庆方言一个明显的语法特征。

---

① 喻遂生. 重庆话名词的重叠构词法 [M]// 北京大学中文系《语言学论丛》编委会. 语言学论丛（第十五辑）. 北京：商务印书馆，1988:185-214.
② 喻遂生. 重庆话非名词词类的重叠形式 [J]. 西南师范大学学报，1990（3）：48-52.
③ 周艳. 重庆方言动词重叠式的语义条件考察及语义特征 [J]. 文教资料，2006（5）：158-159.

与普通话相比，重庆方言重叠式名词的数量庞大，并且形式丰富，有双音节重叠式名词，也有三音节重叠式名词。普通话中，重叠式名词主要为亲属称谓，比如"爸爸、妈妈、哥哥、姐姐、爷爷、奶奶"等，其他形式的重叠式名词不多见。而重庆方言中，大量单音节名词性语素都可以构成双音节或者三音节重叠式名词，并且单音节动词性、形容词性语素也可以构成重叠式名词。

3.2 双音节重叠式名词

3.2.1 名词性自由语素重叠式词

重庆方言中，名词性自由语素重叠式构词的存在，相应的，也就存在该名词性自由语素的非重叠形式，并且大多为可独立使用的单音节词形式。这类重叠形式构词和与之相对应的非重叠形式——单音节词，大多数意义相同，也有小部分两种对应形式意思不同的情况。

3.2.1.1 重叠形式与非重叠形式（单音节词）基本意义相同

这一类又可分为两种情况：一是概念义；二是儿语。

1. 概念义

例如：

桶桶——桶

（1）把那个桶桶放好，进出莫踢到了。

窝窝_{凹进去的小坑儿}——窝

（2）你按我这里（身体的某个部位），有个窝窝。

坑坑——坑

（3）前面有个坑坑，走路小心点_儿。

筋筋_{一般指咀嚼时会塞牙的肉筋}——筋

（4）这个牛肉好多筋筋呀，嚼 [tɕiau]^{24} 都嚼不动。

疤疤_{结痂}——疤

（5）这个疤疤还没落_掉，好想把它抠了呀。

实际上，这种概念义情况的名词性自由语素重叠式构词，更多的是以"重叠儿化"的形式出现，并且有表小、表示轻松语气的作用。例如：

瓢瓢_儿——瓢

（6）妈妈，把瓢瓢_儿。指小勺子递给我下呀。

（7）缸子（一般指储水的大水缸）水满了，拿瓢_指大水瓢 □iau⁴²乘点出来。

腿腿_儿——腿

（8）青蛙腿腿_儿最好吃。

花花_儿——花

（9）没得啥子看的得_没啥可看的，只得些蔫兮兮的黄花花_儿。

根根_儿——根

（10）吃菠菜要吃根根_儿，补血的。

2. 儿语

这类情况下的重叠式主要是大人对孩子说的话，有表小、表可爱的意味，但这种重叠式儿语在普通话以及很多方言中都会使用，所以笔者认为这里的表小作用，只在大人与孩子间存在，不可在普遍层面类推。例如：

虫虫——虫

（11）虫虫虫虫飞。（儿歌）

花花——花　　草草——草

狗狗——狗　　猫猫——猫

从上面几种情况可以看到，名词性自由语素重叠形式和重叠儿化形式都有与之相对应的非重叠形式，但重叠形式更多的是单纯将词语双音节化，使语音上更有韵律，即遵循汉语双音节化的语势，而并没特别指小，或者表示轻松语气。但重叠儿化形式则有明显的指小、表示轻松语气的作用。而儿语作为一种特殊情况下使用的语言，有其约定俗成性，因此，其重叠不儿化形式的表小、表可爱，笔者认为不应该视为重叠的功用。

3.2.1.2 重叠形式与非重叠形式（单音节词）意义不同

这一类重叠形式虽然与非重叠形式（单音节词形式）意义不同，但是两者却有联系：重叠形式是由非重叠形式通过隐喻等方式引申而来的，但重叠形式的意义往往更广泛。例如：

路路_形容条状的印儿——路_道路

（12）他昨天遭_被他妈打了，今天身上还有路路_条状的伤痕。

道道（意思同路路）——道 道路

（13）他遭打惨了 被打得很严重，身上全是道道。

背背 泛指物体的背面——背 人身体躯干的一部分

（14）（把某样物体）转过来点嘛，我只看得到背背。

脚脚 [tɕio²¹] 泛指物体的底部——脚 身体的一部分

（15）桌子脚脚、柜子脚脚：指该物体的底部支撑部分。

（16）净剩些脚脚，哪个吃嘛。指剩在碗底或锅底很少的饭菜汤水。

口口 破损的小部分——口 嘴

（17）我手上好久 什么时候 破了个口口 伤口 也，我都没感觉到。

（18）这件衣服啷个 怎么 有个口口 破了的小口子 也，好久弄破了我都不晓得。

3.2.2 名词性半自由语素重叠式词

名词性半自由语素重叠形式的名词，也有与之相对应的非重叠形式，大多为带"子"尾的形式。这类名词性半自由语素重叠形式的名词大多为重叠儿化形式，重叠儿化形式和非重叠形式的基本意义大多相同，但同样也有小部分两种对应形式意思不同的情况。另外，名词性半自由语素重叠形式构词中还有一类没有与之相对应的非重叠形式构词的重叠式词。

3.2.2.1 重叠形式（重叠儿化）与非重叠形式（子尾词）基本意义相同

瓶瓶儿——瓶子	桌桌儿——桌子
盆盆儿——盆子	篮篮儿——篮子
杯杯儿——杯子	洞洞儿——洞子
坛坛儿——坛子	裙裙儿——裙子
膀膀儿——膀子	豆豆儿——豆子
棍棍儿——棍子	笼笼儿——笼子
影影儿——影子	格格儿——格子
链链儿——链子	棚棚儿——棚子
蚊蚊儿——蚊子	带带儿——带子
叶叶（儿）——叶子	架架（儿）——架子
坝坝（儿）——坝子	篓篓（儿）——篓子

上述例词中，"叶叶（儿）、架架（儿）、坝坝（儿）、篓篓（儿）"重叠时，既可以儿化也可以不儿化。重叠儿化形式和与之相对应的子尾形式，以及重叠儿化形式和与之相对应的儿尾形式，实际上是可以类比的，子尾和儿尾形式都是概念义，对于某一个半自由名词语素加后缀成词，是跟子尾还是儿尾，更多的是一种约定俗成。因此，这里与子尾相对应的名词性半自由语素重叠儿化式词，实际上与上一章讨论过的"儿尾与重叠儿化"性质是相同的，即在中老年人的使用中，重叠儿化形式有指小、表示可爱的意味，而在年轻人口中，越来越体现出仅仅指概念义的作用。

3.2.2.2 重叠形式（重叠儿化）与非重叠形式（子尾词）意义不同

这一类重叠形式与非重叠形式（子尾词）意义不同，但重叠形式也是由非重叠形式的基本义引申来的，同样是重叠形式的意义往往更加宽泛。例如：

签签儿，泛指一切细签儿——签子 特指打毛衣用的签儿

（19）把桌上那些签签儿（吃串儿留下的细签儿）收拾一下。

（20）帮我拿下签子吔，我要打毛衣了。

秧秧儿，泛指一切小苗——秧子 特指水稻秧

（21）天气太热又不下雨，刚种那些菜秧秧儿都要遭晒死了。

（22）爸爸说他当知青的时候还插过秧子的。

包包（儿）装东西的口袋——包子 一种吃的面点

边边（儿）泛指一切边沿——边子 特指衣服的边沿

（23）走路看车，挨着边边（儿）走。

（24）她那件衬衫有蕾丝边子，很洋气。

底底 泛指底部——底子 功底或者打底的菜

（25）哥哥今天吃饭快，一会儿就见到碗底底了。

（26）说到底还是底子好，稍微一努力，成绩就上来了。

（27）吃毛血旺一定要放底子，特别是豆芽打底，很好吃。

3.2.2.3 没有相应的非重叠式词的重叠形式构词

这一类名词性半自由语素重叠式词既没有与之相对应的单音节名词，也没有与之相对应的子尾词。这一类的重叠形式大多只重叠不儿化。例如：

丫丫 树枝

（28）这个树丫丫太长了，该修得了。

蔸蔸 植物的根部

（29）移植树木一定要把蔸蔸包好。

皱皱 褶子

（30）这件衣服好多皱皱呀，啷个回事嘛。

壁壁 墙壁

（31）靠到壁壁站，不准动。

齿齿 泛指锯齿形状物体

（32）猫舌头上有很多齿齿，舔起很挂拉手。

襟襟 破布条

（33）这条抹桌布都烂成襟襟了，甩了嘛。

粑粑 饼

（34）我最喜欢吃学校门口那个糖粑粑了。

旮旮 [kʻa¹] 角角 [ko²] 指犄角旮旯

（35）（铅笔）不晓得落到掉在哪个旮旮角角去了，啷个都找不到。

把把 泛指物体的把儿

（36）黄瓜把把不要了，吃起有点苦。

3.2.3 动词性语素重叠式词

动词性语素重叠式词名词根据自身特征可分为三大类：动词性语素重叠构成名词后表示进行该动作的工具、表示具有该动作特征的事物、表示该动作造成的结果。大多数情况重叠后须儿化。

3.2.3.1 表示进行该动作的工具

吹吹儿 哨子

（37）这个吹吹儿啷个吹不响了也。

奏奏儿 塞子

（38）把奏奏儿奏好 把塞子塞紧，不然就回潮了。

箍 [kʻu¹] 箍儿 束发的发箍

（39）我的箍箍儿找不到了，不能扎头发了。

这一类动词性语素重叠后构成名词表示进行该动作的工具的，也可以在该动词性语素后加子尾，构成子尾词，两种形式的语义一样。例如：

盖盖儿——盖子　　铲铲儿——铲子

钩钩儿——钩子　　叉叉儿——叉子

扣 [kʻou⁴] 扣儿——扣子

其中，"扣扣儿"如果是阴平调，则没有相应的子尾形式，"扣 [kʻou¹] 扣儿"表示有扣儿[kʻou¹]的物体，比如扣拉抽屉的手扣、扣拉门的门扣。

3.2.3.2 表示具有该动作特征的事物

扣 [kʻou¹] 扣儿，表示拉关抽屉的手扣。

（40）——这个抽屉啷个打开哟？

　　　——边边有个扣扣儿，拉开就行了。

抽抽儿，抽屉

（41）钥匙在抽抽儿头里面的。

滚滚儿，滚轮

（42）用粘胶滚滚儿把衣服上的毛毛灰尘、纤维物滚一下（粘掉）。

裹裹儿，指卷头发的发卷儿

（43）她第一次看到妈妈烫头，满头都是裹裹儿，笑惨了。

（纸）飞飞儿，小纸条

（44）桌子上有个纸飞飞儿看到没有？上面有我刚记写的电话。

这一类动词性语素重叠后构成名词表示具有该动作特征的事物的，也可以在该动词性语素后加子尾，构成子尾词，两种形式的语义一样。例如：

推推儿，剃刀——推子

推推儿车，婴儿推车——推车

3.2.3.3 表示该动作造成的结果

这一类重叠形式一般不儿化。例如：

搅 [kau²] 搅，表示粉末加水搅拌过后形成的糊状物

（45）我早饭最喜欢吃五谷杂粮搅搅。

沉沉，沉淀物

3　重庆方言的重叠式名词 | 095

（46）这个开水下面很多沉沉，不要了。

3.2.4 形容词性语素重叠式词

形容词性语素重叠式词名词根据自身特征可分为两大类：形容词性语素重叠构成的名词表示具有该形容词语素表示的特点的事物；重叠后构成的名词借指人。

3.2.4.1 表示具有该形容词语素表示的特点的事物

形容词性语素重叠构成的名词大多属于这一类，即表示具有该形容词语素表示的特点的事物，并且往往伴随儿化。例如：

尖尖儿，泛指物体的尖端

（47）笔尖尖儿、塔尖尖儿、筷子尖尖儿

扁扁儿，泛指扁形的物体

（48）——你要哪个（面包）？

——把那个扁扁儿给我留着。

胖胖儿，胖胖的小孩

（49）陈老师屋头家里那个小胖胖儿很乖可爱。

弯弯儿，泛指拐弯处

（50）洗头的时候把耳朵弯弯儿洗干洗。

（51）不要跟我拐弯弯儿。（有话直说，不要耍小心机，不要绕来绕去的意思）

偏偏儿，指靠墙搭的简陋的棚

（52）那个偏偏儿好久拆嘛，要垮要垮的，太危险了。

香香 指零食

（53）小时候，外婆每天给我买香香。

3.2.4.2 借指人

少数形容词性语素重叠构成的名词可指人，借指具有该形容词语素特征的人，并且往往带有贬义，这类重叠一般不儿化。例如：

恍恍，指马虎、粗心的人

（54）你这个恍恍，给你说了怎个多遍都记不倒记不住。

傻傻 [xa³]，傻子

（55）真的是个傻傻，遭骗了都不晓得。

3.2.5 量词重叠式词

少数名量词重叠后构成名词，表示呈现出具有该名量词特征的事物，一般不儿化。

节节儿, 小段（类似的如"段段儿"）

（56）这里还剩些节节儿（腊肠），记得放冰箱。

条条儿, 纸条

（57）把那个条条儿收好，上面是你妈让你买的东西。

个个儿, 个子、身高

（58）你这个娃儿只长个个儿不长肉也。

3.2.6 联绵词

还有一小部分重叠式名词，单个音节没有意义，只能重叠使用，即本身是联绵词，这类词大都是方言词，几乎都是古入声字重叠构成的。例如：

嘎嘎（阴平）：指外婆。

嘎嘎（上声）：指肉。

豚豚 [tu²]：指物体的底部。

（59）桌子豚豚、床豚豚

撮撮 [ts'o²]：指物体伸出来的部分

（60）帽子撮撮 帽檐 好生点 小心点，戳到我了。

础础 [ts'u³]：指很短的部分。

（61）头发剪得只剩个础础了，太短了。

丁丁儿, 一点儿, 后面可跟"点儿、点点儿"，指很少或很小的事儿，常常带有不屑的语气。

（62）（饭菜）只剩恁个 这么 丁丁儿了，不要了。

（63）恁个丁丁儿点儿大的事都摆不平。

3.3 双音节重叠式名词的变调

重庆方言的双音节重叠式词，有的变调，有的不变调，并且变调与不变调都遵循一定规律，并不是随机的。

3.3.1 阴平、上声不变调

与双音节儿化词变调类似，重庆方言的双音节重叠词也遵循阴平、上声不变调原则，即本调是阴平和上声的字，两个字都不变调，不管是否儿化。例如：

窝窝 [o^{55}o^{55}]　　　　　　筋筋 [tɕin^{55}tɕin^{55}]

花花儿 [xua^{55}xuar^{55}]　　　根根儿 [kən^{55}kər^{55}]

桶桶 [tʻuŋ^{42}tʻuŋ^{42}]　　　　狗狗 [kou^{42}kou^{42}]

腿腿儿 [tʻuei^{42}tʻuər^{42}]　　　膀膀儿 [paŋ^{42}par^{42}]

3.3.2 阳平、去声变阴平

同样，与双音节儿化词变调类似，重庆方言的双音节重叠词也遵循阳平、去声变阴平原则，即本调是阳平和去声的字，第二个字变成阴平调，不管是否儿化。但本调为阳平的字有特殊的一小部分可变可不变，若变，则遵循阳平变阴平的规律。

瓢瓢 [piau^{21}piau$^{21-55}$]　　　　瓢瓢儿 [piau^{21}piar$^{21-55}$]

笼笼 [luŋ^{21}luŋ$^{21-55}$]　　　　　笼笼儿 [luŋ^{21}lər$^{21-55}$]

棒棒 [paŋ^{24}paŋ$^{24-55}$]　　　　棒棒儿，指担扁担的人 [paŋ^{24}par$^{24-55}$]

盖盖 [kai^{24}kai$^{24-55}$]　　　　　盖盖儿 [kai^{24}kar$^{24-55}$]

3.3.3 阳平古入声字可变调可不变调

本调为阳平重叠式名词中，有一小部分比较特殊，这部分词有的本调不变，有的本调可变可不变，若变，则遵循阳平变阴平的规律。这些特殊的重叠式词都是古入声字构成的重叠式名词。

豚豚 [tu^{21}tu^{21}] [见例（59）]

角角 [ko^{21}ko^{21}] 或 [ko^{21}ko$^{21-55}$]

壳壳 [kʻo^{21}kʻo^{21}] 或 [kʻo^{21}kʻo$^{21-55}$]

撮撮 [tsʻo^{21}] 或 [tsʻo$^{21-55}$]

3.4 三音节重叠式名词

重庆方言有大量的双音节重叠式名词，而双音节重叠式名词作为一个整体又具有很强的构词能力,突出体现在与另一个单音节构成 ABB 或 AAB 形式的三音节重叠式名词。

3.4.1 ABB 式三音节重叠式名词

ABB 式即一个语素加一个重叠式名词,少数情况 BB 重叠仅为语素重叠,本身不成词,只有与前一个语素 A 合在一起才有意义。重叠式名词本身可由多种性质的语素构成,因此,单音节 A 和重叠语素 B 也存在多种性质的组合。

3.4.1.1 名词素 + 名词素重叠

双音节重叠式名词中名词性语素重叠式名词的数量是最大的,因此 ABB 式中 B 为名词性语素的三音节词也是最多的。例如:

手爪爪_{手掌}:一般用于贬义

(64)看你那个手爪爪,好脏哟,赶紧去洗了。

鸡爪爪_{儿,鸡爪}

(65)还剩一个鸡爪爪_儿,你吃了嘛。

病壳壳_{儿,身体孱弱,老生病}

(66)他是个病壳壳_儿,大病小病就没断过,身体虚得很。

草笼笼(_儿)_{,草丛}

(67)猫儿跑到哪里去了也,草笼笼(儿)里面找下看有没得。

手膀膀_{儿,手臂}

(68)看你这个手膀膀_儿哟,又长胖了哈。

花苞苞_{儿,花苞}

(69)这些花还是花苞苞_儿,还有等一阵才开。

鬼崽崽(_儿)_{指调皮捣蛋的小孩}

(70)你这个鬼崽崽(儿),一天到晚净撮笨,_{总干一些让大人不省心的事}。

药面面_{儿,粉状的药}

(71)小心点,不要把药面面_儿弄得到处都是。

三音节重叠式名词中的重叠式是否儿化,遵循该重叠式词本身是否儿化的原则,上述的例词大多可儿化可不儿化。

3.4.1.2 形容词素 + 名词素重叠

清汤汤（儿）指很稀

（72）稀饭粥净是些清汤汤（儿），啷个吃嘛。

"清汤汤儿"也可作为形容词使用，"清汤汤儿的"，这种情况必须儿化。

（73）这个稀饭清汤汤儿的，啷个吃嘛。

光杆杆儿，指单身的人

（74）我们单位女的太少，剩下男同志，净是些光杆杆儿。

瘦筋筋儿，借指很瘦的人

（75）看你这个瘦筋筋儿，多吃点儿。

"瘦筋筋"也可作为形容词使用，"瘦筋筋的"，一般不儿化。

（76）他从小就瘦筋筋的。

老婆婆儿，指老太婆，一般带有贬义。

（77）那个老婆婆儿很讨厌，闲事管得宽爱管别人家闲事。

光胴胴儿，指没穿衣服的人

（78）看我们屋头这个光胴胴儿，洗了澡不穿衣服到处跑。

3.4.1.3 动词素 + 名词素重叠

动词性语素加名词性语素重叠式的词比较少，常用的有剩脚脚（儿），比喻剩下的大家都看不上的东西。

剩脚脚(儿)中的"脚脚"也是古入声字，因此"脚脚"不儿化时，可变调可不变调，儿化时第二个"脚"需变为阴平调。当"脚脚儿"儿化时，往往带有不高兴的埋怨的语气。

（79）还有些剩脚脚（往往不变调），不要了。

（80）这些剩脚脚儿留给我，我才不要也。

3.4.1.4 名词素 + 形容词素重叠

脚弯弯儿、手弯弯儿：指脚和手的弯曲处。

（81）洗澡的时候把脚弯弯儿、手弯弯儿都洗干净。

人尖尖儿：指处于某一领域顶端的人，形容特别优秀的人，一般用于褒义。

（82）清北班中学里最好的班的都是人尖尖儿。

笔尖尖儿、塔尖尖儿：指物体的尖端或顶端。

（83）笔尖尖儿摔弯了，不好写了。

（84）我想爬到塔尖尖儿去看下，风景肯定很漂亮。

这里的"弯弯儿、尖尖儿"也可以看作单音节形容词语素，"弯、尖"先通过重叠儿化变成了重叠儿化式名词，再与前面的名词语素结合。

3.4.1.5 名词素＋动词素重叠

纸飞飞儿 [见例（44）]

脚箍箍儿，脚环，戴脚腕上的环状装饰物

（85）你这个脚箍箍儿还好看漂亮也，显得你脚特别细特别白。

这里的"飞飞儿、箍箍儿"也可以看作单音节动词语素，"飞、箍"先通过重叠儿化变成了重叠儿化式名词，再与前面的名词语素结合。

鱼摆摆鱼，一般用于儿语。

（86）妹妹年龄还小的女儿，我们今天中午吃鱼摆摆。

木走走儿，木偶

（87）小时候，我看到别人有个木走走儿，很想要，老汉爸爸就给我做了一个。

粪舀舀（儿）[kao²]形容特别脏

"粪舀舀"可儿化可不儿化，"粪舀舀儿"儿化时，为名词，第二个"舀"阳平变为阴平调，读作 [kao²¹kar²¹⁻⁵⁵]。

（88）你这个粪舀舀儿，啷个说都不听，非要到那里去要，恁个脏。

不儿化时，"粪舀舀"一般作为形容词，"粪舀舀的"，"舀舀"不变调，读作 [kao²¹kao²¹]。

（89）你到哪里去要了来嘛，浑身粪舀舀的。（你干什么去了，全身这么脏。）

"鱼摆摆、木走走儿"中的动词性重叠语素"摆摆、走走"本身不成词，没有任何意义，不可单用，只有与"鱼、木"合在一起才有意义。这种 BB 重叠式本身不成词的 ABB 式三音节重叠名词在重庆方言中不多。

3.4.1.6 名词素＋拟声词素重叠

鸡咯咯鸡，一般用于儿语。

（90）妹妹低龄女儿你看那里好多鸡咯咯。

3.4.2 AAB 式三音节重叠式名词

AAB 式名词即一个重叠式名词加一个单音节语素式词的名词,少数情况 AA 重叠式本身不成词,只有与后一个语素 B 合在一起才有意义。同样,AAB 式名词存在语素 A 和 B 多种性质的组合。

3.4.2.1 名词素重叠 + 名词素

同样,因为双音节重叠式名词中名词性语素重叠式名词的数量是最大的,所以 AAB 式中 A 为名词性语素的三音节词也是最多的。例如:

罐罐_儿饭_{类似煲仔饭}

(91) 冬天吃罐罐_儿饭最安逸,热乎乎的。

叉叉 [tsʻa⁴²] 裤_{开裆裤}

这里的"叉叉"为上声,一般与"裤"合用,特指小孩儿的开裆裤。当"叉叉"为阴平时,指叉子。

(92) 我们是从小耍到大的叉叉裤朋友。

藤藤(_儿)菜_{空心菜}

板板_儿鞋_{指鞋底很硬的鞋,也可特指老式胶鞋}

板板车_{板车,用几块木板制成的车,靠人来拉}

棒棒_儿鸡_{一种凉拌做法的鸡肉}

棒棒_儿军:同"棒棒_儿",指用扁担挑东西的做苦力的人。

棒棒(_儿)话:指很硬的话,让听的人听着很难受,不加婉转,很打击人的话。

毛毛(_儿)汗_{细汗}

(93) 有点热了,鼻尖_儿上都出毛毛_儿汗了。

毛毛(_儿)雨_{小雨}

(94) 这点毛毛(_儿)雨没得啥子,走!

毛毛_儿菜_{并不特指某种菜,泛指小叶子的绿叶菜,比如鸡毛菜}

(95)(菜市场)今天这个毛毛_儿菜很新鲜。

"毛毛菜"不儿化时,特指硬菜,即鸡、鸭等有羽毛的禽类做成的菜,主要用在中老年人的语境中。

(96) 今天随便吃点毛毛菜,莫客气。(实则专门准备的好菜,但面_儿上显得随意)

婆婆儿客 说客

（97）哪里来些婆婆儿客，管得太宽了。

"名词性语素重叠 + 名词性语素"式词能产性强，比如"棒棒、毛毛、板板"后加不同的语素，可构成多个意义不同的三音节词。

3.4.2.2 动词素重叠 + 名词素

担担（儿）面 一种没有汤的地方特色的面

（98）担担（儿）面是四川小吃，不是重庆的。

绞绞肉 肉馅儿

（99）买点绞绞肉，中午炒点臊子吃臊子面。

簸簸儿车 专指三轮农用车，或泛指质量很差的车（带有贬义）

（100）在农村到处看到都是簸簸儿车。

（101）你这个啥子簸簸儿车哟，质量恁个撇 [pʻiɛ²⁴] 质量差。（带有不屑、看不上的语气。）

3.4.2.3 形容词素重叠 + 名词素

尖尖脚：来源于俗语"尖尖脚，老太婆"，本意为缠过足的小脚，现在一般用于揶揄或者嘲讽某人像老太太一样磨叽、多管闲事，或者借指老太婆，往往带有不喜欢的语气。例如：

（102）那个尖尖脚老太婆又来了，烦得很。

尖尖帽：指顶上有个尖儿的帽子。

（103）小娃儿戴尖尖帽很乖！

泡泡 [pʻau⁵⁵] 肉 肥肉

泡泡 [pʻau⁵⁵] 裙 蓬松的公主裙

泡泡 [pʻau⁵⁵] 纱 蓬松的纱

这里的"泡泡 [pʻau⁵⁵]"为阴平调，形容词，形容很蓬松的东西。例如：

（104）你要少吃多运动，看你这一身泡泡肉。

（105）妹妹这个泡泡裙好乖 漂亮 哟，全是泡泡纱做的。

"形容词性语素重叠 + 名词性语素"式词的能产性也很强，比如"尖尖、泡泡 [pʻau⁵⁵]"后都可加多个不同的单音节名词，构成意义不同的三音节词。

3.4.2.4 动词素重叠 + 形容词素

动词性语素重叠加形容词性语素的式词比较少，常用的有包包白，指一种甘蓝白菜。例如：

（106）以前穷，吃肉难，包包白炒油渣是老一辈最喜欢吃的菜。

3.4.2.5 名词素重叠 + 方位词素

这一式词的三音节词在重庆方言中特别多，名词素重叠 + 方位词素的能产性特别强，大部分方言词性的、可与方位词组合的、本身带有方位词性质的名词，都可以重叠后加方位词，表示一种强调。例如：

顶顶上：顶上

（107）——我上次拿回来的那些材料放到哪里的也？
　　　　——在柜子顶顶上的。

边边上：边上

（108）——我的袜子也？
　　　　——床边边上。

底底下：底下

（109）——毛毛拖鞋 冬天穿的拖鞋 放到哪里的？
　　　　——床底底下。

棱棱上：物体的转角向外突出部分处

（110）不要把东西放在棱棱上，要遭落 会掉下去。

豚豚 [tu^{21}] 下：物体的底部

（111）在桌子豚豚 [tu^{21}] 下垫点儿纸也，桌子有点儿晃。

3.4.2.6 语素重叠 + 名词素

这一类 AA 重叠式本身不成词，仅为语素重叠。例如：

丁丁猫儿，蜻蜓

酸酸草 一种野草

拖拖鞋儿，拖鞋

打打糕 一种类似打糕的糯米制小吃

冲冲糕 用老式高压锅蒸汽冲熟的糯米制小吃

绵绵雨 连绵不断的小雨

（112）下了一天的绵绵雨了，好久停哟。

眯眯眼 儿，借指小眼睛的人，带有贬义

（113）就是那个眯眯眼儿也，记不记得到嘛。（带有不屑的语气）

3.4.2.7 单个 AAB 式三音节拟声词素

这一类三音节重叠式词自身为一个语素，AAB 形式不可拆分为 AA + B 两个层次，这里是根据其语音特点将其归为 AAB 式加以列举。例如：

嘣嚓嚓：指 20 世纪 80—90 年代流行的交际舞。

（114）妈老汉那个年代的人都会跳嘣嚓嚓。

3.5 三音节重叠式名词的变调

三音节重叠式名词的变调主要体现为重叠语素的变调，且如有变调，都为重叠语素的第二个语素，即 ABB 中的第二个 B，AAB 中的第二个 A。变调规律和原则与双音节重叠式名词的变调一致：阴平、上声不变调；阳平、去声变阴平；阳平古入声字可变调可不变调，但若重叠语素儿化，则遵循阳平变阴平。

3.5.1 阴平、上声不变调

重叠语素本调为阴平和上声的词，所有字都不变调，不管是否儿化。例如：

颈窝窝 [tɕo⁴²o⁵⁵o⁵⁵]　　　　　　肉筋筋 [zou²⁴tɕin⁵⁵tɕin⁵⁵]

雪花花 儿 [ɕyɛ²¹xua⁵⁵xuar⁵⁵]　　　菜根根 儿 [tsʻai²⁴kən⁵⁵kər⁵⁵]

木走走 儿 [mu²¹kou⁴²kou⁴²]　　　蛙腿腿 儿 [ua⁵⁵tʻuei⁴²tʻuər⁴²]

手膀膀 儿 [sou⁴²paŋ⁴²par⁴²]

3.5.2 阳平、去声变阴平

重叠语素本调是阳平和去声的字，只有重叠语素第二个字变成阴平调，不管是否儿化。但本调为阳平的字有特殊的一小部分可变可不变，若变，则遵循阳平变阴平的规律。例如：

藤藤菜 [tʻən²¹tʻən²¹⁻⁵⁵tsai²⁴]　　　藤藤 儿菜 [tʻən²¹tʻər²¹⁻⁵⁵tsai²⁴]

草笼笼 [tsʻauluŋ²¹luŋ²¹⁻⁵⁵]　　　　草笼笼 儿 [tsʻauluŋ²¹lər²¹⁻⁵⁵]

棒棒话 [paŋ²⁴paŋ²⁴⁻⁵⁵] 　　　　棒棒ₙ军 [paŋ²⁴par²⁴⁻⁵⁵tɕyn⁵⁵]

担担面 [tan²⁴tan²⁴⁻⁵⁵mian²⁴] 　　担担ₙ面 [tan²⁴tar²⁴⁻⁵⁵mian²⁴]

3.5.3 阳平古入声字可变调可不变调

本调为阳平的古入声字重叠式，部分不变调，部分可变可不变，若变，则遵循阳平变阴平的规律。儿化时，重叠语素的第二个语素必须变调，阳平变为阴平。例如：

脚豚豚 [tɕio²¹tu²¹tu²¹]

撮撮帽 [tsʻo²¹tsʻo²¹mau²⁴] 或 [tsʻo²¹tsʻo²¹⁻⁵⁵mau²⁴]

若儿化则须变调。例如：

银角角ₙ [in²¹tɕio²¹tɕiər²¹⁻⁵⁵] 　　　　病壳壳ₙ [pin²⁴ko²¹kər²¹⁻⁵⁵]

3.6 三音节重叠式名词的结构层次及意义

除了"嘣嚓嚓"这一类本身为一个语素的三音节重叠式词以外，AAB式和ABB式三音节重叠式名词都可以划分为两个层次。其中AA和BB为复音语素，剩下的B和A为单音语素，即无论AAB式还是ABB式，一个三音节重叠式名词实质就是由一个复音语素和一个单音语素构成的。不过，这两种形式的三音节名词的内部层次关系是不完全一致的。

3.6.1 ABB式结构层次

总的来说，无论AAB式还是ABB式，大多数三音节重叠式名词都是偏正结构。

3.6.1.1 偏正结构ABB式

当ABB式为偏正结构时，层次划分为A/BB，但复合情况有两种：一是中心语为BB，A为修饰成分；二是中心语为A，BB为修饰成分。

1. 中心语为BB，A为修饰成分

1）A为限定性修饰成分

修饰成分A与中心语BB有从属关系，即中心语BB是属于A的。例如：

鸡爪爪ₙ：鸡爪。[见例（65）]

病壳壳ₙ：指身体孱弱，老生病的人。[见例（66）]

手膀膀ₙ：手臂。[见例（68）]

花苞苞儿：花苞。[见例（69）]

脚弯弯儿、手弯弯儿：指脚和手的弯曲处。[见例（81）]

笔尖尖儿、塔尖尖儿：指物体的尖端或顶端。[见例（83）（84）]

2）A 为强调性修饰成分

中心语 BB 这一重叠语素本身带有修饰成分 A 的特征，加上 A，起到强调 BB 自身这一特性的作用。例如：

鬼崽崽（儿）：指调皮捣蛋的小孩。[见例（70）]

重庆方言中，"崽崽（儿）"指小孩儿时，本身带有一点没那么喜欢的感情（"崽"一般用于动物的幼崽，比如"狗崽崽"），所以当"鬼"和"崽崽"两个自身概念带有不好意思的词连用时，往往表达出一种说话人厌恶、不喜欢的感情。

光杆杆儿：指没有帮手的领导，一般带有贬义。也可指单身的人。[见例（74）]

"光杆杆儿"一词类似光杆司令，"杆"本身带有没有枝的意思，没有枝的杆即"光"。在使用时，往往带有对该领导的轻视，强调对"有实职没实权"办不了事的轻蔑态度。

老婆婆儿，指老太婆，一般带有贬义。[见例（77）]

重庆方言中，"婆婆"不儿化时，指奶奶，而当"婆婆"儿化为"婆婆儿"，本身带有轻视、厌恶的态度，与"老"连用，就更加强化这种对老人又老又碎碎念又讨厌的个人主观感情色彩。

清汤汤（儿）：指很稀的汤或粥。[见例（72）]

"汤"本身即为液体，带有不黏稠、不浓厚的意思，与"清"合用，更加强调了清汤寡水的意思，表达出说话人不满的态度。

瘦筋筋儿：借指很瘦的人。[见例（75）]

"筋"本身就有纤细的特征，与"瘦"合用，更加强化认为其瘦的主观感受，表达一种不满的感情色彩。

烂襟襟：指很破烂的布条。"襟襟"本身即指破烂的布条，加上"烂"，更加表露出说话人的嫌弃。

（115）一堆烂襟襟，留倒起_{留着}干啥子嘛，甩了甩了。

"清汤汤（儿）、瘦筋筋"均可加上"的"，构成"清汤汤（儿）的、瘦筋筋的"形式，能够作为生动式形容词，本身也是对其中心语 BB 自身特性强化的彰显。

光胴胴儿：指没穿衣服的人。[见例（78）]

"胴"本义指身体,生物学上的而非社会学的,"胴胴儿"重复+儿化本身就带有了轻松的语气,再与"光"连用,"光胴胴儿"就附加了浓厚的开玩笑、戏谑的轻松的感情色彩,强调了对光着身体的某人羞羞羞的态度。

剩脚脚(儿):比喻剩下的,或者大家都看不上的东西。

"剩"和"脚脚(儿)"各自都带有"剩下的、很少的"的意思,合在一起更加强调了"少"的特点,表达说话人的埋怨、不满。

"光胴胴儿、剩脚脚(儿)"常常也可以分开来用:

(116)莫光起个胴胴儿到处跑,小心感冒。

(117)净剩些脚脚给我,啥子意思嘛。

2. 中心语为A,BB为修饰成分

草笼笼(儿):指草聚集的地方,草多,像笼子一样。[见例(67)]

药面面儿:粉状的药。[见例(71)]

人尖尖儿:指处于某一领域顶端的人,形容特别优秀的人。[见例(82)]

从"人尖尖儿、笔尖尖儿、塔尖尖儿"结构的变化我们可以看到重叠语素"尖尖儿"语义的引申过程:单音节形容词素"尖"——具备"尖"基本义,即指物体的尖端或顶端的双音节重叠式名词"尖尖儿",如笔尖尖儿——具备"尖"引申义,形容在某一领域特别优秀的人的"尖儿",比如"体尖儿、艺尖儿"指体育、艺术特长生(此阶段"尖儿"仍为中心语,前面的词为修饰成分)——具备"尖"引申义,形容在某一领域特别优秀的人的"尖儿",但此时"尖尖儿"为人的修饰成分,比如人尖尖儿。

3.6.1.2 同位结构ABB式

ABB式为同位结构时,层次划分为A/BB,A和BB都可以单独成词,指同一事物,但合用和单独使用时所表达的语义色彩、感情色彩不同。例如:

手爪爪:指手,一般用于贬义。[见例(64)]

"手"本身只有概念意义没有附属义,但"爪爪"带有厌恶轻视的感情色彩("爪"指爪子,一般用于动物,比如鸡爪爪),所以当"爪爪"与人的"手"连用时用来指人的手,"手爪爪"就带有贬义色彩。

窝凼凼 [taŋ]²⁴:指洼下的地方。"窝"和"凼凼"意义相同,"凼凼"本身成词,可单独使用,也可与其词素组成ABB式三音节词,如"水凼凼(水坑)"。使用"窝凼凼"比"窝""凼凼"或者"窝窝",更加流露出说话人对这一情景的强调。

（118）啷个恁个_{怎么这么}大个窝凼凼也！

肉嘎嘎（上声）：指肉，一般用于儿语。

（119）乖乖，这个肉嘎嘎很好吃，多吃点。

当"肉"和"嘎嘎（上声）"连用时，带有儿语色彩，而两者分别单独使用则没有这种感情色彩。

屎粑粑 [pa^{42}pa^{42}]：指大便。一般用于儿语。

（120）快走快走，那里有屎粑粑，好烦_{很脏}。

"屎粑粑"连用时，一般用于儿语，主观感觉上就没有单说一个"屎"字那么脏，"粑粑"本身也是儿语，在感情上减少对"屎"这类词自身概念的厌恶性。

从上述同位结构的三音节词可以看到，当只具有概念意义的单语素 A 与带有附属感情色彩义的重叠语素 BB 结合后，这个三音节重叠式名词就带有了重叠语素 BB 附加的语义色彩和感情色彩。

3.6.1.3 主谓结构 ABB 式

ABB 式为主谓结构时，层次划分为 A / BB，主要体现在"名词素 + 动词素重叠"式词。

纸飞飞_儿：指小纸条。[见例（44）]

脚箍箍_儿：脚环，戴脚腕上的环状装饰物。[见例（85）]

鱼摆摆：鱼。一般用于儿语。[见例（86）]

木走走_儿：木偶。[见例（87）]

粪舀舀：形容特别脏。[见例（88）（89）]

另外，有一类非"名词素 + 动词素重叠"式词的 ABB 式三音节重叠名词，也可看作主谓结构，即"名词素 + 拟声词素重叠"式词。比如"鸡咯咯"，"鸡咯咯"就是鸡，儿语，"咯咯"是鸡叫声，使用时带有生动色彩，生动地用鸡在叫这一动作的画面，给孩子描绘出鸡的形象。与"鱼摆摆"一样，有没有"咯咯"不影响该词本身的概念义，但加上该事物特有的动作或特有的声音的重叠语素，就伴随着说话人主观上丰富的感情色彩。

3.6.2 AAB 式结构层次

AAB 式三音节重叠式名词的层次划分均为 AA / B。常用词中，只有"嘣嚓嚓"

自身为一个语素，不可拆开分析。与 ABB 式名词相比较，AAB 式没有主谓结构的内部层次划分，但有前者没有的动宾结构。

3.6.2.1 偏正结构 AAB 式

当 AAB 式三音节重叠式名词为偏正结构时，修饰成分与中心语之间的关系主要是生动式的，即修饰成分主要是对中心语自身概念特征的生动描绘，不同于偏正结构 ABB 式修饰成分对中心语主要是限定和强调。AAB 式名词中，修饰成分与中心语的分布只有一种情况，即重叠语素 AA 为修饰性成分，单语素 B 为中心语，不同于 ABB 式中单语素和重叠语素都可以互为中心语和修饰成分。

罐罐儿饭：类似煲仔饭。指用罐子为容器做的饭，罐罐儿是对这种饭端出来，呈现在食客面前的样子的生动描写。[见例（91）]

叉叉 [tsʻa⁴²] 裤：婴儿穿的开裆裤。"叉（上声）"指叉开，"叉叉"生动地描绘出开裆裤裤裆分开的外形特征。[见例（92）]

藤藤（儿）菜：空心菜。"藤藤"生动地描绘出空心菜与其他绿叶菜不同的特征：像藤蔓一样比较硬、弯曲缠绕。

棒棒儿鸡：一种凉拌做法的鸡肉。这里的"棒棒"是指鸡的做法，即用棒棒把整只鸡敲打分解成一块一块可以吃的大小，当地人一看到"棒棒儿鸡"，脑中就会自动呈现出制作者用棒棒制作鸡的生动画面。

棒棒儿军：同"棒棒儿"，指用扁担挑东西的做苦力的人。这里的"棒棒"是工具，"棒棒儿军"生动地描绘出一幅用扁担担重物的成年男子的画面。

棒棒（儿）话：指很硬的话，不加婉转，很打击人的话。听着"棒棒话"就像被棒棒打了一样，让听的人听着很难受。

毛毛（儿）汗：细汗。生动地描绘出这种汗的特征：不是大汗淋漓的很多汗，而是像毛毛一样，细而密的汗。[见例（93）]

毛毛（儿）雨：小雨。生动地描绘出这种雨的特征：不是滂沱大雨的又大又急的雨，而是像毛毛一样，细而密的小雨。[见例（94）]。类似的还有"绵绵雨"，形容连绵不断的、但又不大的绵绵的小雨。[见例（112）]

板板儿鞋：指鞋底很硬的鞋，也可特指老式胶鞋。生动地描绘出这种鞋的特征：鞋底像板子一样，又硬又平。类似的如"板板车"：板车，用几块木板制成的车。生动地描绘出这种车的制作材料和外形特点。

婆婆ㄦ客：说客。指这种说客像婆婆一样，又唠叨又爱管闲事。[见例（97）]

尖尖脚：来源于俗语"尖尖脚，老太婆"，本意为缠过足的小脚，现在一般用于揶揄或者嘲讽某人像老太太一样磨叽、多管闲事，或者借指老太婆，往往带有不喜欢的语气。因为在人们意念中，特别是对女性的认知中，旧时代的老婆婆都是不好的形象，所以用"尖尖脚"指代老太婆，很容易使人们联想到裹小脚的老太婆的形象，从而在使用时伴随厌恶的感情色彩。[见例（102）]

尖尖帽：指顶上有个尖儿的帽子。"尖尖"生动地描绘出这种帽子的外形特征。[见例（103）]

泡泡 [p'au^{55}] 肉：肥肉。

泡泡 [p'au^{55}] 裙：蓬松的公主裙。

泡泡 [p'au^{55}] 纱：蓬松的纱。

这里的"泡泡 [p'au^{55}]"为阴平调，形容词，形容很蓬松的东西。当在"肉、裙、纱"前面加上"泡泡"过后，一种膨胀的形象自然就呈现在听话人的脑海中了。[见例（104）（105）]

酸酸草：一种口感带酸味的野草。这种野草很小，"酸"描写出了这种草的味觉特征，而"酸酸"重叠又生动地描绘出了这种草小的外形特征。

AAB式名词中的AA有"AA"和"AAㄦ"两种情况，"AAB"和"AAㄦB"所表达的意义有区别，儿化的重叠语素与非儿化重叠语素起了区别词义的作用。例如：

毛毛ㄦ菜：指外观像毛毛一样叶子小小的但叶片有很多的绿叶菜，比如鸡毛菜。

毛毛菜（不儿化）：指用鸡、鸭等有羽毛的禽类做成的主菜，生动形象地描绘出食材的原材料。

3.6.2.2 重叠语素＋方位词构成的AAB式方位词组

重庆方言AAB式三音节重叠式名词中，有一类"名词素重叠＋方位词素"式词，这类词应该视为方位词组。这类方位词组有一个特点：可以放入这个结构中的名词素，本身带有方位词性质，比如"顶、底"等词自身概念中就含有"上、下"等表示方位的义项，与方位词"上、下"合用时，往往起到强调作用。

这类三音节词的前面往往可以加上限定性成分，比如"屋顶顶上、桌子底底下、柜子豚豚下"等，这种时候，整个词组是典型的方位词组。而跟在"屋子、房子、桌子、柜子、床"等词后面的三音节词中的重叠语素名词和单语素方位词任意保留一个，或者都保留，整个词组均成立，并且词组的意义不变。

例（107）：在柜子顶顶上的。当我们在使用"顶顶上"这个词时，往往必须加上限定语，比如"柜子"。而"在柜子顶顶""在柜子上""在柜子顶顶上"的基本意义是一样的，只是说话人在说"在柜子顶顶上"时，表示强调"上面"这个方位。

例（109）：在床底底下。"在床底底下""在床底底""在床下"的基本意义是一样的，只是说话人在说"在床底底下"时，表示强调"下面"这个方位。

例（111）：在桌子豚豚 [tu²¹] 下。"在桌子豚豚下""在桌子豚豚""在桌子下"的基本意义是一样的，只是在说"在桌子豚豚下"时，表示强调"下面"这个方位。

类似的带有方位义项的重叠语素还有表示底部、下面的"脚脚"，在"名词素重叠 + 方位词素"这一式词中，用法和意义与"豚豚"一致。

不过需要注意一点，在"名词素重叠 + 方位词素"这一式词的三音节名词中，如果重叠语素为"边边、棱棱"，则它们的内部结构就不是同位结构了，而应该看作方位结构。当前面加上"柜子、桌子、床"等限定词时，"限定词 + AAB""限定词 + AA""限定词 + B"所表达的意思是不一致的："限定词 + AAB"与"限定词 + AA"意义相同，但"限定词 + B"式词就与前两者有区别了。

例（108）：床边边上。表示在床的边沿部位，"床边边"和"床边边上"都表示这一意义，但"床上"就不仅仅是这一个意思了。

例（110）：桌子棱棱上。表示在桌子的边沿部位，"桌子棱棱"和"桌子棱棱上"都表示这一意义，但"桌子上"就不仅仅是这一个意思了。

从"边边上、棱棱上"这类词可以看到，因为"边、棱"本身没有"上、下"的方位概念，因此，重庆方言在使用"边边上、棱棱上"这类名词素重叠 + 方位词素的三音节名词时，是在强调一种状态，即某样事物没有掉下去的状态，因为"边、棱"自身即带有很窄、边缘，不容易立足的概念。

3.6.2.3 动宾结构 AAB 式

当 AAB 式词为动宾结构时，结构层次为 AA / B。重复动词素 A，使整个词更加生动。

担担（儿）面：一种没有汤的地方特色的面。"担担"指用担扁担这个动作，"担担面"本意是指旧时用担子挑着沿街叫卖的小面。当地人提起"担担"，往往与担扁担这个动作形象联系在一起，但外地人不会将"担担"这个词与担扁担这个动作联系在一起，而以为是与鸡蛋有关的"蛋蛋面"。[见例（98）]

绞绞肉：肉馅儿。"绞绞"是这种肉的制作方式，重叠后生动地描绘出一块肉反复绞，直至绞成细腻的肉馅的画面。[见例（99）]

簸簸儿车：指三轮农用车，或泛指质量很差的车（带有贬义）。这里"簸簸儿"是形容这种车运行起来的样子：一直在颠簸。因为农用车或不好的车运行起来就是这种特征，所以用"簸簸儿车"传达的生动画面感是对这类型车最好的指代。[见例（100）（101）]

拖拖鞋儿：拖鞋。虽然"拖鞋"中，"拖"为自由语素，但"拖拖鞋"中的"拖拖"不成词。作为三音节词使用时，比双音节词更加生动形象。

打打糕：打糕，用木槌打制的糯米小吃。"打打糕"即"打糕"，但因为这种小吃不是当地特产，而是从北方传来的，所以当当地人第一次看到这种制作方式时，觉得特别有意思，因此称为"打打糕"。"打打糕"比"打糕"在倾听者脑中呈现的画面更加生动形象。

冲冲糕：用老式高压锅蒸汽冲熟的糯米制小吃。"冲冲糕"生动形象地描绘出这种小吃的独特的制作方式。

眯眯眼儿：借指小眼睛的人，带有贬义。重庆方言中，"眯眼"即"闭眼"的意思，形容一个人眼睛小，小得就像眯着（闭着）一样，因为在人们的认知中，普遍认同眼睛大为美，小眼睛不属于常规的审美范畴，而当我们不喜欢一个人，恰巧这人眼睛还小时，"眯眯眼儿"这一形式就淋漓尽致地刻画出一副惹人厌的小眼睛的小人形象。

包包白：指一种甘蓝白菜，这种菜属于白菜科，学名也叫"圆白菜"。"白"指代白菜，而"包包"指这种白菜的外形——叶片一层一层覆盖起来——就像一层一层包起来一样。这里的"包包"并不指向"包"的名词性义项——装东西的工具，而是指向"包"的动词性义项，即"包"这个动作。白菜的种类特别多，"包包白"非常生动地把这一种白菜与其他白菜区分开来。

3.7 重叠与儿化

重庆方言词汇双音节重叠式词的儿化只有一种形式，即重叠语素的第二个语素儿化：AA儿。三音节重叠儿化形式有三种：ABB儿、AA儿B、AAB儿，不存在单语素和重叠语素同时儿化的情况，即 A_儿BB_儿或 AA_儿B_儿是不成立的。

重庆方言中，双音节重叠式名词是否儿化存在四种情况：重叠与重叠儿化表示不同的意思、重叠不能儿化、重叠可儿化可不儿化、重叠必须儿化。

3.7.1 重叠与重叠儿化所指不同

重庆方言中，有一类重叠式词与其重叠儿化式表示不同的意思。例如：

饼饼_儿：指"饼"这种食物。

饼饼：指饼状的物体

（121）包子放在书包头里，被压成饼饼了。

偏偏_儿：名词，指靠墙搭建的简陋的棚。[见例（52）]

偏偏：副词。

口口_儿：路口。

口口：破损的地方。[见例（17）（18）]

重庆方言中，"口"与"路"合用，指"路口"时，必须儿化，有三种表达方式：路口_儿、路口口_儿、口口_儿。

"饼饼_儿、饼饼"都可以与其他语素构成三音节词，但所表达的意思也不相同。"饼饼_儿"可以与表示饼的口味的词构词，比如肉饼饼_儿（肉饼）、甜饼饼_儿（糖饼）。"饼饼"可以与表示构成这个饼状物的材质的词构词，并且往往用于句式"压成 X 饼饼"。例如：

肉饼饼：肉质饼状物。

（122）（玩叠罗汉游戏）莫压了，遭不住了_受不了了，遭压成肉饼饼了！

铁饼饼：铁质饼状物。

（123）车子开过去，弟弟的玩具车一下就遭压成铁饼饼了。

3.7.2 重叠不儿化

双音节重叠形式不能儿化的词，在与其他词素构成的三音节词中，该重叠语素也不能儿化，这也是由重庆方言三音节重叠式词的结构层次和构词方式（意义）——A／BB、AA／B——决定的。

3.7.2.1 一定不儿化的双音节重叠式词

豚豚：指物体的底部。

角角 [ko²¹]：角 [tɕio²¹]，指物体凸出的部分。
撮撮：指物体伸出来的部分。
须须：指须状物体。
底底：指物体的底部。
础础：指（物体）很短。
嘎嘎：肉（上声）；外婆（阴平）。
皱皱：褶子、皱纹。
沉沉：沉淀物
搅 [kau²] 搅：粉末加水搅拌过后形成的糊状物。
蔸蔸：植物的根部。
齿齿：泛指锯齿形状的物体。
旮旯：指犄角旮旯儿。
把把：泛指物体的把儿。
背背：泛指物体的背面。
槽槽：槽。　　壁壁：壁。　　霉霉：霉。
筋筋：筋。　　粑粑：饼。
丫丫：树枝。　岩岩：岩石。
路路：形容条状的印儿。　　道道：意思同"路路"。

"豚豚、角角 [ko²¹]、撮撮、须须、槽槽、壁壁、霉霉、础础、嘎嘎、皱皱、沉沉、筋筋、搅搅、丫丫、蔸蔸、旮旯、齿齿、把把"等双音节词都没有与之相对应的"子尾"或"儿尾"词，是用重叠形式表示概念义，使用时不带感情色彩。而"路路、道道、背背、口口"等词的所指和其作为自由语素的单音节语素的概念义发生了变化，重叠语素形式的所指更加宽泛。

3.7.2.2 一定不儿化的三音节重叠式词

上述双音节重叠词有的可以与其他语素构成三音节词，而在构成的三音节词中该重叠语素也不能儿化。例如：

脚豚豚　　　墙角角 [ko²¹]　　树蔸蔸
水槽槽　　　墙壁壁　　　　　肉嘎嘎
肉筋筋　　　刀背背　　　　　树丫丫

3　重庆方言的重叠式名词 | 115

须须眼ₙ：指微闭着眼睛看东西，或借代这样的人。

撮撮帽：前面有伸出来部分的帽子，鸭舌帽这样的。

"脚豚豚、墙角角[ko²¹]、撮撮帽、水槽槽、墙壁壁、肉嘎嘎、肉筋筋、刀背背、树丫丫、树蔸蔸"等于"脚底、墙角、鸭舌帽、水槽、墙壁、肉、肉筋、刀背、树枝、树根"，都只是客观陈述一个事物的概念义，不带其他感情色彩。

"须须眼ₙ"是动宾式词"须眼"的变形："须眼"本意指微闭着眼睛看东西，"须须眼"表示做一下这个闭眼动作，相当于"须一须眼"，均不带感情色彩。但因为人们觉得这是一种不好的用眼习惯（特别是大人对孩子），所以，当人们用"须须眼ₙ"指代这样的人时，往往带有不满、轻蔑的态度。

（124）我们屋头家那个须须眼ₙ，啷个说都不听，非要躺着看书，还不开灯。

"须眼"或"须须眼"本身是不带任何感情色彩的，而构成三音节重叠式词儿化后，则带上了重庆方言儿化表示主观小量的感情色彩：轻蔑。因此，"AABₙ"式三音节重叠式词所表现出的主观小量的功用，是靠"儿化"实现的，而非重叠。

除了上述即可独立成词，又可与其他语素结合构成三音节重叠式词的重叠语素外，三音节重叠式词中的重叠语素一定不儿化的情况还有重叠语素本身不成词的情况。例如：

绵绵雨　　　　丁丁猫ₙ　　　　酸酸草

拖拖鞋ₙ　　　　打打糕　　　　冲冲糕

眯眯眼ₙ　　　　鱼摆摆

家家酒ₙ：一种小孩扮演家里大人角色的游戏，类似"过家家"。

抖抖衫ₙ：一种质地轻薄的夏天穿着的衣衫。

"丁丁猫、拖拖鞋ₙ、眯眯眼ₙ、抖抖衫ₙ"等词中重叠语素一定不儿化，但单语素B可以儿化，构成"AABₙ"式的三音节重叠式词。从前文三音节重叠式名词的结构层次及意义可以看到，"AABₙ"带有生动色彩，人们在选择AABₙ式词的时候往往带有主观感情色彩（详见3.6.2.3动宾结构AAB式）。所以我们可以更加清楚地看到，同"须须眼ₙ"一样，这些"AABₙ"式三音节重叠式词所表现出的主观小量的功用，是靠"儿化"实现的，而非重叠，因为这里的重叠语素本身就不成词，没有概念义更没有附加义。

3.7.3 重叠可儿化可不儿化

3.7.3.1 一般不儿化的重叠词

重庆方言中，除了一定不能儿化的重叠词以外，还有一些常用的重叠词可儿化可不儿化，但在中老年人的语境中，一般不儿化。例如：

窝窝：凹下的地方。

凼凼：洼下地方。

叉叉（阴平）：叉子。

坑坑：坑。	斑斑：斑。	缝缝：缝。
花花：花。	草草：草。	
缸缸：缸子。	疤疤：疤子。	
夹夹：夹子。	钩钩：钩子。	
叶叶：叶子。	架架：架子。	
笼笼：笼子。	篓篓：篓子。	
坝坝：坝子。	崽崽：崽子。	
格格：格子。	棍棍：棍子。	
瓢瓢：勺子。	棒棒：棒子。	
盖盖：盖子。	虫虫：虫子。	
猫猫：猫儿。	狗狗：狗儿。	桶桶：桶儿。
林林：树林。	岩岩 [ai²¹]：岩石。	

这类一般不儿化的双音节重叠词大都有与之相对应的"子尾"词或"儿尾"词，在本书主要调查对象（主城区的中老年人）的语境中一般不儿化。但使用重叠式，与使用之相对应的表示概念义的单音节词或儿尾词或子尾词的相比，往往有表小或使语气轻松的作用。但对于年轻人的调查样本，这些重叠式词在他们的语境中，更倾向于使用重叠儿化式。

3.7.3.2 可儿化可不儿化的三音节词

棒棒（儿）话	草笼笼（儿）
鬼崽崽（儿）	清汤汤（儿）
钩钩（儿）针	叶叶（儿）菜　　毛毛（儿）菜

树林林（儿）　　　　水凼凼（儿）

门缝缝（儿）　　　　水桶桶（儿）

　　这些词里面的重叠部分在与其他语素构成三音节重叠式词的时候是否儿化，同样遵循两个样本群体双音节重叠式词的选择情况，并且三音节词中重叠部分是否儿化，不影响变调。

　　也许是受到年轻人以及身边越来越多的人使用重叠儿化式，中老年人在说这些词时，呈现出"重叠"式和"重叠儿化"式使用并存的现象，即在说话时无障碍选择二者之一，并且不影响所要表达的意义和情感。这种无障碍随意选择，具体体现在：与比自己年轻的人说话时，更多地使用"重叠儿化"式，而在与自己的同龄人说话时，还是使用"重叠"式。从社会语言学来看，这体现出说话人下意识、不自觉地认为"重叠儿化"式是流行的，是当今的大趋势，表明对"优势"群体（社会的大多数）、"优势"语言的趋同性。虽然他们绝不会承认，心里可能也没有意识他们自身做出的这种言语选择。

　　在访谈式调查，即在隐秘调查得出各个年龄层选择哪种形式的结果以后，我们正式询问调查对象：在使用重叠式或重叠儿化式时，有没有在选择？即我们想知道环境（正式或轻松）、所指（概念义或有附加义）是否会影响选择。中老年人觉得重叠是有表小、语气轻松，但主观上并不认为使用重叠儿化是为了向年轻人靠拢，或者他们并没有意识到自己在与不同的群体聊天时使用了重叠和重叠儿化两种不同的形式。而年轻人认为：除了"虫虫、花花、草草、狗狗、猫猫"等儿语词外，使用其他的重叠式（不儿化）主观上并没有表小的意愿，仅仅表示所指的概念意义。此外，他们还觉得和使用与之相应的单音节词或儿尾词或子尾词，并没有太多表小的意义或轻松的感情。而使用重叠儿化式有一定的主观小量的意思，感觉说话氛围更随便、更接地气。但总的来说，在表达所指概念意义时，年轻人反倒更倾向使用单音节词、儿尾词或子尾词，而在更轻松、更随便的语境，更多地使用重叠儿化式。

　　还有一点我们不得不注意，在中老年人语境中一定不儿化的重叠词，在年轻人的使用中也出现了重叠儿化的使用现象，但重叠儿化形式并没有占绝对主导地位，在实际使用中，大概一半的一半，而使用重叠儿化形式的时候，有一定表达主观小量，即含有轻松、随便的感情色彩。

　　综上所述，从历时角度来看，重庆方言中现在中老年人一定不儿化或者一般不儿化的重叠式名词（包括年轻人等整个使用群体），首先通过"重叠"，词汇实现双音化，同时起小称儿化的作用；然后重叠儿化逐步取代重叠形式表小的作用，即仍通过"儿化"附加小称义，这时"重叠"逐步退回到仅为实现双音化，但承载的小称义的作用逐步衰减，回归到仅表示该词的概念义；最后，重叠儿化形式成为主要形态，依靠重叠实现了双音化，通过儿化表达小称的修辞作用。

这部分重叠可儿化可不儿化式词的发展进程可以归纳为：重叠表小—重叠表概念义—重叠儿化表小。

3.7.4 重叠必须儿化

3.7.4.1 重叠一般儿化式词

重庆方言中有大量的双音节重叠式名词在使用时基本都儿化，在各个年龄层皆如此。这些字词如果能与其他词素构成三音节词，构成的三音节重叠式词也遵循这一原则，但还有一部分三音节词里面重叠语素单用时不能儿化，但构成三音节词一般儿化。常用的如：

桶桶儿	腿腿儿	根根儿	
条条儿	节节儿	段段儿	嘴嘴儿
推推儿——推子		瓶瓶儿——瓶子	
盆盆儿——盆子		桌桌儿——桌子	
杯杯儿——杯子		篮篮儿——篮子	
裙裙儿——裙子		膀膀儿——膀子	
豆豆儿——豆子		链链儿——链子	
蚊蚊儿——蚊子		影影儿——影子	
本本儿——本子		珠珠儿——珠子	
坛坛儿——坛子（一般指泡菜坛子）			

我们可以发现，这些重庆话现在的使用中几乎必儿化的重叠词，其本身的概念意义多少都带有"小"的义项。这些词多在口语中使用，在书面语或者正式场合（特别是当众发言时）更多选择相应的子尾词。但在日常口语环境中，重叠儿化式词特意表小的概念在逐渐模糊：一方面，相应的非儿化重叠式几乎不使用；另一方面，在要表示小称义时，往往在其前面加上"表小"修饰性成分。例如：

（125）这个婴儿推推儿好小呀！好袖珍！好乖！（表物体小、表喜欢的感情）

（126）把那个小盆盆儿递给我一下。

但在表示"大"的概念时，往往会用子尾词加上修饰性成分。例如：

（127）好大只蚊子！肯定是毒蚊子！

（128）这个泡菜坛子好大，可以泡好多泡茶。

虽然在表示个体大的概念时，一般不会用重叠儿化式，但在表示数量"多"，而非重点强调个体"大"时，重叠儿化式和子尾或儿尾式均可。例如：

（129）家里有很多一升一个的大瓶瓶儿。

（130）家里有很多一升一个的大瓶子。

从样本获得的具体对象来看，虽然各个年龄段的人对于这些词都使用重叠儿化式，但中老年人在使用时多少带有物体表小和轻松随便的感情色彩，而在年轻人的语气中，物理意义上的表小，几乎消失殆尽，仅保留些许感情色彩上的主观小量，并且往往意识不到是在表达主观小量了。

综合上面几种情况，我们认为，在重庆方言中，重叠儿化式名词的小称义正在衰减，呈现出回归仅表示该自由语素自身概念义的大趋势。

3.7.4.2 重叠一般儿化的三音节词

推推儿车	零分分儿	纸飞飞儿
卷卷儿头	线滚滚儿	棒棒儿糖
罐罐儿饭	棒棒儿鸡	角角儿钱
脚弯弯儿	手弯弯儿	脚颈颈儿
手颈颈儿	药面面儿	木走走儿
盘盘儿菜	老婆婆儿	婆婆儿客

门门儿口：门口。

个个儿糖：硬质水果糖。

娃娃儿书：小孩看的书。

人人儿书：小人儿书。

珠珠儿糖：小颗粒的圆形的糖。

人尖尖儿：借指爱表现、爱突出自己，或者过于精明算计的人。一般用于贬义。

["人尖尖儿"还可用于褒义，见例（82）]

病壳壳儿：老生病的人，一般用于贬义。

瘦壳壳儿：很瘦的人，一般用于贬义。

瘦筋筋ₙ：很瘦的人，一般用于贬义。

其中，"壳壳、筋筋"在单独使用时不能儿化，但与"病、瘦"构成三音节词时，必须儿化。我们可以看到，"病、瘦"在大众普遍认识里是不好的词，因此"病壳壳ₙ、瘦筋筋ₙ"主要体现"病、瘦"的概念，而"壳壳、筋筋"在与之合用后，也就带上了"病、瘦"的附属义，这种附加的感情色彩进一步通过儿化来强化——表示轻蔑、不喜欢的主观小量。

除了"壳壳、筋筋"，在三音节式名词中一般必儿化的重叠语素，往往自身概念也具有"小"的义项，或者表示物理意义的小，或者表喜爱、轻松的语气，或者表示轻蔑的主观小量感情色彩。

但我们仍然发现，在调查对象年龄越小的调查样本中，使用者越来越意识不到这些词所附加的小称意义（很多时候需要我们提示，被调查者才会有意识地去想这个问题），被调查者觉得约定俗成就是这样的。

综上所述，对于使用中一般"重叠必儿化"的词，从历时角度来看，我们可以把这类的发展趋势归纳为：重叠儿化表小—重叠儿化表概念义。

结合上文"重叠可儿化可不儿化"词的发展，我们认为重庆方言重叠、儿化关系和发展进程和趋势可以总结为：重叠表小—重叠表概念义—重叠儿化表小—重叠儿化表概念义。

到这里，也许可以回答前章之末、本章之初所提出的两个问题：一是具有小称意义的重叠儿化形式的词，主要是由"儿化"派生带来的，还是由"重叠"派生带来的小称义？二是随着进一步发展，重叠儿化是否与人名末字儿化一样，可归属于音变儿化，或者说有发展为音变儿化的趋势？

笔者的观点是：

一是具有小称意义的重叠儿化形式的词之所有具有小称义，实则经历了两阶段，第一个阶段的小称义是重叠赋予的，第二个阶段的小称义是儿化赋予的。

二是随着进一步发展，重庆方言的重叠儿化式名词正在朝音变儿化的方向发展，即重叠儿化失去小称的意义。

3.8 关于重庆方言重叠儿化式词高度发展的思考

上文关于重庆方言重叠儿化式名词的发展进程和趋势已做出大致的归纳，即重叠表小—重叠表概念义—重叠儿化表小—重叠儿化表概念义。但"重叠、儿化"形式在重庆方言中为什么会是这样一种发展过程和趋势，也是一个值得我们讨论的问题。

3.8.1 重庆方言语音系统特点

前文"1.6 重庆方言的声韵调系统"部分对重庆方言声调的特点进行了描述，我们从中可以看到重庆方言语音语调一个很重要的特点，即重庆方言没有轻声。在普通话中常见的后缀，比如"子、儿、头"，以及双音节重叠式词的第二个音节，大都是读作轻声的，发音的轻化直接体现在说话人发音时省劲儿。对比于普通话中读作轻声的后缀式词，重庆方言中也有子尾词、儿尾词和头尾词，但这些后缀并不读作轻声，那怎么实现发音轻化呢？重庆方言就通过弱化——儿化这一殊途同归的方式来实现。

从北方话儿化合音的发展过程中可以看到，"儿化"本身即需经历使后字轻声弱化的过程——儿化过程，"儿"经历了从自由的独立音节到附着于前一音节的儿化韵的衰减过程——即儿化本身伴随轻声化。

从重庆发音儿化韵的特征来看，前文已经分析过，重庆方言的儿化韵形式表现为在韵腹上直接加卷舌音 [r] 儿化，或者韵尾脱落，直接在韵腹后加儿化韵 [ɚ]，或者直接在声母后加儿化韵 [ɚ]，[r] 就是一个卷舌标记，卷舌范围十分广泛。从重庆方言儿化韵的基本情况也可以看到：重庆方言有 38 个韵母，除了 [æ、uɛ、iai、yu] 4 个韵母外，其余的 34 个韵母均可儿化（其中 [ɚ] 本身也是儿化韵），可以儿化的韵母占重庆方言韵母总数的 89.47%。由此可见，在重庆方言中，儿化是很容易实现的，而卷舌音 [r] 本身是一个发音特别省劲的音素，因此，儿化韵在重庆方言中是人们发音时特别容易也特别愿意选择的一个音。

曹志耘（2011）在讨论小称的泛化时提出"语义轻化"的概念，语义轻化表现为在语言使用中，"一些词语在使用时需要减轻语言成分原有的语义分量"的现象。[①] 彭宗平（2004）指出："这种语义轻化现象则表现为小称的泛化。"[②] 从"语义轻化"的角度来辅助解释重庆方言儿化表达主观小量很有意义。

重庆方言自身语音——没有轻声这一特点，必然也会伴随着词汇附属语义的承

[①] 曹志耘. 吴语汤溪方言合变式小称调的功能 [J]. 中国语文，2011(4)：346-351，384.
[②] 彭宗平. 北京话儿化词研究 [D]. 北京：北京语言大学，2004.

载问题。普通话中发轻声的这些后缀式或重叠式词,在一定程度上带有语义轻化的作用,有表小、表示语气轻松、随意的感情色彩,那没有轻声但又同样存在这些相对应形式的重庆方言词如何来承载其附属义呢?重庆方言就通过儿化来实现表小的附属义了:对于子尾词,表小时,部分可变"子"尾为儿化形式;对于儿尾词,表小时,部分可变为相应的儿化词形式(重庆方言中,儿尾词与儿化词共存,前者表示概念义,不带小称义);对于头尾词,表小时,部分可直接将"头"尾儿化。

1. 子尾词与相应的儿化词

刀子 —— 刀刀儿	虫子 —— 虫虫儿
盖子 —— 盖盖儿	桌子 —— 桌桌儿
椅子 —— 椅椅儿	盆子 —— 盆盆儿
盘子 —— 盘盘儿	杯子 —— 杯杯儿
巷子 —— 巷巷儿	网子 —— 网网儿
帽子 —— 帽帽儿	豆子 —— 豆豆儿
果子 —— 果果儿	条子 —— 条条儿
块子 —— 块块儿	蚊子 —— 蚊蚊儿
皮子 —— 皮皮儿	带子 —— 带带儿
篮子 —— 篮篮儿	缸子 —— 缸缸儿
瓶子 —— 瓶瓶儿	格子 —— 格格儿
旗子 —— 旗旗儿	

2. 儿尾词与相应的儿化词

刀儿 —— 刀刀儿	瓢儿 —— 瓢瓢儿
桶儿 —— 桶桶儿	帽儿 —— 帽帽儿
包儿 —— 包包儿	样儿 —— 样样儿
雀儿 —— 雀雀儿	

3. "头"尾儿化

石头儿	砖头儿	搞头儿
赚头儿	甜头儿	苦头儿

对于第一、第二种情况,重叠儿化形式表小,前文已详细分析,在此不再赘述。对于第三种情况,可参见前文"带其他后缀的双音节名词,词缀可以儿化"部分。后缀"头"在普通话中一般读成轻声,并且主要在口语中使用,往往带有说话者较

强的主观感情色彩，而在重庆方言中，通过将这些"头"缀儿化来表达说话者的态度和语气，并且大都用于口语。

从上述与普通话读作轻声的"子、儿、头"等后缀式词的对比，我们可以认为，重庆方言在自身语音系统没有轻声的情况下，通过末字"儿化"来承载和实现了部分轻声的作用。轻声作为普通话语音系统中非常常见、大量存在的一种语音现象，从侧面也决定了重庆话中必然应该有大量的与普通话轻声相对应的具有表小功用的儿化词，而重庆方言发展到现在，儿化词（特别是重叠儿化式）大量存在并且有继续扩张趋势的特点，也客观反映和证实了这一点。

3.8.2 汉语双音化特点

从重庆方言自身语音系统没有轻声的特点，我们可以推测出重庆方言中儿化词大量存在的合理性和必然性——通过儿化达到发音省劲儿的目的，并且通过儿化承载部分轻声表小的功用。但为什么是"重叠儿化"形式，而不是单纯的重叠形式或者是像北京话一样的单音节字儿化或者其他儿化形式呢？

对于为什么不是单纯的"重叠"形式，就像前文所述，重庆方言在发展历程中，重叠本身有表小的作用，在一定阶段重叠形式也单独存在过，但儿化形式本身即带有小称义，重叠和儿化两种形式叠用，在表小上更加直观。加上儿化在重庆方言中容易泛化的特质，使得重叠儿化形式逐步取代单纯重叠形式，并且继续发展扩张。

那为什么不是单音节字儿化或者其他儿化形式呢？这是由汉语的双音化决定的。双音节化是汉语发展的大趋势，从物理属性来说，也是人体发音（输出）和听话（输入）的最舒服的节奏。

那重庆方言中的"头"缀词为什么没有变为重叠儿化形式，只是后字儿化呢？这也是一个有意思的现象，笔者认为可能有两方面的原因：一是与"子尾、儿尾"式名词相比较，重庆方言中"头尾"式名词数量本身很小。二是"子尾、儿尾"式名词的词根几乎为名词性语素，去掉后缀"子、儿"不影响整词的概念意义。而"头尾"词的词根除了名词性语素外，还有不少谓词性语素，比如"搞头、赚头、甜头、苦头"，去掉"头"，整词的词性和意义就会发生改变。所以，重庆方言中"头尾"词变为重叠儿化式词的情况几乎没有。当然，"搞头儿、赚头儿、甜头儿、苦头儿"等词本身也是汉语双音化的体现。

3.8.3 儿化的泛化

儿化的泛化包括语义特征的泛化和功能的泛化，其实前面说到的重庆方言的儿化韵易于实现、范围宽泛也体现了儿化在语音上的泛化。儿化在语言各个层面的泛化，也预示着重叠儿化这一形式在重庆方言中的蔓延。

在语义方面，儿化经历了从最初的物理表小到主观表小，到现在逐渐脱离"表小"这一儿化的最初功能——仅仅是语音上的泛化。语义的泛化使儿化这一形式就携带了更多的语义信息，可适用于更多的语境，从附属义上为儿化词的扩张提供了可能。

在功能方面，儿化的泛化主要体现在重叠儿化式量词和重叠儿化式副词上，以及重庆方言中表时量的"下下儿"。

1. 重叠儿化式量词

1）名量词

回回儿　　　　年年儿

这类表示次数、日期的量词可以儿化，并且往往以重叠儿化的形式出现，往往带有强调意味，表达说话人不满意、生气的态度，带有埋怨。

2）不定量词

不定量词"点"，重叠儿化"点点儿"，表示很少很少，相当于没有了。往往也表达说话人的不满，或者回答者的求饶、讨好（因为问话人不满了）。

3）表时量的"下下儿"

下下儿 [xa^{55} xar^{55}]，与同样表示时量的单音节儿化韵词"下儿"和儿尾词"下儿"相比，重叠儿化式词"下下儿"的强烈语气最浓。

2. 重叠儿化式副词

悄悄儿　　偷偷儿　　刚刚儿

往往用于比较随意、闲聊的时候，语气轻松、俏皮。

儿化语义的泛化带来了功能的泛化，虽然非名词性质的重叠儿化式词的数量远不如名词性的重叠儿化式词，但客观上重叠儿化形式的词也增多了。

3.9 关于重庆方言重叠儿化形式表主观小量的思考

3.9.1 儿化的泛化与语义轻化

前面说到儿化的泛化客观上使得重叠儿化式词增多，而儿化的泛化从根源上探索，是基于语义的轻化。重庆方言中的儿化形式、重叠形式（包括双音节和三音节重叠式），尤其是重叠儿化形式，很多情况下表示说话者的主观小量。我们结合前文表2-3重庆方言儿化表主观小量的实例来看，着重关注其中以重叠儿化形式出现的情况。

表2-3中儿化量词和副词的例子，从语法功能上来看，均已突破了名词的范畴，并且，从形式上看，重叠儿化形式是大趋势。通过泛化我们更可以清楚地看到儿化的发展是经历着语义的轻化，并且从客观物理上的小，发展为主观心理上的"小"——表达说话者轻蔑、不屑、看不上、不满、抱怨的感情色彩。

表2-3中的名词列举的还是非重叠儿化形式的名词主观表小的实例，这类非重叠儿化形式表主观小量的名词主要是方言词汇，形式已固定并且语义已老化，可推及性几乎没有，在年轻人的使用中生命力逐渐消失殆尽。而重叠儿化形式表主观小量的情况却可随手拈来。例如：

花花儿

（131）有啥子好看的嘛_{没什么好看的}，就是些黄花花儿。（表达一种没啥可看的轻蔑的、不屑的态度。）

瓶瓶儿　罐罐儿

（132）这些瓶瓶儿罐罐儿留倒起_{留着}干啥子嘛，又占地方又没得用。（表达说话者看不上的态度。）

棚棚儿

（133）这个棚棚儿好久拆嘛，立到这里影响市容又危险。（表达说话者不满的态度。）

这样的用法几乎所有重叠儿化形式的名词都可以推及，构词能力强、生命力强。追根溯源来看，重庆方言重叠儿化形式展现出的强大的生命力是基于儿化词语义轻化。

3.9.2 语义轻化

我们可以从历时和共时两个层面来讨论重庆方言重叠儿化式词的语义轻化现象。

1. 历时层面

从前文儿化韵的形成和发展我们可以看到,重庆方言儿化的发展从语法功能上,"儿"经历了从自由的名词性语素到成为构词成分的曲折手段的虚化过程。从语义上看,"儿"经历了从最早指"小儿"到表示动物、植物的名词,再到单纯表示接尾词的过程。如果从轻化和泛化的角度来看,大致可以归纳为"从虚化到泛化"的过程,从语义和语法功能上皆是。

"儿"从最初的物理表小的概念义(儿尾还未与前字合音成儿化韵,还自成音节),虚化——表示喜欢的主观表小(这里表示喜欢的"小",还未脱离原始概念义的"细小",这一阶段儿尾形式与儿化韵形式同时存在,我们可以把这一段主观表小理解为儿化表示主观小量的初始阶段);虚化+泛化——表示轻蔑、不屑、不满、抱怨的主观表小(这里我们可以认为是表示主观小量的第二阶段,即重庆方言中儿化的主要语义色彩,并且只有儿化韵形式能够表达这种语义);泛化——突破名词范畴、扩展到动词、量词、形容词、副词等词类,语义上表达主观小量和仅仅客观称述某一事物并存。

重庆方言的儿化在"虚化—泛化"的最后一个阶段,细分出来,还可分为两个阶段:普通双音节儿化词—重叠儿化式词。我们还可以进一步推测,再下一个阶段,从语法功能上,重叠儿化形式的非名词类会越来越多,并且重叠儿化这一形式会剥离表达主观小量的附属义,仅仅保留重叠儿化这一形式,即发展为音变儿化。

2. 共时层面

重庆方言中重叠儿化式词语义轻化在共时层面主要体现在语用上,可以主要从社会语言学层面进行探讨。我们可以从重叠儿化式的构词能力这一层面进行佐证,以三音节重叠式词为例。

前文已论述,重庆方言三音节式儿化词形式为ABB$_儿$或AAB$_儿$,结构层次为A + BB$_儿$或AA + B$_儿$,其中,A + BB$_儿$式中的BB$_儿$即为重叠儿化形式。从数量上看,"ABB$_儿$"式词远多于"AAB$_儿$"式词,同时,AAB$_儿$式词的数量也远多于不儿化的ABB式,并且,包括可儿化可不儿化的ABB(儿)式词,使用时选择儿化的情况越来越多。从社会语言学理论来看，这主要是由说话人的态度决定的。

一方面，儿化主要是在口语中使用，相较于书面语或正式场合，选择儿化词的使用语境更加随便，感情的表达也更加随意。儿化自身所带的语义轻化的作用，使说话者在自然地表达自身情感时，当其想流露出"轻蔑、不满、不屑、抱怨、看不上"等"矮化、贬低"的感情色彩时，有意、无意地就会选择用儿化的形式来表达。在具体的事物、语境上还会加上其他词素来修饰、限定这一重叠儿化词的所指，以实现更明确或者强烈表达自身情感、态度的目的。而AAB儿式词也常用于贬义语境。例如：

病壳壳儿：指身体孱弱，老生病的人。[见例（66）]

鬼崽崽儿：指调皮捣蛋的小孩。[见例（70）]

光杆杆儿：指没有帮手的领导，一般带有贬义。也可指单身的人。[见例（74）]

老婆婆儿：指老太婆，一般带有贬义。[见例（77）]

瘦筋筋儿：借指很瘦的人，一般带有贬义。[见例（75）]

烂襟襟：指很破烂的布条。"襟襟"本身即指破烂的布条，加上"烂"，更加表露出说话人的嫌弃。[见例（115）]

剩脚脚（儿）：比喻剩下的，或者大家都看不上的东西。

另一方面，重叠儿化式词与其他词素的习惯性组合。正如上述这类带有贬义的词在重庆方言的实际使用中非常常见，并且人们还常常根据这一规则自创新词。比如，在人们处于特别气愤、特别激动等情绪时，有时会骂出一些AAB儿形式的词，如"崽崽儿"一词，前面可加各种表示贬义的、表达说话者不好情绪的修饰性成分，如"死、傻、弱、笨（崽崽儿）"等。这类重叠儿化式词的构成能力非常强。

总的来说，儿化的轻化和泛化，从儿化自身语音系统、语法功能内部的发展，到儿化语义、语用等感情色彩、使用态度等社会语言学的实际情况，从历时到共时两个层面，都促成了重叠儿化这一主要承载主观小量附属义形式的词汇在重庆方言中蓬勃发展。

3.10 重叠式词和重叠儿化式词的变调问题

前文详细描写了重庆方言中儿尾词、儿化词（主要为重叠儿化式名词）和重叠式名词和重叠儿化式词的变调情况，儿尾词变调规律：前字为阴平、上声调，儿尾不变调；前字为阳平、去声调，儿尾变阴平调。重叠式词和儿化词变调规律：双音节和三音节"重叠"式词和"重叠儿化"式词的变调规律一致：阴平、上声音节重叠后不变调；阳平、去声音节重叠后变阴平调；阳平古入声字重叠后可变调可不变调。

我们可以发现，重庆方言中的儿尾词、儿化词（主要为重叠儿化式名词）和重叠式名词的变调都遵循"阴平、上声不变调，阳平、去声变阴平调"这一规律。这表明，类似"重叠""儿化""重叠儿化"这样单一的或叠置的构词，都不会影响语流音变——变为高平调。

朱德熙在《语法分析讲稿》中指出：重叠式成分往往会在语音上发生变化，比如北京话单音节形容词重叠式第二个音节变高平调，单音节动词重叠式第二个音节读成轻声，表示亲属称谓的程度式名词第二个音节也读成轻声。[①]结合前文"小称变调和重庆方言的儿化变调"，以及"儿化的轻化"部分，我们可以看到，重叠变调和儿化变调最初都承载了小称功能，变为高平调。从共时层面，并不能分别说出"重叠儿化"式名词的变调是由重叠促成的、儿化促成的，还是重叠儿化促成的。

前文从历时角度讨论了"重叠"和"重叠儿化"的关系，并且归纳出重叠儿化式名词的发展进程和趋势，即"重叠表小—重叠表概称—重叠儿化表小—重叠儿化表概称"，指出"重叠儿化"作为基本构词法的发展趋势，明确了重庆方言的"重叠"式名词先于"重叠儿化"式名词出现。因此，我们有理由认为，重叠式名词和重叠儿化式名词的变调在历时层次上，也遵循这一原则。

综上所述，重庆方言"重叠儿化"式词变调的历时层次可以分为两类：由"重叠"式发展成为"重叠儿化"式的词，变调是早期"重叠"时就形成的；由"重叠儿化"作为构词法形成的"重叠儿化"式词，变调是"重叠儿化"共同促发的。

3.11 小结

本章对双音节和三音节重叠式名词分别进行了描写，对各自的儿化形式进行了讨论，分析了重叠式名词与重叠儿化式名词所指的相同与不同之处。在解释前一章留下的值得思考的两个问题的基础上，进一步探讨了重庆方言重叠儿化式词高度发

[①] 朱德熙.语法分析讲稿[M].北京：商务印书馆，2010.

展问题、主观小量问题，以及重叠式词和重叠儿化式词的变调问题。

重庆方言的双音节重叠式名词主要有六种构成形式：名词性自由语素重叠式词、名词性半自由语素重叠式词、动词性语素重叠式词、形容词性语素重叠式词、量词重叠式词、联绵词。名词性自由语素重叠式词与其非重叠形式（主要表现为单音节词）基本意义可能相同也可能不同。名词性半自由语素重叠式词（主要表现为重叠儿化形式）与其非重叠形式（主要表现为子尾词）基本意义可能相同也可能不同，并且，有的名词性半自由语素重叠式词没有相应的非重叠形式。动词性语素重叠式词可以表示进行该动作的工具、表示具有该动作特征的事物，还可以表示该动作造成的结果。形容词性语素重叠式词可以表示具有该形容词语素表示的特点，也可以借指人。

重庆方言的三音节重叠式名词主要有两种形式：ABB 式和 AAB 式。ABB 式三音节重叠式名词的构成主要包括六种：名词素 + 名词素重叠、形容词素 + 名词素重叠、动词素 + 名词素重叠、名词素 + 形容词素重叠、名词素 + 动词素重叠、名词素 + 拟声词素重叠。ABB 式三音节重叠式名词的结构层次主要为偏正结构、同位结构、主谓结构。

AAB 式三音节重叠式名词的构成主要包括七种：名词素重叠 + 名词素、动词素重叠 + 名词素、形容词素重叠 + 名词素、动词素重叠 + 形容词素、名词素重叠 + 方位词素、语素重叠 + 名词素、单个 AAB 式三音节拟声词素。AAB 式三音节重叠式名词的结构层次主要为偏正结构、动宾结构、重叠语素 + 方位词构成的 AAB 式方位词组。

关于重叠式词和重叠儿化式词的变调问题，笔者总结出了重庆方言重叠式词和儿化词变调规律：双音节和三音节"重叠"式词与"重叠儿化"式词的变调规律一致，即阴平、上声音节重叠后不变调；阳平、去声音节重叠后变阴平调；阳平古入声字重叠后可变调可不变调。"重叠儿化"式词变调在历时层面可以分为两类：由"重叠"式发展成为"重叠儿化"式的词，变调是早期"重叠"时就形成的；由"重叠儿化"作为构词法形成的"重叠儿化"式词，变调是"重叠儿化"共同促发的。重庆方言儿尾词、重叠式词、重叠儿化式词的变调最初都有承载小称意义的功能，随着小称义的磨损，逐渐成为一种语流音变习惯。

关于重庆方言重叠儿化式词高度发展的思考，本章从重庆方言没有轻声、汉语双音化的特点以及儿化的泛化三个方面进行了讨论。通过与普通话读作轻声的"子、儿、头"等后缀式词的对比，笔者认为，重庆方言在自身语音系统没有轻声的情况下，通过末字"儿化"来承载和实现了部分轻声的作用,通过重叠儿化实现了单音节词的双音化;儿化语义的泛化带来了功能的泛化,比如重叠儿化式量词、重叠儿化式副词的出现,虽然数量不大,但是客观上也使重叠儿化式词增多了。

关于重庆方言重叠儿化形式表主观小量的思考,本章从语义轻化的角度,结合"重叠""儿化"历时与共时层面展开讨论。笔者认为儿化的轻化和泛化,从儿化自身语音系统、语法功能内部的发展,到儿化语义、语用等感情色彩、使用态度等社会语言学的实际情况,从历时到共时两个层面都促成了重叠儿化这一主要承载主观小量附属义形式的词汇在重庆方言中的蓬勃发展。

总体来看,本章归纳出重庆方言重叠儿化式名词的发展进程和未来趋势:重叠表小 — 重叠表概念义 — 重叠儿化表小 — 重叠儿化表概念义(趋势)。重庆方言的语音系统没有轻声,通过末字"儿化"来承载和实现了部分轻声的作用,通过重叠儿化实现了单音节词的双音化;儿化语义的泛化带来了功能的泛化,"儿"突破名词的基本范畴、扩展到其他性质的词后,客观上增加了少量重叠儿化形式的词。

4 重庆方言形容词生动形式

4.1 引言

前人对于重庆方言"形容词生动形式"专门研究的文章不多,主要为喻遂生在 1982 年发表的《重庆话的附缀形容词》。

喻遂生在《重庆话的附缀形容词》中将重庆方言中带前缀或后缀的形容词统称为附缀形容词,并归纳出三种基本格式:aB 式、Bcc 式、Bcde 式,比如"焦干""干耸耸的""干不拢耸的"。其中,大写的英文字母表示词干,小写的英文字母表示词缀。B 是单音节词,大多为形容词性语素,以及少量动词性、名词性和副词性语素;a 是单音节前缀;cc 是双音节重叠式后缀;ede 是三音节后缀。文章分析了这三种基本格式的生动式形容词的结构特点、语法特点,讨论了它们在语义作用、变化形式,以及构词能力方面的相同点和不同点。

在吕叔湘主编的《现代汉语八百词》[①]中,以北京口语为基础,将普通话形容词的生动形式归纳为七大类:

1. AA 式

单音节形容词 A 重叠,A——AA 的。例如:红红的、白白的、高高的。

2. ABB 式

单音节形容词 A 加双音后缀,A + BB——ABB 的。例如:红通通的、圆乎乎的、慢腾腾的。

3. ABC 式

单音节形容词 A 加双音后缀,A + BC——ABC 的。例如:臊不答的、肥得噜ᵣ的、

---

① 吕叔湘. 现代汉语八百词(增订本)[M]. 北京:商务印书馆,2008.

美不滋ⅼ的。

4.AXYZ 式

单音节形容词 A 加三音后缀，A + XYZ——AXYZ 的。例如：黑不溜秋的、圆咕隆咚的、傻不愣登的。

5.AABB 式

双音节形容词 AB 重叠为 AABB 式，AB——AABB 的。例如：干干净净的、壮壮实实的、和和气气的。

6.A 里 AB 式

双音节形容词 AB 重叠为 A 里 AB 式，AB——A 里 AB 的。例如：糊里糊涂的、马里马虎的、慌里慌张的。

7.BABA 式

双音节形容词 BA 重叠为 BABA 式，BA——BABA 的。比如：笔直笔直的、冰凉冰凉的、通红通红的。

这些生动形式的形容词表意生动，能引起人们视、听、嗅、味、触等各种感官体验，以及人们对事物性质、状态、程度、形象等各方面的联想。形容词的生动形式反映出汉语在构词、构形上的特色，在方言中体现得尤为明显。因此，形容词生动形式在方言语法的研究中也是很重要的部分。

重庆方言的形容词生动形式非常丰富，与吕叔湘列出的上述七类普通话形容词生动形式相比，一方面，重庆方言常用的生动形式形容词没有 AA 式、ABC 式、BABA 式三种形式；另一方面，除了有与普通话相同的 ABB 式、AXYZ 式、AABB 式、A 里 AB 式四种形式以外，重庆方言形容词的生动形式还有 BA 式、BBA 式、ABAB 式、ABAC 式、BA 八 A 式，以及一些含有其他词缀的生动形式四字格形容词。

总的来说，重庆方言形容词的生动形式主要可归纳为七类。

1.BA 式

单音节形容词 A 为中心语，B 有多种情况，可以是前缀，也可以是词根，A——BA。例如：焦湿、滂臭、梆硬。

2.BBA 式

单音节形容词 A 加叠音前缀，BB + A——BBA。例如：蜜蜜甜。

3.ABB 式

单音节形容词（也可是名词、动词）加叠音后缀，A + BB——ABB 的。例如：

绵扯扯的、胀鼓鼓的、干沙沙的。

4. ABAB 式

由 ABB 式形容词变化而来，AB 两个语素重叠——ABAB。例如：绵扯绵扯的、松垮松垮的、辣乎辣乎的。

5. AABB 式

一种为直接由两个单音节形容词或形容词性语素（也可是名词、动词或名词性、动词性语素）分别重叠，AABB 的。例如：悄悄咪咪的、耍耍搭搭的、惊惊抓抓的。

另一种为双音节名词或动词(少量形容词)AB 重叠为 AABB 式，AB——AABB 的。例如：礼礼信信的、邀邀约约的、光光生生的。

6. 词缀式

1）A 里 AB 式

重庆方言中的"A 里 AB 式"生动式形容词与吕叔湘列出的"A 里 AB 式"形容词类似，但可以变形为"A 里 AB 式"的双音节"AB"式词数量比北京话要少很多，常用的只有一个通过"A + 后缀'气'"构成的双音节词。例如："宝气、傻气、媚气"，宝里宝气、傻里傻气、媚里媚气。

2）BA 八 A 式

双音节形容词 BA 变形为 BA 八 A 式，BA——BA 八 A 的。例如：上好八好的、清早八早（晨）的、稀脏八脏的。

3）AXYZ 式

单音节形容词（也可是名词、动词）加词缀 XYZ，A + XYZ——AXYZ 的。例如：死不溜秋的、血骨淋当的、圆咕隆咚的。

4）ABXY 式

"……XY"为词缀，AB 为双音节词，AB + XY——ABXY 的。例如"……巴沙 / 巴兮、……八叉"，造孽巴兮 / 巴沙的、可怜巴兮 / 巴沙的、胡子八叉的、眼屎八叉的、男人八叉的。

5）AXAY 式

"……X……Y"为词缀，A 为中心语。例如："……眉……眼、……头……脑"的，白眉白眼的、绿眉绿眼的、怪头怪脑的、宝头宝脑的。

6）A 起 A 起式

"……起……起"为词缀，A 为中心语。例如：傲起傲起的、梗起梗起的。

7）二A二A式

"二……二……"为词缀，B为中心语。例如：二麻二麻的、二冲二冲的。

7.ABCD式

这一类为并列式四字格生动式形容词，AB + CD——ABCD 的。AB 与 CD 为并列结构，并且 A、B 的内部层次与 C、D 的内部层次往往相同。例如：丢心落肠（动宾+动宾）、毛焦火辣（主谓+主谓）、油光水滑（形容词性偏正结构+形容词性偏正结构）、估吃霸赊（动词性偏正结构/状中+动词性偏正结构/状中）。

这一类四字格生动式形容词在重庆方言中非常多，重叠式和词缀式之外的四字格生动式形容词几乎都可以归到这一类之中。

4.2 BA式形容词

BA 式形容词中，A 为词根、为中心语，表示整个词语的概念义，B 可能是词缀，也可能是词根，承载程度意义、形象色彩等附加义。

4.2.1 BA式词中B的分类

重庆方言的 BA 式形容词中，B 有三种情况：表示程度意义的词缀（B_0）；表示程度意义和形象色彩的词根（B_1）；表示形象色彩的词根（B_2）。

重庆方言的 BA 式形容词实际上可以细分为三类。

B_0A：A 为词根，B_0 为词缀。B_0A 为状态形容词。

B_1A：A 为词根，B_1 也为词根，但 A 为中心语，B_1 为修饰成分。B_1A 为状态形容词。

B_2A：A 为词根，B_2 也为词根，但 A 为中心语，B_2 为修饰成分。B_2A 为性质形容词。

4.2.1.1 B 为词缀 B_0

当重庆方言 BA 式形容词中的"B"为词缀时，本书记为"B_0"，B_0 + A ——B_0A。作为词缀的 B_0 往往十分抽象，没有实在的词汇意义，造词之初多为借字，与中心语 A 之间很难找到相关联的理据。词缀 B_0 在 B_0A 式词中承载程度义，表示程度深，但形象色彩模糊。例如：

飞红　　　　飞咸　　　　飞烫　　　　飞辣

梆紧　　　　梆重

焦湿	焦咸
稀脏	稀撇 [p'iɛ²⁴] 质量差、水平低
黢湿	溜酸
崭平	崭齐
清/精痛	曲青
迅白	卡白
侗大	捞轻

（1）慢点喝，水刚倒的，飞烫。

（2）箱子里面装的啥子哟，梆重！

（3）考得稀撇还好意思出去耍。

（4）肯定要下雨了，厕所都返味了，滂臭。

（5）他下手太狠了，把我打得清痛。

（6）侗大个人杵在这里，也不晓得动一下。

（7）你啷个了？脸卡白。

（8）屋头黢黑，啷个不开灯哦？

（9）衣服熨得崭平。

从词汇意义和语法功能来看，上述 B₀A 式词中作为词缀 B₀ 的"飞、梆、焦、滂、溜、稀、黢、迅、卡、曲、清/精、侗、崭、捞"等单音节语素，在词语中几乎没有词汇意义，与表示概念义的中心语很难看出相关性。这些词缀除了"飞、梆、焦"等极少数几个可以与多个中心语构词以外，绝大多数的词缀只能与一个或两个，一般不超过三个的词根组合，并且这些词缀的书写往往还会用其他的同音字替代，人们并不在意这个词缀本身是哪个字。

从语义作用来看，这些词缀具有类化意义，都表示程度高，相当于"非常、很"。

4.2.1.2 B 为词根 B₁

当重庆方言 BA 式形容词中的"B"作为词根既表示程度义也表示形象色彩的情况，本书称为"词根 B₁"，记为"B₁"，B₁ + A —— B₁A。词根 B₁ 可以是名词性语素，也可以是谓词性语素。例如：

梆硬	梆重	
焦干	焦黄	焦糊

飞快

稀烂

溜光　　　　　　溜圆

蜜甜

（10）馒头放久了，梆硬，嚼都嚼不动，啷个吃嘛。

（11）——衣服干没有？

　　　——（烤得）焦干了，可以穿了。

（12）鞋子不要烤久了，干了就行了，上次那双遭烤得焦黄。

（13）红苕遭烤得焦糊，整个都黑了。

（14）啥子事，一个电话跑得飞快。

从词汇意义和语法功能来看，这类 B_1A 式词中的"梆、焦、飞、稀、溜、蜜"都有词汇意义，属于词根，与中心语 A 相关联的理据明显，B_1 为修饰性成分，B_1A 为偏正结构，B_1 的所指是事物、动作或性状。类似于普通话词的"雪白、漆黑"。

从语义作用来看，B_1 既表示程度高，相当于"非常"，也表示性状，在语义上具有描摹性，具有形象色彩，相当于"像 B_1 一样"。

梆硬：形容非常硬，像梆子一样。

梆重：形容非常重，像梆子一样。

焦干：形容很干，像烤焦了一样。

焦黄：形容像烤焦了那种黄，并且有强调语气。

焦糊：形容像烤焦了一样糊，并且有强调语气。

飞快：形容非常快，像飞一样。

稀烂：形容很烂，稀稀疏疏的样子。

溜光：形容非常光滑，像溜一样。

蜜甜：形容很甜，像蜜一样。

4.2.1.3 词缀 B_0 与词根 B_1 的关系

作为词缀 B_0 的"飞"："飞红、飞咸、飞烫、飞辣"中的"飞"与"红、咸、烫、辣"之间，从字面上均看不出任何理据意义，"飞"没有词汇义，是典型的词缀，表示程度高。作为词根 B_1 的"飞"："飞快"中的"飞"与"快"，就有明显的理据性了，"飞"所指的是动作，"快"表示该动作的状态。

作为词缀 B_0 的"焦"："焦湿、焦咸"中的"焦"几乎没有词汇意义，仅表示程度高的词缀。而作为词根 B_1 的"焦"："焦干、焦黄、焦糊"中的"焦"与中心语"干、黄、糊"却有直接相关理据性。

作为词缀 B_0 的"梆"："梆紧"中的"梆"几乎没有词汇意义，仅表示程度高。而作为词根 B_1 的"梆"："梆硬、梆重"中的"梆"能明显看出词汇义，与"梆"的本义有明显的理据性。

作为词缀 B_0 的"稀"："稀脏、稀撇"中的"稀"没有明显的词汇意义，仅表示程度高。而作为词根 B_1 的"稀"："稀烂"中的"稀"能看出词汇义，并且与"稀"的本义有理据性。

作为词缀 B_0 的"溜"："溜酸"中的"溜"没有明显的词汇意义，仅表示程度高。而作为词根 B_1 的"溜"："溜光"中的"溜"能看出词汇义，并且与"溜"的本义有理据性。

我们发现，当"飞、焦、梆"等词作为词缀时，可与数个词根组成表示程度高的"B_0A式"形容词，但其他的 B_0A 式词中的词缀与词根的搭配往往很窄，或者是唯一的，比如"迅白、卡白、曲青"等。这种现象可能与词汇的虚化或者说语法化有关。

对于"迅、卡、曲"等词缀，我们不能找到其来源，加上在人们的日常书写中往往可以用其他的同音字代替，因此，这部分词缀从开始笔录记录方言词起，就是用的借字。而"飞、梆、焦"这类词缀 B_0，它们是从词根 B_1 进化而来的。我们可以在它们作为词根 B1 的词汇中找到它们虚化的来源和可行性：作为词缀的 B_0 和作为词根的 B_1，都有承载程度义，表示程度深，相同的附加义是虚化的基础；词根 B_1 在发展的过程中语义磨损，最终变为词缀 B_0，是虚化的条件。

以"梆"为例：梆，指打更用的梆子①。"梆硬"即指像梆子一样硬，"梆"为词根，所指为"梆子"。但代表"打更用的梆子"这个事物的"梆"在现在几乎不能单独使用，其作为词根的组合能力也很弱了，所以，"梆"的语义在人们的认知反应中越来越模糊，形象色彩逐步消失。从"梆硬"到"梆重"，再到"梆紧"，仅保留程度义，而形象色彩逐渐模糊，体现出"梆"的语义磨损，最终虚化成词缀的过程。（见表4-1）

---

① 中国社会科学院语言研究所词典编辑室.现代汉语词典[M].增补本.北京：商务印书馆,2002.

表 4-1 "梆"实词义的虚化/语法化

比较项目	梆硬	梆重	梆紧
语义、形象色彩	像梆子一样硬。"梆"完全保留了"梆子"的词根义	非常重。"梆"丧失了"梆子"的义素,但还能让人感受到"梆子"的形象色彩	非常紧。"梆"的词汇义完全消失,也感受不到其形象色彩
清晰度	清晰	模糊	消失

以"焦"为例:焦,指物体受热后失去水分,呈现黄黑色并发硬、发脆①。与"梆"相比,单音节词"焦"还可以独立使用,比如"这块牛肉烤焦了",因此,"焦"的语义清晰度还是比较高的。不过,从"焦糊"到"焦干、焦黄"到"焦湿、焦咸",可以看到"焦"的语义磨损和形象色彩的减退、消失。(见表4-2)

表 4-2 "焦"实词义的虚化/语法化

比较项目	焦糊、焦黑	焦干、焦黄	焦湿、焦咸
语义、形象色彩	"焦"完全保留了"受热后失去水分,呈现黄黑色并发硬、发脆"的词根义	"焦干"中的"焦"丧失了"呈现黄黑色"的义素;"焦黄"中的"焦"保留的义素已释放模糊。但"焦干"和"焦黄"还能让人感受到"焦"的形象色彩	"焦"的词汇义完全消失,也感受不到其形象色彩
清晰度	清晰	模糊	消失

以"飞"为例:飞,在《现代汉语词典》中的第④个义项:形容极快,~奔/~跑/~涨。第⑤个义项:〈方〉非常,~快/~灵。如果再结合第①~③个义项:①(鸟、虫等)鼓动翅膀在空中活动:~蝗/鸟~了。②利用动力机械在空中行动:~行/明天有飞机~上海。③在空中飘浮游动:~云/~沙走石。②我们可以认为:第④和第⑤个义项是从前面三个义项引申发展而来的,而第⑤个义项在方言中表示"非常",更是直接是从第④个义项发展出来的。

从《现代汉语词典》对"飞"的解释中可以看到,"飞"的语义在逐渐虚化,

---

① 中国社会科学院语言研究所词典编辑室.现代汉语词典[M].增补本.北京:商务印书馆,2002.
② 同上。

我们也可以看到方言中作为词根的"飞"向词缀的虚化路径：保留程度义，语义逐渐磨损，形象色彩逐步消失。不过，与"梆、焦"实词语素义的虚化路径相比较，在重庆方言中没有找到处于中间"模糊"状态的"飞A"式词。（见表4-3）

表4-3 "飞"实词义的虚化/语法化

比较项目	飞快	飞红、飞辣、飞烫
语义、形象色彩	像飞一样快。"飞"的所指为动作	"飞"表示"非常"。表示动作的形象色彩丧失
清晰度	清晰	消失

同理，也可以推断出"溜"的虚化进程。

《现代汉语词典》关于溜的第③个义项：光滑；平滑，光~/滑~。第⑥个义项：〈方〉很；非常，~直/~薄/~齐/~净。① 我们从重庆方言的BA式方言词中就可以看出义项⑥到义项③的发展进程。（见表4-4）

表4-4 "溜"实词义的虚化/语法化

比较项目	溜光	溜圆	溜酸
语义、形象色彩	非常光滑。"溜"完全保留了"光滑、平滑"的词根义	非常圆，并且说话人所指这种圆的表面往往很光滑。"溜"不主要承载"光滑"的义素，但还能让人感受到"光滑"的形象色彩	非常酸。"溜"的词汇义完全消失，也感受不到其形象色彩
清晰度	清晰	模糊	消失

4.2.1.4 B为词根B_2

重庆方言BA式形容词中的"B"作为词根只具有形象色彩，而没有程度义的情况，本书称为"词根B_2"，记作"B_2"，$B_2 + A \longrightarrow B_2A$。词根$B_2$主要是名词性语素。例如：

水嫩　蜡黄

---

① 中国社会科学院语言研究所词典编辑室.现代汉语词典[M].增补本.北京：商务印书馆,2002.

霉臭　汗臭　奶臭　屎臭　尿臭　药臭　酸臭

（15）那个妹妹水嫩水嫩的，好乖哟。

（16）你生病了呀，脸看起蜡黄蜡黄的。

（17）你喝了奶没刷牙吗，说话滂奶臭。

（18）你好久没洗澡了，一身滂汗臭。

（19）长期生病的人身上都有个药臭味。

B_2A 式形容词不多，主要体现在"～臭"的构词。B_2A 式形容词中的词根 B_2，词汇义很少虚化，重庆方言词缀式 BA 式形容词中的词缀"B"，几乎没有从词根 B_2 虚化而来的。

4.2.2 BA 式词的语法功能

4.2.2.1 B_0A / B_1A 为状态形容词

当 BA 式形容词中的"B"为词缀 B_0 和词根 B_1 时，B_0A / B_1A 式形容词为状态形容词。即"飞红、梆紧、焦湿、滂臭、稀烂、黢黑、曲青、迅白、卡白、清/精痛、侗大、崭齐"，以及"梆硬、焦、飞快、冰沁"等形容词在语法功能上是相同的，都具有状态形容词的特征：可以作谓语、定语、补语，不受程度副词和否定副词修饰。

1. 作谓语

厕所滂臭 / 地板焦湿 / 馒头梆硬 / 水冰沁

2. 作定语

滂臭的厕所 / 焦湿的地板 / 梆硬的馒头 / 冰沁的水

3. 作补语

厕所弄得滂臭 / 地板整得焦湿 / 馒头放得梆硬 / 水放得冰沁

4. 不受程度副词修饰

*非常滂臭 / *很焦湿 / *十分梆硬 / *很冰凉

5. 不受否定词修饰

*不滂臭 / *不焦湿 / *不梆硬 / *不冰凉

4.2.2.2 B_2A 为性质形容词

当 BA 式形容词中的"B"为词根 B_2 时，B_2A 式形容词为性质形容词。即"水嫩、蜡黄"，以及"霉臭、汗臭、奶臭、屎臭、尿臭、药臭、酸臭"等"～臭"式的形容词，具有性质形容词的特征：可以作谓语、定语、补语，可以受程度副词和否定副词修饰。

1. 作谓语

一身汗臭 / 满口奶臭 / 一屋子药臭 / 脸色蜡黄 / 一脸水嫩

2. 作定语

一股尿臭的味道 / 水嫩的皮肤 / 一张蜡黄的脸

3. 作补语

饭烧得糊臭 /（熬夜）脸熬得蜡黄 /（打玻尿酸）脸打得水嫩

4. 可以受程度副词修饰

皮肤好水嫩哟_很水嫩_ / 脸色有点蜡黄 / 身上有点汗臭

5. 可以受否定词修饰

皮肤都不水嫩了 /（洗了澡）不汗臭了 /（打扫完）不霉臭了

4.3 BBA 式形容词

4.3.1 BBA 式词的性质

BBA 式形容词实际上是为 BA 式词的变体，A 为中心语，表示整个词语的概念义，BB 为词缀，表示程度义和形象色彩，即单音节形容词 A 加叠音前缀，BB + A——BBA。

BBA 式形容词在重庆方言中很少，常用的主要有两个：

蜜甜 —— 蜜蜜甜

梆硬 —— 梆梆硬

BBA 式词中叠音前缀 BB 还没有完全虚化，还保留单音词 B 本身少许的概念义，与其 BA 式原型相比，起加强程度义和增加形象色彩的作用。

蜜蜜甜：相较于"蜜甜"，"蜜蜜甜"的甜度更高，并且除了形容口感上的"甜"，还可以形容心理上幸福的感觉，像蜜一样香甜，往往用于褒义。

（20）这个橘子蜜蜜甜。（口感上甜，并且心理上也有幸福的感觉）

（21）听到男朋友的表白，她心头蜜蜜甜。

梆梆硬：相较于"梆硬"，"梆梆硬"更加形象，说话者的语气更加强调"硬"的程度，并且往往带有贬义。

（22）这个馒头放久了梆硬。（形象色彩不明显）

（23）这个冰糕_{冰棍}冻得梆梆硬。（冰棍本身带有"梆子"的形象意义，并且伴随说话人埋怨的语气：冰棍太硬了，没法吃了）

4.3.2 BBA 式词的语法功能

BBA 式形容词与 BA 式形容词的语法功能大体相同，都属于状态形容词，可以作谓语、补语。与 BA 式形容词不同之处在于，BBA 式形容词没有"BBA 的"形式，即 BBA 式形容词不能作定语。例如：

（24）冰糕梆梆硬。

（25）冰糕冻得梆梆硬。

（26）*很梆梆硬。

（27）*不梆梆硬。

（28）*梆梆硬的冰糕。

以上 BBA 式词分别为作谓语、补语，并且不受程度副词和否定副词修饰，但不能作定语。

4.4 ABB 式形容词

ABB 式形容词中，A 为词根，叠音语素 BB 为词缀，A + BB —— ABB。词根 A 大多为形容词性语素，但也有少量 A 为名词性或动词性语素。

当词根 A 为形容词性语素，叠音词缀 BB 更类似于构形语素，与词根 A 组成的 ABB 式词并不是一个新的词汇。

当词根 A 为名词性或动词性语素时，A 的概念义与 ABB 式词的意义并不一致，两者的意义相关而不相同。BB 与 A 构成一个以 A 为词根的新的词。

4.4.1 ABB 式词中 A 的性质

4.4.1.1 A 为形容词性语素

ABB 式形容词中的词根 A 大多为形容词性语素，并且大多为可以独立使用的单音节形容词，词根 A 承载 ABB 式词的概念义。

当词根 A 为形容词时，词缀 BB 有两种情况：一是 B 已经虚化，词汇义不明显，但使整个词表意生动；二是 B 还保留词汇义，表示所指的性状或者表示结果，具有形象色彩。

1. 词缀 BB 虚化

肥咚咚	白生生	短础础	亮瓦瓦
酸叽叽	甜呀呀	傻戳戳	脏哇哇
黄桑桑	乖桑桑	粗革革	辣乎乎
湿扎扎	烂扎扎	红扯扯	疯扯扯

干耸耸：形容物品，特别是食物在容器里又干又多的样子。

硬翘翘：形容硬而上挺的样子。

烦肇肇：形容某物很脏，或者形容某人老缠着别人，让人觉得很厌烦。

苦茵茵：形容味道很苦，或者某人（过得）很苦。

（29）干耸耸的一碗面，哪个吃得完嘛。

（30）围栏上面哪个尖尖硬翘翘的，小心点别划到了。

（31）这个东西烦肇肇的，不要了。（物品脏）

你这个人烦肇肇的，个人_{自己}干个人的事去嘛。（使人厌烦的人）

（32）这个药苦茵茵的。（味道苦）

（生活）啷个过得恁个苦茵茵的嘛。（日子苦）

以上 ABB 式形容词，词根 A 表示整个词的概念义，并且有的词根 A 还承载了其引申义，如"烦、苦"。词缀 BB 没有明显的词汇义，但有一定拟声拟态作用，使整个词语表意生动。

白卡卡	黑黢黢	大侗侗	轻捞捞
紧梆梆	湿焦焦	酸溜溜	
烂稀稀	脏稀稀	炝稀稀	
新崭崭	齐崭崭	平崭崭	

以上 ABB 式形容词，同样的，词根 A 承载了整个词的概念义，词缀 BB 没有明显的词汇义，但这些词有一个共同的特点，都有 BA 式形容词的形式，如卡白、黢黑、侗大、捞轻、梆紧、焦湿、溜酸、稀烂、稀脏、稀炝、崭新、崭齐、崭平。

与 BA 式形容词相比，BA 式词侧重于程度义，即表达程度深。ABB 式词侧重于形象色彩，即重在对形象的描写和呈现。

不管词缀 BB 是否虚化，是否表示词汇义，ABB 式形容词往往都表示贬义，表达说话人不满、不屑的感情色彩。

2. 词缀BB有明显词汇义

这类ABB式形容词中，词缀BB能看出明显的词汇义，表示所指的性状，或者表示结果。

高耸耸：形容很高，耸立的样子。

旺翘翘：形容很多，要满出来了，翘起来一样。

干沙沙：形容干得成粉状，像沙子一样。

阴悄悄：形容没有声响，悄悄的。

蔫耷耷：人的头或事物的上部耷拉下来，形容没有精神或者没有生气的样子。

松垮垮：形容松得就像要垮掉一样。

绵扯扯：表示东西韧性好，扯不断的样子。

（33）他高耸耸地站在那里，把别人（的视线）都挡着了。

（34）这些苹果旺翘翘的十斤。（指非常足量，感觉都超过十斤了）

（35）这个咸蛋黄干沙沙的，不好吃。

（36）你啷个阴悄悄地就进来了，吓我一跳。

（37）你啷个了，整个人蔫耷耷的。（形容人没有精神）

　好久没浇水了，花都蔫耷耷的。（形容花没有生气）

（38）衣服太大了，穿起松垮垮的。

（39）这个肉绵扯扯的，嚼都嚼不动。

类似的还有：

糊焦焦　　黄焦焦　　干焦焦

轻飘飘　　冷冰冰　　灰扑扑

懒拖拖：形容很懒，很拖拉的样子。

长甩甩：形容长，像（长条状状物）甩起来一样。

莽粗粗：形容人五大三粗的，鲁莽不灵光。

木痴痴：形容人木讷，反应慢。

胀鼓鼓：形容胀得很高，像鼓一样。

圆滚滚：形容事物圆圆的，可以滚动的样子。

矮趴趴：形容很矮，像趴在地上一样。

当词缀 BB 具有明显词汇义时，ABB 式词也往往表示贬义，形容事物不好的形象，表达说话人不满、不屑的感情色彩。

4.4.1.2 A 为名词性语素

ABB 式形容词中的词根 A 为名词性语素时，A 都是能够独立使用的单音节名词。词根 A 与叠音词缀 BB 构成的 ABB 式词的意义，与词根 A 本身的概念义不同，但两者之间能看出明显的联系。BB 与名词性语素 A 构成一个以 A 为词根的新词。

词缀 BB 也有两种情况：B 已经虚化，词汇义不明显；B 还保留词汇义。不管词缀 BB 是否还有明显的词汇义，都赋予构成的 ABB 式新词生动形式的附加意义，使之表意生动。

肉叽叽：形容摸起来有很多肉的样子。
油叽叽：形容看起来给人以油腻的感觉。
贼呵呵：形容行为、样子像贼的样子。
风蒿蒿：形容有点微风的感觉。
雨稀稀：形容小雨连绵不断的样子。
心慊慊：形容心里有所不足的感觉。
眼巴巴：形容带着希冀的眼神的样子。
气吼吼：形容喘不过气的样子。
雾独独：形容有点蒙，还没搞清楚情况就去做某事，像笼在雾里一样。
洋歪歪：形容很得意、很嘚瑟、很洋气的样子。
宝筛筛：形容傻里傻气的样子。像宝气_{傻子}一样。
神戳戳：像神经病一样的傻里傻气的样子。

（40）他屁股肉叽叽的，摸起来好安逸哟。
（41）你吃了饭没擦嘴巴呀，嘴巴油叽叽的。
（42）看你那贼呵呵的样子，大方点嘛。
（43）外面风蒿蒿的，出门披件外套。
（44）妈妈只买了一块巧克力，两个娃儿都没吃够的，都心慊慊的。
（45）家里穷，只有眼巴巴地看着别人吃好吃的。
（46）慢点慢点不着急，看你气吼吼的。
（47）他雾独独地就把钱交了，还没搞清楚啷个回事。

（48）看你那洋歪歪的样子哟，生怕别个不晓得穿了件名牌（衣服）。

（49）别个说啥子就是啥子，不动脑壳_{不动脑筋}，宝筛筛的。

（50）你这个人一天到晚神戳戳的，不晓得在想些啥子。

类似的词还有：

水垮垮　　水扎扎

汗叽叽　　汗扎扎　　汗巴巴

鬼戳戳　　病怏怏　　肉滚滚

渣翻翻：形容不顺滑、不润滑的感觉。

毛乎乎：形容毛很多的样子。

毛撑撑：形容毛发不顺，立起来、撑起来的样子。

气粗粗：形容出气很粗，很生气的样子。

4.4.1.3 A 为动词性语素

ABB 式形容词中的词根 A 为动词性语素时，A 都是能够独立使用的单音节动词。词根 A 与叠音词缀 BB 构成的 ABB 式词，与词根 A 本身意义相关，但 ABB 式形容词重在描写动作的状态。BB 与动词性语素 A 构成的 ABB 式词，是一个以 A 为词根的新词。

词缀 BB 也有两种情况：B 已经虚化，词汇义不明显；B 还保留词汇义。不管词缀 BB 是否还有明显的词汇义，都赋予构成的 ABB 式新词生动形式的附加意义，使之表意生动。

飞叉叉：形容动作迅猛、粗野的样子。（跑的）姿势像叉子一样张牙舞爪的。

哭稀稀：哭哭啼啼的样子。

怕稀稀：心里害怕，缩手缩脚的样子。

惊抓抓：形容大声惊叫的样子。

吊甩甩：形容吊儿郎当的样子，像没固定好的东西一样甩来甩去。

悬吊吊：形容很悬，不稳，没把握。吊着要落下去的样子。

笑扯扯：不严肃的、让人不舒服的笑的样子。

（51）恁个大个女娃儿了，还飞叉叉地跑。

（52）好大点事嘛，哭稀稀的，不至于。

（53）（对什么事都）怕稀稀的样子，看到就烦。

（54）啥子事嘛，多远就听到你惊抓抓地叫。

（55）二十几岁的人了，一天到晚还吊甩甩的。

（56）这个事情悬吊吊的，不晓得最后能不能成。

（57）看到他笑扯扯的样子就烦。

不管词根 A 为形容词性语素或是名词性语素，还是动词性语素，ABB 式形容词大都表示贬义，特别是当 A 为名词性或动词性语素时，往往表达出说话人十分不满的态度。

4.4.2 词缀 BB 的性质

ABB 式形容词中，当 A 为形容词性语素时，词缀 BB 类似于构形语素，与词根 A 组合并没有构成一个新词，ABB 仍然表示词根 A 的概念义。当 A 为名词性或动词性语素时，词缀 BB 为构词语素，与词根 A 组合并构成一个以 A 为词根的新词，ABB 与 A 的意义相关而不相同。

不管词根 A 为形容词性语素、名词性语素，还是动词性语素，词缀 BB 都有两种情况——已经虚化，看不到词汇义；未完全虚化，还能明显地看到词汇义。还保有明显词汇义的 BB，或表示所指的性状，或表示结果，或重在描述动作的状态。不管 BB 是否虚化，其作用都能使 ABB 表意生动，在词根 A 表意的基础上增加形象色彩。

ABB 式形容词中，部分词缀 BB 仍能看到虚化的进程。前文已经分析了"焦糊、焦干、焦黄、焦湿、梆硬、梆紧、溜光、溜圆、溜酸"等词中词缀"焦、梆、溜"的虚化进程。同样的，也可以推及 ABB 式词中词缀的关系——虚化，比如"糊焦焦、干焦焦、黄焦焦、硬梆梆、紧梆梆、光溜溜、圆溜溜、酸溜溜"中的词缀"焦、梆、溜"。

我们再以"雨稀稀、哭稀稀、烂稀稀、脏稀稀，高耸耸、干耸耸，旺翘翘、硬翘翘，绵扯扯、笑扯扯、红扯扯"中的"稀、耸、翘、扯"为例。从汉语的发展来看，《现代汉语词典》中每个单音节词的多个义项，如无特殊情况，理应都是从《说文解字》中该字本义依次引申发展而来的。如若该字在《说文解字》中的本义不能直接看出该字在现代汉语中的常用义，或者没有这个字，则参考《古代汉语词典》的释义。

比如《说文解字》对"耸"的解释是：耸，生而聋曰耸。从耳，从従省声。从中我们看不到"耸立"的意思，而如果结合《说文解字》、借助《古代汉语词典》，通过古文原文，我们可以清晰地看到"耸"从"聋"义发展到"耸立"的过程。

从《说文解字》分析造字本义：聳，从耳，从從省声。从字形上分析，"聳"的简体字"耸"，采用了"耳"，省略了"彳""止"的"從"会义。耳，听；從，使跟随、使顺从。因此，"耸"的造字本义：通过惊吓刺激别人听从。

《古代汉语词典》的第⑤个义项是通"悚"，惊恐。即"通过惊吓刺激别人听从"。《韩非子·内储说上》："于是吏皆～惧。"

第②个义项：高起，高耸。陶渊明《和郭主簿》之二："陵岑～逸峰,遥瞻皆奇绝。"王勃《滕王阁序》："层峦～翠，上出重霄。"引（向上）抬、举。杨万里《寒食雨作》："双燕冲帘报禁烟，唤惊昼梦～诗肩。"这里的"耸"可理解为"因惊吓而向上抬"。

借助《说文解字》《古代汉语词典》，结合古文，我们可以清晰地看到"耸"的"高起"义的发展过程：通过惊吓刺激别人听从 — 因惊吓而向上抬— 高起，高耸。

因此，本书在对"稀、耸、翘、扯"等字词义虚化的分析中，对字本义的解释，《说文解字》中的释义与现代汉语的意义联系明显的，采用《说文解字》释义；若从《说文解字》中不能一眼看到与现代汉语词义有明显联系的，则采用《古代汉语词典》的释义。（见表4-5～表4-8）

表4-5 "耸"实词义的虚化/语法化

比较项目	《古代汉语词典》释义	《现代汉语词典》释义	
	② 高起，高耸	① 耸立	
	耸	高耸耸	干耸耸
语义		很高的样子	又干又多（冒出来）的样子
清晰度		清晰	模糊——消失

注：义项前的序号遵照在词典中的序号。

表4-6 "翘"实词义的虚化/语法化

比较项目	《古代汉语词典》释义	《现代汉语词典》释义	
	② 举起	① 抬起	
	翘	硬翘翘	旺翘翘
语义		硬并且向上挺的样子	形容很多的样子
清晰度		清晰	模糊—消失

注：义项前的序号遵照在词典中的序号。

表 4-7 "稀"实词义的虚化/语法化

比较项目	《说文解字》释义	《现代汉语词典》释义		
	疏也	①少	③含水多	④表示程度深
	稀	雨稀稀	哭稀稀	烂稀稀、脏稀稀
语义		稀稀拉拉、连绵不断的小雨	哭哭啼啼，眼泪汪汪的样子	形容很烂、很脏的样子
清晰度		清晰	模糊	消失

注：义项前的序号遵照在词典中的序号。

表 4-8 "扯"实词义的虚化/语法化

比较项目	《古代汉语词典》释义	《现代汉语词典》释义		
	①展开、裂开	②撕；撕下		
	扯	绵扯扯	笑扯扯	红扯扯
语义		表示东西韧性好，扯不断的样子	不严肃的，让人不舒服的（咧着嘴）笑的样子	一种不好看的、令人不舒服的红色
清晰度		清晰	模糊	消失

注：义项前的序号遵照在词典中的序号。

4.4.3 词根 A 与词缀 BB 的组合特征

4.4.3.1 多适性

ABB 式形容词中的词根 A 与词缀 BB 的搭配往往不是唯一的，同一个词根 A 可能与不同的词缀 BB 组合成词，同一个 BB 也可能与不同的词根 A 构成新词。同一个词根 A 与不同的词缀 BB 组合构成不同的词，往往表达不同的感情色彩，例如：

红东东：好看的、令人喜欢的红色，表示褒义。

红扯扯、红扎扎、红稀稀：不好看、令人不舒服的红色，表示贬义。

（58）红东东的小脸，好乖哟。

（59）——（涂了口红）好看不？

　　　红扯扯的，点都不好看。

甜蜜蜜：好的、令人喜欢的甜味，表示褒义。

甜呀呀、甜哇哇：口感不好的甜味，表示贬义。

（60）这个胡萝卜甜蜜蜜的，好吃也。

（61）这个饮料甜哇哇的，点都不好喝。

ABB 式词的感情色彩由词缀 BB 决定，比如"红扯扯、红稀稀、红扎扎"中的"扯扯、稀稀、扎扎"，与其他词根组合时，新构成的 ABB 式词，都表示贬义，表达说话人不满、不屑、不喜欢的感情色彩。例如：

绵扯扯　　笑扯扯

雨稀稀　　苦稀稀　　烂稀稀　　脏稀稀

烂扎扎　　苦扎扎

重庆方言中，ABB 式形容词大多表示贬义，表示褒义的词语不多。

4.4.3.2 习惯性与随机性

《现代汉语八百词》指出："单音节形容词与后缀 BB 的搭配是习惯性的。不同的方言有所不同，不同的人也有所不同。为了修辞需要，偶尔还可以自造。"重庆方言的 ABB 式形容词，同样符合这一论断。在重庆方言中，ABB 式生动式形容词中，除了还能明显看出词汇义的、与词根 A 有理据联系的后缀 BB 之外，语义已经虚化的典型的词缀 BB 与词根 A 的组合往往具有习惯性和随机性。例如："红东东、黄桑桑、绿夹夹、白卡卡"，词根"白、红、黄、绿"与"东东、桑桑、夹夹、卡卡"之间看不出任何理据性，纯粹是习惯使然。

这类没有明显词汇义的，仅凭习惯约定俗成的词缀 BB，往往也有不同的写法。比如"红东东、红咚咚，绿夹夹、绿胛胛，齐崭崭、齐斩斩"，都可以在日常中使用，并不影响表意。

4.4.4 ABB 式形容词的语法功能

ABB 式形容词后面必须带"的"，以"ABB 的"形式出现，性质类似于状态形容词。

1. 作谓语或谓语中心语

（62）小脸红东东的。

（63）你不要跟我笑扯扯的。

（64）不要一天到晚疯扯扯的。

4　重庆方言形容词生动形式 | 151

2. 作定语

（65）红东东的小脸。

（66）看你那贼呵呵的样子。

（67）干耸耸的一大碗。

3. 作状语

（68）一天到晚飞叉叉地到处跑，哪里像个女娃儿嘛。

（69）眼巴巴地看着别人吃好吃的。

（70）不要惊抓抓地吼。

4. 作补语

（71）到处整得脏稀稀的。

（72）全身弄得烦肇肇的。

（73）地板弄得湿焦焦的。

5. 不受程度副词和否定副词修饰

（74）*她的脸很红东东的。

（75）*这件衣服非常黄桑桑的。

（76）*今天不雨稀稀的。

（77）*今天没有风蒿蒿的。

6. 前面加上量词短语作主语、宾语

一些 ABB 是形容词前面加上量词短语可以作主语或宾语，例如：

（78）那个傻戳戳的是哪个？

（79）那个宝筛筛的还敢喜欢我们班班花。

（80）她不喜欢那只黄桑桑的（猫）。

（81）她选了那件灰扑扑的（衣服）。

ABB 式形容词作谓语、定语、状语、补语时，"ABB 的"的语义是描述性的。ABB 式形容词作主语、宾语时，"ABB 的"的语义是指称性的，更接近于体词性的"的"字短语，指称的标记是数量短语或指量短语。

所有的"ABB 的"形式，语义上都具有描述性，但并不是所有的 ABB 式形容词构成的"ABB 的"形式都具有指称义。比如"风蒿蒿、雨稀稀"等，前面不能加数量或指量短语，也不能获得指称义。

（82）*那个风蒿蒿的。

（83）*选一个雨稀稀的。

4.5 ABAB 式形容词

4.5.1 ABAB 式词的性质

ABAB 式形容词由 ABB 式形容词变化而来，AB 两个语素重叠——ABAB。大多 ABB 式形容词都有 ABAB 式变式。

普通话也有 ABAB 式形容词，但与重庆方言不同的是，普通话的 ABAB 式形容词是由 AB 式形容词变化而来的。比如：

（84）他的脸色煞白。

（85）他的脸色煞白煞白。

普通话中这种 AB 式形容词变形为 ABAB 式，从修辞的角度看，实际上是 AB 式状态形容词的反复，通过反复使 AB 式词的语义得到增强，而并不产出新的语法意义。

重庆方言中的 ABAB 式形容词与普通话的 ABAB 式形容词相比，有两点不同。

一是重庆方言的 ABAB 式是由 ABB 式变化而来的，而非 AB 式的变式。重庆方言中的 ABAB 式形容词，没有 AB 式原型的存在。例如：

辣乎辣乎 —— 辣乎乎 —— *辣乎

长梭长梭 —— 长梭梭 —— *长梭

苦扎苦扎 —— 苦扎扎 —— *苦扎

绵扯绵扯 —— 绵扯扯 —— *绵扯

松垮松垮 —— 松垮垮 —— *松垮

木痴木痴 —— 木痴痴 —— *木痴

二是普通话的 ABAB 式形容词是对 AB 式原型语义的增强，重庆方言中 ABAB 式形容词在语义程度上比 ABB 式弱。例如：

（86）这个人木痴痴的。

这人人（有点）木痴木痴的。

（87）这个药苦扎扎的。

这个药（有点）苦扎苦扎的。

（88）这个肉绵扯扯的。

这个肉（有点）绵扯绵扯的。

（89）这条裤子穿起来松垮垮的。

这条裤子穿起来松垮松垮的。

上述例句中的 ABAB 式词的程度义都比 ABB 式弱，并且 ABAB 式形容词前面往往可以加上"有点"等表示小量的词。

另外，重庆方言的 ABAB 式形容词，是 ABB 式词的一种构形变化，这种构形所表示的语法意义是程度减弱。

重庆方言中大多数 ABB 式形容词都有 ABAB 式变式，但也有部分 ABB 式没有 ABAB 式变式。例如：

白生生 ── *白生白生　　黄桑桑 ── *黄桑黄桑
黑黢黢 ── *黑黢黑黢　　红东东 ── *红东红东
新崭崭 ── *新崭新崭　　齐崭崭 ── *齐崭齐崭
干焦焦 ── *干焦干焦　　齐刷刷 ── *齐刷齐刷
惊抓抓 ── *惊抓惊抓　　飞叉叉 ── *飞叉飞叉
心慊慊 ── *心慊心慊　　眼巴巴 ── *眼巴眼巴
风蒿蒿 ── *风蒿风蒿　　雨稀稀 ── *雨稀雨稀

诸如此类没有 ABAB 式变式的形容词，分析其原因，有如下两点。

一是 AB 式原型本身没有程度义，只表示一种生动形象的状态。比如"白生生、黄桑桑、红东东、心慊慊、惊抓抓、飞叉叉、眼巴巴、风蒿蒿、雨稀稀"。

二是 AB 式原型本身表示很高的程度义，受语义基础的制约，与 ABAB 式程度减弱的语法意义难以相容。比如"黑黢黢、干焦焦、新崭崭、齐崭崭、齐刷刷"。

4.5.2 ABAB 式词的语法功能

ABAB 式形容词的语法功能与 ABB 式大致相同，可以作谓语、定语、补语，在前面加上量词短语可以作主语、宾语，不受否定副词修饰。与 ABB 式形容词不同的是，ABAB 式形容词不能作状语，并且可以受表示小量的程度副词修饰。

（90）这个柚子苦扎苦扎的。

（91）这个有点苦扎苦扎的柚子是哪个买的。

（92）这件衣服被洗得松垮松垮的。

（93）那个木痴木痴的是哪个？

（94）不要选那个木痴木痴的（当队友）。

以上 ABAB 式形容词分别作谓语、定语、补语、主语和宾语。

ABAB 式形容词不能作状语。因为可以作状语的 ABB 式形容词本身都没有 ABAB 式形式，例如：

飞叉叉 ——＊飞叉飞叉　　　疯叉叉 ——＊疯叉疯叉
眼巴巴 ——＊眼巴眼巴　　　惊抓抓 ——＊惊抓惊抓

ABAB 式形容词不受否定副词修饰。

（95）＊柚子不苦扎苦扎的。

（96）＊裤子不松垮松垮的。

ABAB 式形容词可以受表示小量的程度副词修饰。这也是由其表示程度义减弱的语法功能决定的。例如：

（97）这个柚子吃起来有点苦扎苦扎的。

（98）他看起来有点木痴木痴的。

4.6 AABB 式形容词

4.6.1 AABB 式形容词性质

重庆方言 AABB 式形容词的构成有两种形式：一种为直接由两个单音节形容词或形容词性语素（也可是名词、动词或名词性、动词性语素）分别重叠，AABB 的。例如：悄悄咪咪的、耍耍搭搭的、惊惊抓抓的。另一种为双音节形容词、名词或动词 AB 重叠为 AABB 式，AB——AABB 的。例如：礼礼信信的、邀邀约约的、光光生生的。

4.6.1.1 A、B 分别重叠

由语素 A、B 分别重叠构成的这种 AABB 式词，没有对应的 AB 式双音节词，叠音语素 AA、BB 本身也不成词。但语素 A、B 各自词汇义明显，从 A、B 语素的组合上能直观看出 AABB 式词的意义，并且 A、B 重叠又有拟声拟态的作用，赋予新词 AABB 生动、形象的附加义。例如：

细细摸摸 / 须须摸摸：形容做事缓慢细致。

耍耍搭搭：形容边做事边玩，不认真的样子。

指指戳戳：形容用手不停指点的样子。

虚虚哄哄：形容私底下不停地小声说话的样子。

呵呵哄哄：形容哄骗、奉承的样子。

偏偏倒倒：形容不稳，要倒不倒的样子。

挨挨擦擦：时而碰着挨着，形容人多或亲密的样子

七七八八：形容多而杂乱的样子。

还有一小部分 A、B 分别重叠构成的 AABB 式词，在重庆方言中存在相应的语义和语法功能都相同的 ABB 式结构。这种情况下，A 为词根，B 为词缀，AABB 可以看作词根 A 重叠与叠音词缀 BB 组合成 AABB 式新词，ABB —— AABB。这一类 AABB 式可以看作从 ABB 式变化而来的，是 ABB 式的变式，AABB 式起到增强语音律动感的作用。例如：

悄咪咪 —— 悄悄咪咪

麻杂杂 —— 麻麻杂杂

惊抓抓 —— 惊惊抓抓

4.6.1.2 AB 重叠

通过重叠可以构成 AABB 式新词的双音节词 AB，可以是形容词，也可以是名词和动词。当 AB 为形容词或动词时，新构成的 AABB 式形容词与 AB 的词汇义相同，或者密切相关，但程度更高，具有形象性。例如：

昏浊 —— 昏昏浊浊

安逸 —— 安安逸逸

光生 —— 光光生生：形容很光滑、光洁。

巴实 —— 巴巴实实：形容很好、很舒服。

㞎和 —— 㞎㞎和和：形容很软。

敦笃 —— 敦敦笃笃：形容很壮、很有范儿的样子（一般指男性）。

收拾 —— 收收拾拾：形容一个人把自己收拾得很干净、很利索、很体面的样子。

拉扯 —— 拉拉扯扯：形容又拉又扯、分不开或理不清的样子。

邀约 —— 邀邀约约：形容私底下约好一起干什么事。

商量 —— 商商量量：形容私底下商量好了。

当 AB 为名词时，重叠后构成的 AABB 式形容词与双音节词 AB 的意义不同，但有联系。例如：

礼信：指礼物或礼节。

礼礼信信：形容懂礼节、有礼貌的样子。

兴头：高兴的劲头。

兴兴头头：形容正在兴头上去做某事的高兴的、有劲头的样子。

4.6.2 AABB 式词的语法功能

AABB 式形容词后须跟"的"——"AABB 的"，可以作谓语、定语、状语、补语，不受程度副词修饰。

（99）不要一天到晚耍耍搭搭的，好好干点正事。

（100）看到他一天到晚耍耍搭搭的样子，妈妈心头就烦。

（101）他悄悄咪咪地把门关上了。

（102）水壶被洗得光光生生的。

以上分别为 AABB 式词作谓语、定语、状语、补语的情况。

4.7 词缀式形容词

重庆方言的生动式形容词有一个非常大的特点：有很多含有各种各样词缀的四字格形式。这些词缀可能出现在词的任何位置——前边、中间、后边——都有可能。这些词缀的能产性大多较小，没有什么词汇意义，有的词缀仅仅是起衬字的作用。但也有的词缀具有较强的能产性，并且能分析出其词汇意义从"实"到"虚"的语法化过程。

4.7.1 A 里 AB 式

A 里 AB 式形容词后面必须加"的"，AB —— A 里 AB 的。主要作定语和谓语，不受程度副词和否定副词修饰。

（103）不要理那个宝里宝气的人，臊皮丢脸。（作定语）

（104）不要恁个媚里媚气的，找不到女朋友。（作谓语）

（105）*他很宝里宝气。

（106）*他不宝里宝气。

A里AB式中的词缀"里"没有实际意义，但读起来有韵律感，表达感情色彩。A里AB式形容词往往表示贬义，表达说话人强烈的不喜欢的态度。

重庆方言中还有一种"A儿八B式"，与普通话的"A里AB式"结构类似，普通话里一些可变为"A里AB式"的双音节AB式词，重庆话中可以变为"A儿八B式"。比如"啰唆"，普通话的生动形式为"啰里啰唆"，重庆方言为"啰儿八唆"。

"A儿八B式"与普通话"A里AB式"的语义作用和语法功能相似，除了作定语、谓语以外，还可以作状语。

（107）啰儿八唆地说恁个多干啥子嘛，干就是了。（作状语）

4.7.2 BA八A式

BA八A式的BA实则为"BA式"形容词或谓词性双音节语素（如"牙嚼"），即"A"为词根，"B"为修饰性成分。"BA八A式"形容词在重庆方言中非常多，词缀"……八……"具有很强的能产性，表示对词根"A"的强调。例如：

老远八远：形容很远。

清早八早、老早八早：形容太早了。

尚好八好：形容还是好的（没有看出什么不好的地方）。

稀脏八脏：形容很脏。

牙嚼八嚼：形容嘴里一直在嚼东西的动作。

（108）老远八远（的）就看到你在欺负弟弟。

（109）清早八早（的）啥子事嘛。

（110）他尚好八好的，能有啥子事嘛。

（111）他看起尚好八好的，能有啥子事嘛。

（112）上课了，不要在下面牙嚼八嚼的。

BA八A式可以作谓语，如例（110），或谓语中心语，如例（111）（112），还常常作为句首状语，放在句子前面单独使用，比如例（108）（109）。作谓语或谓语中心语时须加"的"，作为状语单独使用时，可加"的"也可不加"的"。

BA八A式形容词往往表示贬义，生动地表达强烈的感情色彩。

重庆方言中还有一些与"BA八A式"类似的"XA八B式"生动式形容词，"AB"

为双音节形容词或双音节语素,"X……八……"为词缀。例如:

清早八晨:形容很早。

小见八识:形容小家子气。

(113)清早八晨(的)找我啥子事。

(114)你这个人真的是小见八识的,怪不得大家都不喜欢跟你耍。

在语法功能上,XA 八 B 式与 BA 八 A 式类似,一般作谓语或谓语中心语,也常常作为句首状语使用。在语义上,也往往表示贬义。

4.7.3 二 A 二 A 式

二 A 二 A 式词中,"二"为词缀,A 为词根。A 承载整个词的概念义,"二"没有词汇意义。二 A 二 A 式词必须带"的"——二 A 二 A 的。例如:

二麻二麻的:(喝酒)微醺的样子。

二恍二恍的:形容某人恍惚的样子。

二冲二冲的:形容某人喜欢吹嘘的样子。

二昏二昏的:形容头有点昏、人不在状态的样子。

二通二通的:形容没有完全通晓,半通不通的样子。

(115)他每天晚上都喝得二麻二麻的。

(116)他喝得二麻二麻的样子很有意思。

(117)看你一天到晚二恍二恍的就着急。

(118)那个二冲二冲的(人)又来了。

(119)他二冲二冲地到处说他认识哪个哪个。

(120)每门课都学得二通二通的,点都不扎实。

(121)你今天看起啷个二昏二昏的呀。

二 A 二 A 式形容词在语义上都表示词根 A 的性质或状态不充分、不完全,在语法功能上表示程度的减弱。

二 A 二 A 式形容词为状态形容词,可以作定语,如例(116);作状语,如例(119);作补语,如例(115);作谓语,如例(117);加上量词短语作主语,如例(118),不受程度副词和否定副词修饰。

二 A 二 A 式形容词往往表示贬义的感情色彩。

4.7.4 A起A起式

A起A起式词中，"起"为词缀，A为词根。A往往为动词性语素，"起"隐约还带有一点动态助词"着"的意义，但A起A起式词不表示动作，A起A起式词是状态形容词，表示所指的状态，并且没有"A着A着"的说法。A起A起式词必须带"的"——A起A起的。常用的有：

梗起梗起：表示心里有点堵的状态。

傲起傲起：形容某人不太好说话，有点傲气的样子。

（122）听了他说的话，我心头梗起梗起的。

（123）看他傲起傲起的样子，就不想理他。

A起A起式词与二A二A式词类似：在语义上都表示词根A的性质或状态不充分、不完全，在语法功能上都表示程度的减弱。大多情况下，A起A起式词和二A二A式词都可以与"有点A"互换。例如：

（124）听了他说的话，我心头梗起梗起的。

（125）听了他说的话，我心头有点梗。

（126）看他傲起傲起的样子，就不想理他。

（127）看他有点傲的样子，就不想理他。

（128）他喝得二麻二麻的。

（129）他喝得有点麻。

（130）他二麻二麻的样子很有意思。

（131）他有点麻的样子很有意思

A起A起式形容词，一般作定语，如例（123），或者作谓语，如例（122），不受程度副词和否定副词修饰。

4.7.5 AXYZ式

AXYZ式形容词为词根A加词缀XYZ，A + XYZ——AXYZ的。A为单音节形容词（也可是名词、动词），承载AXYZ式词的概念义。AXYZ式词后面必须加"的"。

同一个词根A往往可以与不同的XYZ式词缀组成不同的AXYZ式词，表达不同的形象色彩。

XYZ式词缀可细分为具有能产性的和不具有能产性的两类。具有能产性的XYZ

式词缀往往可以和不同的词根 A 组成不同的 AXYZ 式形容词；不具有能产性，或者说能产性弱的 XYZ 式词缀，只能跟唯一词根组成 AXYZ 式词。

常见的具有能产性，即可以跟不同的词根组成新词的"XYZ"词缀有……不溜秋、……不拢耸、……骨淋当。例如：

圆不溜秋　肥不溜秋　黑不溜秋　灰不溜秋　滑不溜秋　死不溜秋

圆不拢耸　肥不拢耸　黑不拢耸　干不拢耸

血骨淋当　水骨淋当　湿骨淋当

（132）干不拢耸的一碗面都吃完了。

（133）那个娃儿光不溜秋地到处跑。

（134）那只猫被车轧得血骨淋当的。

（135）他被（雨）淋得湿骨淋当的。

词根 A 大多为形容词，但也有少量为名词或动词。比如"血骨淋当"中的"血"为名词，"死不溜秋"中的"死"为动词。

常见的不具有能产性，即只能与一个词根组成新词的"XYZ"词缀有……儿麻汤、……儿古董。例如：花儿麻汤、花儿古董。

词缀 XYZ 没有词汇义，但赋予 AXYZ 式词附加义，增加整个词语的色彩意义。从感情色彩来看，AXYZ 式形容词往往表示贬义，表达使用者贬斥、否定的态度。从形象色彩来看，使所描述的 A 更加生动鲜明。例如：

血骨淋当：形容到处都是血的样子，呈现出画面感。

死不溜秋：看起来要死不活，没有生气、没有精神、萎靡不振的样子。

花儿麻汤：形容脸或东西被弄得很花。

（136）车祸现场血骨淋当的。

（137）一天到晚一副死不溜秋的样子。

（138）恁个大个人了，吃个饭还满脸吃得花儿麻汤的。

相同的词根 A 加上不同的 XYZ 词缀，所附加的意义不一样。比如有的表示形象色彩，有的表示程度义。例如：

黑不溜秋：表示黑得难看。（形象色彩）

黑不拢耸：形容非常黑。（程度义）

（139）那只猫黑不溜秋，点都不好看。

（140）屋子里面黑不拢耸的，啥子都看不见，好吓人哟。

"黑不拢耸"比普通的"黑"程度深,"黑不溜秋"强调黑的不好看,并没有"很黑"的含义。

从语法功能上来看,AXYZ式形容词可以作定语[例(132)(13)]、作谓语[例(136)(139)(140)]、作状语(例133)、作补语[例(134)(135)(138)],不受程度副词和否定副词修饰。

当AXYZ式形容词作状语和补语时,语义指向往往是充当主语的名词性词语。

4.7.6 ABXY式

ABXY式形容词为双音节词AB加上词缀XY,AB + XY——ABXY的,后面必须加"的"。

词缀XY能产性强,可以和不同的词根组成新词,词缀XY没有词汇意义,往往有同音不同形的一组组词缀。例如:……八叉,……巴沙/巴兮/巴腮。

词缀"……八叉"构成的ABXY式词中,AB往往为名词,如男人八叉、胡子八叉。强调"AB这种东西",并且往往是强调具有AB这种事物的属性,却没有体现出这种事物应有的好的方面。

(141)男人八叉的,这点事都办不好。(作为男人,这点事都办不好)

(142)昨晚熬夜了么,胡子八叉的,点都不精神。(胡楂长出来了,乱糟糟的样子)

词缀"……巴沙/巴兮/巴腮",构成的ABXY式词中,AB往往为形容词或形容词语素,词缀XY使整词表意生动。例如:

可怜巴沙/巴兮/巴腮:形容很可怜的样子。

造孽巴沙/巴兮/巴腮:形容很可怜的样子。

(143)他可怜巴沙的样子让人同情。

(144)他造孽巴兮地跟妈妈要钱。

(145)不要把自己整得造孽巴兮的,没有人同情你。

从语法功能上来看,ABXY式形容词与AXYZ式相同,可以作定语(例143)、作谓语[例(141)(142)]、作状语(例144)、作补语(例145),不受程度副词和否定副词修饰。

当AXYZ式形容词作谓语时,前面的主语往往可以省略不说,如例(141)和例(142)。

4.7.7 AXAY 式

4.7.7.1 AXAY 式的主要类型

AXAY 式形容词中，X 和 Y 为词缀，A 为中心语。AXAY 式形容词主要有两种类型："……眉……眼"和"……头……脑"。例如：

白眉白眼：形容平白无故的，或者无事可做的样子。

诧眉诧眼：形容有点惊诧的样子。

瞅 [tɕʻiou⁵⁵] 眉瞅 [tɕʻiou⁵⁵] 眼：形容眯缝着眼到处看的样子。

刁眉刁眼：形容刁滑的样子。

诳眉诳眼：形容事情出乎意料而不知所措的样子。

死眉死眼：形容要死不活、萎靡不振的样子。

懒眉懒眼：形容很懒的样子。

绿 [lu²¹] 眉绿 [lu²¹] 眼：形容被吓得不轻的样子。

宝头宝脑：形容傻乎乎的样子。

狗头狗脑：形容吝啬的样子。

莽头莽脑：形容胖而傻乎乎的样子。

苕头苕脑：形容很土很俗的样子。

怪头怪脑：形容某人的言行很奇怪。

4.7.7.2 词缀 XY 的虚化

上文"A 里 AB 式、BA 八 A 式、AXYZ 式、ABXY 式、A 起 A 起式、二 A 二 A 式"等词缀式形容词的词缀"……里……、……八……、……XYZ、……XY、……起……起、二……二……"都没有词汇意义，只表示附加色彩义。而 AXAY 式形容词中的词缀"……眉……眼"和"……头……脑"从字面还能看出词汇义，能概括出其虚化过程。

一是"……眉……眼"和"……头……脑"在最初的使用中是作为词根存在，表示明确的词汇意义。比如：

挤眉弄眼

立眉竖眼：形容怒视的样子。

瞎眉矬眼：形容人的视力差。

摇头晃脑

点头啄脑：形容不断点头的样子。

缩头缩脑：畏畏缩缩的样子。

没头没脑：形容没有头脑、没有逻辑，很愣的样子。

（146）他立眉竖眼地恨倒我瞪着我，把我吓惨了。

（147）你这个人瞎眉矬眼的，恁个大个人站在你面前都看不到。

（148）他一直在那里点头啄脑的，一副谄媚的样子。

（149）不要缩头缩脑的，大方点。

（150）他一天到晚没头没脑的，啥子都做不好，得罪了人也不晓得。

上述词中的"眉、眼"和"头、脑"都是词根，整个四字格词语表示人的五官、面貌，或者人的头部、脑子（智商）。

二是"诧眉诧眼、瞅眉瞅眼、刁眉刁眼、诳眉诳眼、绿眉绿眼、贼眉贼眼"以及"宝头宝脑、莽头莽脑"，这些词还保留着一些对人的"面部表情、神态"和"头脑、智商"的描写，使整个词具有形象色彩，不过这里的"眉、眼"和"头、脑"并不指"眉毛、眼睛、头部、脑子（智商）"了。

三是"白眉白眼、死眉死眼、懒眉懒眼"以及"狗头狗脑、苕头苕脑、怪头怪脑"，这些词中的"眉、眼"和"头、脑"已经完全失去了"眉毛、眼睛、头脑"的词汇义，仅仅表示附加的感情色彩。词缀"……眉……眼"和"……头……脑"构成的四字格形容词往往表示贬义。

完全虚化的词缀"……眉……眼"和"……头……脑"往往还能构成"A眉实眼、A眉豁眼"形式的形容词，并且很多词同时存在"A眉A眼"和"A眉实眼"或者"A眉豁眼"的形式。比如：

财眉财眼 —— 财眉豁眼：形容吝啬的样子。

贼眉贼眼 —— 贼眉豁眼：形容看起来像贼一样。

怪眉怪眼 —— 怪眉实眼：形容很奇怪。

烂眉烂眼 —— 烂眉实眼：形容很烂。

皱眉皱眼 —— 皱眉实眼：形容有很多褶皱、不平顺的样子。

懒眉懒眼 —— 懒眉实眼：很懒的样子

这些词中的"眉、眼"完全没有"眉毛"和"眼睛"的词汇义，仅仅承载附加义。

不管"眉、眼""头、脑"是否虚化，"……眉……眼"和"……头……脑"构成的AXAY式形容词都表示贬义的感情色彩。

4.7.7.3 语法功能

AXAY 式形容词为状态形容词，其语法功能与所有状态形容词类似，可作定语、谓语、状语、补语，前面跟量词短语可作主语和宾语，不受否定副词和程度副词修饰。

（151）看到他懒眉懒眼的样子就烦。（作定语）

（152）最看不得他懒眉懒眼地躺着沙发上看电视、吃东西。（作状语）

（153）他这个人懒眉懒眼的，做啥子事都不用心。

（154）你现在啷个变得财眉财眼的了呀。

（155）那个贼眉贼眼的是哪个？

（156）快追那个贼眉贼眼的。

4.8 ABCD 式形容词

ABCD 式形容词为 AB、CD 并列式四字格生动式形容词，后面须加"的"，AB + CD——ABCD 的，为状态形容词。AB 与 CD 为并列结构，并且 A、B 的内部层次，与 C、D 的内部层次往往相同。

这一类四字格生动式形容词在重庆方言中非常多，上述"BA 式、BBA 式、ABB 式、ABAB 式、AABB 式"等可重叠式和"A 里 AB 式、BA 八 A 式、AXYZ 式、ABXY 式、AXAY 式、A 起 A 起式、二 A 二 A 式"等词缀式之外的四字格生动式形容词几乎都可以归到这一类之中。

1. AB、CD 为动宾结构并列构成的 ABCD 式形容词

做精做怪	想精想怪	缩手缩脚
有滋有味	有盐有味	踩左踩右
丢心落肠	淘神费力	扯皮疗筋
磨皮擦痒	挨邻接近	皱皮拉垮
点头啄脑	缩头缩脑	没头没脑
立眉竖眼		

2. AB、CD 为偏正结构并列构成的 ABCD 式形容词

| 估吃霸赊 | 生拉活扯 | 活摇活甩 |
| 清醒白醒 | 东编西逗 | 东拉西扯 |

油光水滑　　　细乖细乖　　　阴痛阴痛
瞎眉矬眼　　　贼眉贼眼

3. AB、CD 为主谓结构并列构成的 ABCD 式形容词

毛焦火辣　　　脸红筋胀　　　皮泡脸肿
牙尖舌怪　　　肝精火旺　　　水流水滴
脸青面黑　　　鼻塌嘴歪　　　气鼓气胀
神戳鬼戳　　　脚耙手软　　　眼浅皮薄

ABCD 式形容词的语法功能与状态形容词大体一致,可作定语、谓语、状语、补语,不受否定副词和程度副词修饰。

4.9 小结

重庆方言常见的形容词的生动形式有如下几种：BA 式、BBA 式、ABB 式、ABAB 式、AABB 式、A 里 AB 式、BA 八 A 式、AXYZ 式、ABXY 式、AXAY 式、A 起 A 起式、二 A 二 A 式等四字格词缀式,以及前后两部分为并列式的 ABCD 式。

形容词生动形式中的词缀大都虚化,没有词汇意义,只有 BA 式以及 AXAY 式中的某些词缀还能看出词汇义,并且从不同的词语中能看出词缀语义的清晰度逐渐模糊到消失的过程。比如 BA 式中的词缀 B "焦、梆、飞、溜" 等,以及 AXAY 式中的词缀 XY "……眉……眼" 和 "……头……脑"。

焦：焦糊、焦黑 — 焦干、焦黄 — 焦湿、焦咸
　　（清晰）　　　（模糊）　　　（消失）

梆：梆硬 — 梆重 — 梆紧
　　（清晰）（模糊）（消失）

飞：飞快 — 飞红、飞辣
　　（清晰）　（消失）

溜：溜光、溜滑 — 溜圆 — 溜酸
　　（清晰）　　（模糊）（消失）

……眉……眼：
立眉竖眼、瞎眉矬眼 — 贼眉贼眼、诧眉诧眼 — 懒眉懒眼、死眉死眼
　　（清晰）　　　　　　（模糊）　　　　　　　（消失）

……头……脑：

点头啄脑、缩头缩脑 — 宝头宝脑、莽头莽脑 — 狗头狗脑、苕头苕脑
（清晰）　　　　　　（模糊）　　　　　　　（消失）

从附加义来看，重庆方言形容词的生动形式都承载附加义，使整词表意生动。

一是形象色彩。不同的生动形式具有各自独特的形象色彩，生动形象地体现所指事物的性质、状态，或者所指动作的性状、结果。

二是感情色彩。大多数形容词的生动形式表示贬义的感情色彩，表达使用者否定的态度，表达说话者不满、不屑、不高兴的情绪。

三是表示程度义。形容词的生动形式大都表示程度义的增强，类似"非常"，以 BA 式、BBA 式形容词最为典型。

梆紧：非常紧。　　　焦湿：非常湿。　　　飞烫：非常烫。
蜜蜜甜：非常甜。　　梆梆硬：非常硬。

"蜜蜜甜、梆梆硬"可以看作"蜜甜、梆硬"中词根"蜜、梆"的重叠，而"蜜、梆"还保留有词汇义，是对词根"甜、硬"起语义上描摹性的作用，而重叠起使程度加深的功能。

ABAB 式、二 A 二 A 式、A 起 A 起式形容词表示程度减弱，类似"有点儿"。比如：

辣乎辣乎：有点辣。　　木痴木痴：有点木 [mu^{24}]。
二麻二麻：有点麻。　　二昏二昏：有点昏。
梗起梗起：有点梗着。　傲起傲起：有点傲着。

从语法上看，重庆方言的生动式形容词大都为状态形容词，构词和造句等语法功能方面都大体一致：一是后面一边须加"的"。二是可以作定语、谓语、补语；有的能作状语；有的在前面加上数量短语，能作主语、宾语。三是不受程度副词和否定副词修饰。

只有少数生动式形容词为性质形容词，即当 B 为词根 B_2 时，BA 式形容词为性质形容词。比如"水嫩、蜡黄"，以及"霉臭、汗臭、奶臭、屎臭、尿臭、药臭、酸臭"等"~臭"式的形容词。

这一类形容词具有性质形容词的特征，可以作谓语、定语、补语，并且可以受程度副词和否定副词修饰。

5 重庆方言的语气词

5.1 引言

前人对于重庆方言中"语气词"专门的研究主要有：彭永昭（1988）的《重庆方言中的几个语气词》[①]，刘红曦（2000）的《试析重庆方言的单音节语气词》[②]，彭锦维（2001）的《重庆话语气词的特点》[③]。

彭永昭在《重庆方言中的几个语气词》中对"吚、咯、个、噻、哈、嗦、个嘛、斗嘛、哚"九个在普通话中没有完全对应的语气分别进行了分析（这九个语气词中的"吚、斗嘛"在现在重庆方言中也写作"哒、哒嘛"）。文章主要从适用的句类的角度，对这九个语气词进行了说明。

刘红曦在《试析重庆方言的单音节语气词》中，主要对重庆方言中语音、字形与普通话大相径庭、或普通话中没有的单音节语气词进行了描写。文章主要从表示语气的角度，对这些语气词加以分类说明。

彭锦维在《重庆话语气词的特点》中，从语音、语法、语用等方面分别归纳出重庆方言语气词的特点："语音上，超音系、多降低调；语法上，是是非问句的必要成分；语用上，是产生言外之意的重要提示手段和遵循礼貌原则的表现。"

本章在对重庆方言语气词的讨论方面，也将主要从"适用的句类""表示的语气"的角度，从语音、语法、语用意义三方面展开。

语气词指可以单独或与其他手段一起表示语气的词。其他表达语气的手段包括：语调；其他一些词类，比如副词"难道、多"等；句法格式，比如"V不V式""是……，

[①] 彭永昭. 重庆方言中的几个语气词 [J]. 重庆师范学院学报，1988（2）：69-72.
[②] 刘红曦. 试析重庆方言的单音节语气词 [J]. 四川三峡学院学报，2000（4）：43-47.
[③] 彭锦维. 重庆话语气词的特点 [J]. 西南民族学院学报，2001（2）：55-57.

还是……"等①。语气词主要用在句末,也可以用在句中主语、状语的后面有停顿的地方。零声母的语气词往往受前一音节末字音素的影响而发生音变,因此,同一个语气词往往有"不同的语音形式和书写形式"②。

朱德熙在《语法讲义》中将语气词分为三组:第一组表示时态,包括"了、呢₁、来着";第二组表示疑问或祈使,包括"呢₂、吗、吧₁、吧₂";第三组表示说话人的态度或情感,包括"啊、呕、欸、嚜、呢₃、罢了"。朱德熙还指出:"语气词式后置虚词,永远读轻声。"

黄伯荣等在《现代汉语》中将语气词分为四种:一是陈述语气:的、了、吧、呢、啊、嘛、呗、罢了(而已)、也罢、也好、啦、嘞、喽、着呢。二是疑问语气:吗(么)、呢、吧、啊。三是祈使语气:吧、了、啊。四是感叹语气:啊。该书认为语气词"它本身念轻声"。

与普通话相比较,重庆方言中的语气词表现出如下特点:与普通话相同,重庆方言中零声母的语气词往往受前一音节末字音素的影响而发生音变,并且往往有不同的语音形式和书写形式。与普通话不同的是,重庆方言的语气词都不念轻声,这也是由重庆方言的声韵调特点决定的——重庆方言没有轻声;重庆方言的语气词几乎不用在句中,即主语、状语后面有停顿的地方很少用语气词,而是常常用在分句末。

重庆方言的语气词用在句末或分句末,表示各种各样的语气和言外之意。有的语气词常常用在分句末,在句中起连接作用。在重庆话口语中,很少使用连词来连接复句中的分句,而往往是用语气词来连接分句。

重庆方言的语气词丰富,并且大多与普通话不同。多数语气词往往都能表示多种语气,只有少数语气词只具有表示"陈述语气、祈使语气、疑问语气、感叹语气"中单个语气的作用。因此,本书以单个语气词单独分析的方式,来讨论重庆话特有的、日常生活中主要使用的语气词。

5.2 嘛 [ma⁴²]

"嘛"是重庆话中最常用的语气词。它能表示陈述、祈使、疑问等多种语气。

---

① 黄伯荣,廖旭东.现代汉语:上册[M].增订五版.北京:高等教育出版社,2015.
② 朱德熙.语法讲义[M].北京:商务印书馆,2007.

1. 表示祈使语气

"嘛"用在祈使句末,带有"劝诫、催促、请求"等语气,大致相当于普通话的"吧₂"(本章中出现的"吧₁、吧₂、呢₁、呢₂、呢₃"等均采用朱德熙在《语法讲义》中所做的分类)。例如:

(1)老板啷个说你就啷个做嘛。(表劝诫)

(2)(要迟到了)快点儿嘛。(表催促)

(3)帮我买点水果嘛。(表请求)

2. 表示疑问语气

"嘛"用在疑问句或反问句句末,表示疑问或反问语气,句中一般有疑问代词。这类句子中,说话者往往已经很不满,用"疑问代词+嘛"的句式,使语气显得缓和一些,但带有"埋怨但又无可奈何"的语气。大致相当于普通话的"呢₂"。例如:

(4)你是啷个的嘛。

(5)你还要好久嘛。

(6)我一个人啷个做得完嘛。

当"嘛"表示强烈的反问语气时,常常与"啥子"连用,构成重庆方言中一种特殊的反问句式——"V啥子嘛V"。表示生气、不耐烦的语气,表达强烈的否定的态度。例如:

(7)哭啥子嘛哭?现在哭有用吗!

(8)吵啥子嘛吵?整个屋头闹麻了非常吵。

(9)恁个简单的题一错再错,还学啥子嘛学?

3. 表示陈述语气

"嘛"用在陈述句末,表示陈述语气,有使语气缓和的作用。例如:

(10)要得嘛,给你嘛。

(11)亏这些总比都亏了好嘛。

(12)你去就行了,我就不去了嘛。

5.3 哈 [xa^{42}]、[xa^{55}]

"哈"也是重庆方言中十分常用的一个语气词,有上声和阴平两种读音,表示不同的语气。

1. 哈 [xa^{42}] 表示祈使语气

"哈 [xa^{42}]"用在祈使句中，表示要求、提醒、命令甚至威胁等语气。例如：

（13）都跟倒_{跟着}我走哈。（表示要求）

（14）记倒买酱油哈。（表示提醒）

（15）不要再出现在这里，给我记倒哈。（表示命令）

（16）再怎个，小心点哈。（表示威胁）

2. 哈 [xa^{42}] 表示陈述语气

哈 [xa^{42}] 用在陈述句中，表示需要别人确认或认同的语气。例如：

（17）农民卖的豌豆尖硬是新鲜哈。

（18）刚钓上来的鱼就是鲜哈。

（19）大厨出马，就是不一样哈。

哈 [xa^{42}] 用在陈述句中还可以表示申明、解释的语气。例如：

（20）（关于你的坏话）不是我说的哈。

（21）（杯子）不是我打烂的哈。

（22）我没动过你手机哈。

3. 哈 [xa^{55}] 表示疑问语气

哈 [xa^{55}] 用在疑问句末，往往不表示单纯的提问，而是通过揣测的语气来陈述某事，希望得到对方的认可或证实。例如：

（23）刚才打电话的是妈妈哈？

（24）这是成都买的哈？

（25）明天早上的飞机哈？

5.4 噻 [sæ^{24}] / [sæ^{55}]

"噻"读作去声或阴平实为同一个语气词，两种声调可以在同一个人口中，或者在不同的人口中随意切换，同一种语境下表达相同的语气。"噻"可以表示疑问语气、陈述语气、祈使语气。

1. 表示疑问语气

"噻"用在疑问句中表示疑问语气，往往是说话人心中已有某种看法，希望得到对方确认的语气。大致相当于普通话中的"吧₁"。例如：

（26）娃儿读书的事没得问题了噻？

（27）我明天这么穿可以噻？

（28）这个香蕉好吃噻？

例（26）中的"了"为语气词，表示时态。朱德熙在《语法讲义》中提到语气词的组合层次时指出，"表示时态、表示疑问或祈使、表示说话人的态度或情感"三组语气词在句子里出现的顺序是固定的。即当句子中有两个或两个以上语气词接连出现的时候，总是按照第一组、第二组、第三组的顺序出现。可以有缺位，但次序不能颠倒。同样的，重庆方言语气词的组合层次也符合这一规律，如例（26）中"噻"是加在"娃儿读书的事没得问题了"之后的，是对前面整个句子表示疑问语气。

2. 表示陈述语气

"噻"用在陈述句中表示陈述语气，一般起加强肯定语气的作用。例如：

（29）你是错的噻。

（30）就是恁个的噻。

（31）这道题是恁个做的噻。（强调没有错）

3. 表示祈使语气

"噻"用在祈使句中表示祈使语气，可表示请求、命令、催促等各种语气。例如：

（32）有机会也帮我买点噻。（表示请求）

（33）做作业噻。（表示命令）

（34）还在干啥子嘛，快点走噻。（表示催促）

5.5 哦 [o^{42}] / [io^{42}] / [no^{42}]、[o^{55}] / [io^{55}] / [no^{55}]、[tso^{42}]

"哦"有上声和阴平两种读音，表示两个不同的语气。[o^{42}]、[io^{42}]、[no^{42}] 三种读音实为零声母语气词 [o^{42}] 受前一音节末字音素影响发生音变而产生的不同的语音形式。同样的，[o^{55}]、[io^{55}]、[no^{55}] 三种读音实为零声母语气词 [o^{55}] 受前一音节末字音素影响发生音变而产生的不同的语音形式。"哦"也可以写作"哟"或"啰"，也是受前一音节末字音素影响发生音变而产生的不同的书写形式。当句末为"子"字时，"子"与"哦"连用往往读作 [tso^{42}]，写作"咗"。

"哦"可以表示感叹语气、祈使语气、疑问语气和陈述语气。

5.5.1 哦 [o⁴²] / [io⁴²] / [no⁴²]、[tso⁴²]

1. 表示感叹语气

"哦"用在感叹句末，读作上声，一般有表示惊讶、赞叹或者埋怨的语气。大致相当于普通话的"呢₃"或"啊"。例如：

（35）这个樱桃好大哟！（表示惊讶）

（36）你也太帅啰！（表示赞叹）

（37）看都看不清楚，写些啥子哦！（表示埋怨）

朱德熙在《语法讲义》中指出：普通话中，两个语气词连用时，如果后一个语气词是元音开头，两个语气词就连读成一个音节，比如"了+啊=啦""呢+啊=哪""吧+呕=啵""了+呕=喽"。重庆话也遵循这一规则，如例（37）中的"子哦"常常连读成 [tso⁴²]，写作"咗"。因此，例（37）等同于"看都看不清楚，写些啥咗！"

2. 表示祈使语气

"哦"用在祈使句中，表示祈使语气，往往有表示催促之意。例如：

（38）教室要关门了，还在看书的同学，快收拾哦。

（39）车马上到了，搞快点啰。

（40）七点半了，快点走哟。

3. 表示疑问语气

"哦"表示疑问语气，往往带有怀疑或不耐烦的语气。例如：

（41）是不是哟？（表示怀疑）

（42）占厕所占了一个小时了，你在里面干啥子哟？（表示不耐烦）

5.5.2 哦 [o⁵⁵] / [io⁵⁵] / [no⁵⁵]

当"哦"读作阴平时，往往只用在感叹句末，表示感叹语气，表达说话人警告、提醒的语气。例如：

（43）你下次再敢恁个，各人_{自己}小心点哟！

（44）你再不听话，给你老汉_{爸爸}说啰！

（45）再不走，狼来了哦！

5.6 诶 [ɛ⁴²⁻²⁴] / [iɛ⁴²⁻²⁴] / [uɛ⁴²⁻²⁴] / [zɛ⁴²⁻²⁴] / [ŋɛ⁴²⁻²⁴]

零声母语气词"诶"的读音和书写有多种形式，根据前一个字的读音变化而变化，常常也可写作"吔、也"等。"诶"在口语中使用得非常多，除了不发阳平声调，其余三种声调都可以说，但语气间有差别。

1. 诶读作去声

当"诶"读作去声时，主要用在感叹句末，表示略带惊奇的语气。例如：

（46）他当局长了吔 [iɛ⁴²]！

（47）字写得好诶 [uɛ⁴²]！

（48）这条鱼有三斤重诶 [ŋɛ⁴²]！

2. 诶读作上声

当"诶"读作上声时，主要用在感叹句末，略带惊奇的语气，但更多的是带有一种嘲讽、不满的态度。例如：

（49）看你发朋友圈耍得还安逸也 [iɛ²⁴]！

（50）你脸皮还厚诶 [uɛ²⁴]！

（51）（打麻将）就你一个人赢了诶 [ɛ²⁴]！

当"诶"读作上声用在感叹句末，有时也表示催促的语气。例如：

（52）快点吃诶 [zɛ²⁴]！

5.7 就是 [tou²⁴ sɿ²⁴]

"就是"也写作"豆是、斗是"，主要用在陈述句末，表示对别人的言行认同的语气。例如：

（53）看你们表演就是，我就不上台了。

（54）你这回跑不脱就是。

（55）家长会你去就是。

"就是"后面往往跟着其他语气词，并且往往也是表示陈述语气的语气词，比如"啦、嘛"。两个或多个语气词连用往往由最后一个语气词决定整个句子的主要语气。

1. 就是 + 啦

"啦"是"了 + 啊"的连用,重庆方言中读作 [lao^{42}]。"就是 + 啦"用在陈述句中表示爽快、大方的语气。例如:

(56) 只剩一个包子了,你吃就是啦。

(57) 这些东西你拿起去_{拿走}就是啦。

(58) 娃儿喜欢买就是啦。

2. 就是 + 嘛

上文说过,"嘛"用在陈述句末,起使语气缓和的作用。因此,"就是 + 嘛"用在陈述句中表示有一点无可奈何、有点不情愿的语气。例如:

(59) 这件衣服你买就是嘛。(只剩一件衣服,但两个人都喜欢)

(60) 你要不相信我再问一遍就是嘛。

(61) 你不想去我去就是嘛。

5.8 哒嘛 [ta$^{24/21/55}$ ma^{24}] / [tou$^{24/21/55}$ ma^{24}]

"哒嘛"也写作"得嘛、斗嘛、都嘛",语音和书写形式的不同不影响所表达的语气。"哒嘛"一般用在陈述句末,表示解释、辩解的语气。例如:

(62) 这是我的哒嘛。(不是别人的)

(63) 我昨天去了的得嘛。

(64) 用嘛,买都买了都嘛。

(65) 少吃点,下午还要踢球斗嘛。

5.9 嗦 [so^{42}]

"嗦"一般用在疑问句中,表示疑问或反问的语气。

1. 对别人的言行不认同,表示反问的语气

(66) 几天不见就认不倒了嗦?

(67) 当官就可以插队嗦?

(68) 你凶你有理嗦?

2. 表示威胁的语气

（69）不服嗦？单挑。

（70）把钱放下，赢了就想走嗦？

（71）输了不认账嗦？

3. 表示对别人的行为进行确认的语气

（72）来了嗦？好久到的？

（73）吃完了嗦？今天吃得快也。

（74）不会做嗦？复习下今天老师讲的。

"嗦"也可用于陈述句或感叹句末，表示恍然大悟的语气。例如：

（75）这么厉害，原来是你嗦！

（76）原来是你把蛋糕吃了嗦。

5.10 哆 [to$^{55/24}$]

"哆"读作阴平和去声均可，不影响所表达的语气。"哆"一般用于祈使句末，表示祈使语气，有先完成某种行为再等待下一步行动的意思。大致相当于普通话的"……了再说"。例如：

（77）莫忙，等一下下儿哆。

（78）莫着急嘛，商量一下哆。

（79）你们先吃，我洗个澡哆。

5.11 啊 [a$^{42、55}$] / [ia$^{42、55}$] / [ua$^{42、55}$] / [za$^{42、55}$] / [ŋa$^{42、55}$] / [na$^{42、55}$]

"啊"有上声和阴平两种声调，声调区别语气。"啊"的读音根据句末最后一个字的音的不同而有不同的读音和书写形式，常常还可写作"呀、哇、哪"。

1. "啊"读作上声

"啊"读作上声一般用在疑问句中，表示在获知消息时再次询问希望得到对方确认的语气。例如：

（80）他下午就来呀 [ia^{42}]？

（81）赵老头ᵣ都死了哇 [ua⁴²]？

（82）老板要来看哪 [na⁴²]？

（83）幺儿不喜欢吃啊 [za⁴²]？

（84）恁个晚了还要唱啊 [ŋa⁴²]？

（85）他不要呀 [ia⁴²]？

"啊"读作上声用在疑问句中，有时也表示明知故问，用于寒暄。例如：

（86）出来散步哇 [ua⁴²]？

（87）穿的新衣服哇 [ua⁴²]？

（88）来了哇 [ua⁴²]？

2. "啊"读作阴平

"啊"读作阴平时，一般用在并列的相同性质的词语或短语之间，表示列举。例如：

（89）冰箱里有苹果呀，桃子呀，西瓜呀，你想吃啥子各人拿。

（90）植物园的花有红的呀、黄的呀、白的呀，很漂亮。

（91）每次看个病都要先查血呀、查尿呀、查大便哪，很麻烦！

5.12 咯 [kɛ⁴²]

"咯"有时也写作"给"，用于陈述句末，一般用于在告知别人新信息时，表示说话人略带惊奇的语气。有时也表示要求对方同意、略带无奈的语气。例如：

（92）花都红了咯。

（93）他居然赢了咯。

（94）只有恁个了咯，我也没得办法。

（95）只有算了咯。

例（94）（95）表示无奈地要求对方同意的语气。

5.13 得 [tɛ²¹]

"得"一般用于否定句末，与不用"得"相比，意思不变，但加"得"使否定语气稍缓和一些。例如：

（96）算了，他没得_没有_钱得。

（97）要得，正好今天没得事得。

（98）这些娃儿长大了没得用得。

（99）换件衣服嘛，这件衣服配这条裤子不好看得。

5.14 也是 [iɛ⁴² sɿ²⁴]

作为语气词，"也是"是重庆方言中为数不多的放在句子中，而非分句末的语气词。"也是"常常用在句子主语后，或者称呼语后，表示一种埋怨的语气。大致相当于普通话的"真是……"，并且后面往往紧跟着解释"埋怨"的原因的分句。例如：

（100）你也是，跟娃儿一般见识。

（101）他也是，给他说了不要买非要买。

（102）妈也是，啷个说都不听。

（103）你这个娃儿也是，都不想说你了。

5.15 来 [lai²¹]

语气词"来"用在陈述句末，往往前面有表示完成体的动态助词"了"。

一是表示对可能发生的不期望发生的消极后果进行提醒、告诫的语气。例如：

（104）不要喝了，把胃喝坏了来。

（105）不要弄了，到时弄烂了来。

（106）不要加盐了，到时放咸了来。

二是表示带"来"的分句表示的动作应先完成，再去进行另一个动作的建议的语气。大致相当于普通话的"……在说"。例如：

（107）莫舀_盛饭_恁个多，吃完了来。

（108）莫说他了，等他吃完饭了来。

（109）行了，等他气消了来。

5.16 嘴 [mæ⁵⁵]

"嘴"是重庆方言中可用于多种句式、表达多种语气,并且可以用在复句中、可以表示多种复句关系的语气词。

一是用在选择关系的紧缩复句中,表示选择关系,大致相当于普通话的"呢₂""还是"。例如:

(110)你去嘴我去?

(111)你吃猪肉嘴牛肉?

(112)买三个嘴四个?

(113)有嘴没有?

二是用在表示转折关系的复句的前一分句末或者中间,表示在肯定前一分句的意思的基础上,后一分句将说出相反或相对的情况,有"虽然……但是……"的意思。例如:

(114)瘦嘴瘦,精神够;排嘴排_{排骨一样的身材},有身材。

(115)个子还小嘴,跑得比哪个都快。

(116)个子还小嘴,吃得比哪个都多。

三是用在假设关系的条件句后,表示"即使……也……"的意思。例如:

(117)再忙嘴也不能不吃饭噻。

(118)再赶嘴也要吃完饭噻。

(119)不是你做的嘴也莫陷害别人噻。

四是用在表示推论因果关系的复句的前一分句末,表示既然有某种前提条件就应该怎么样,相当于"既然……就……"的意思。例如:

(120)没吃饱嘴,再喝碗汤嘛。

(121)车开了嘴,等下一趟就是了。

(122)没做过嘴就学嘛。

五是用在并列复句中,用以增强对比的语气。例如:

(123)不带你来嘴,你不干;带你来了嘴,你又不听话。

(124)他乖起来嘴,很乖;浑起来嘴,又很浑。

"嘴"也可用于疑问句单句中,表示追问、查实、责怪的语气,大致相当于普通话的"么"。例如:

（125）你非不听噻？

（126）你硬要这么干噻？

（127）你今天真的不去噻？

5.17 哎 [æ⁵⁵] / [iæ⁵⁵] / [uæ⁵⁵] / [zæ⁵⁵] / [ŋæ⁵⁵] / [næ⁵⁵]

"哎"的读音根据句末最后一个字的音的不同而有不同的读音和书写形式，常常还可写作"耶、喃"。"哎"主要用于疑问句中，表示疑问语气，也可以用于祈使句和陈述句中。"哎"用于复句中时，可以表达多种语气。

一是"哎"主要用在特指问句和正反问句中，大致相当于普通话的"呢$_2$"。例如：

（128）王晓峰是哪个哎 [æ⁵⁵]？

（129）这个遥控车好多钱喃 [næ⁵⁵]？

（130）观音桥啷个走哎 [uæ⁵⁵]？

（131）啥子哎 [zæ⁵⁵]？

（132）我明天去不去耶 [iæ⁵⁵]？

"哎"也可以直接用在名词后面，表示特指问。例如：

（133）我的书包哎 [ŋæ⁵⁵]？

（134）小宝的推推儿车哎 [æ⁵⁵]？

（135）锅里的粽子哎 [zæ⁵⁵]？

二是"哎"用于祈使句中，表示祈使语气，往往带有商量的语气。例如：

（136）把书递给我下哎。

（137）麻烦帮我买点牛奶耶。

（138）给我倒杯水耶。

三是"哎"用于陈述句中，表示强调的语气，往往前后带有转折关系。

第一，"哎"用于陈述分句的句末。例如：

（139）我说不去耶，他邀请了好几次了。

（140）都看到是他哎，他就是不承认。

（141）说他很凶耶，对娃儿又很温和。

第二，"哎"用在主语后，表示停顿，句子未完。例如：

（142）我哎，就不去了，你们要好。

（143）今天喃，就算了，明天再说。
（144）暑假耶，太热了，寒假去。
四是"耶"用在前后分句中位置相对应名词后，表示并列的几样事物。例如：
（145）大的耶，给你；小的耶，给弟弟。
（146）红富士耶，十块钱一斤；黄元帅耶，八块钱一斤。
（147）面包耶，是我的；蛋糕耶，是你的。

5.18 舍 [sε^{42}]

"舍"主要用于假设关系的复句中，一般用在前一句分句末，表达不满的情绪，有时还带有威胁的语气，大致相当于普通话的"……的话"。例如：
（148）你再恁个舍，我就不客气了。
（149）你再不管娃儿的学习舍，他初中都毕不了业了。
（150）再恁个堵下去舍，明天都开不拢了。

5.19 个嘛 [ko^{24} ma^{42}]

"个嘛"是语气词"个"和"嘛"的结合，主要表示不屑的语气，大致相当于普通话的"不过……罢了……"，但重庆方言的"个嘛"所表达的说话者的优越感、傲慢意味更浓。例如：
（151）就是些黄花花个嘛，有啥子好看的嘛。
（152）5块钱个嘛，舍丢了就舍丢了。
（153）找个工作个嘛，我打个电话就搞定了。

5.20 个 [ko^{24}]

"个"放在最后来讨论，作为语气词的"个"，在重庆方言中所能使用的情况太广、所能表达的语气很多。总的来说，有语气词"个"的句子，大都含有一种未尽之意，这种未尽之意可以明确地说出来，也可以不表达出来，听话人往往能结合语调等意会出不同的语气。

一是"个"用在表示对比的两项中的前一项句末，表示对比语气，后一项往往为表示假设的分句。例如：

（154）也是你个，是我绝对不得干。

（155）是老师在个，老师不在你才不得恁个乖。

（156）也是我个，要是你妈你今天屁股要开花。

二是"个"用在动词或动词短语后，表示不愿意或不能的语气，后面常常接解释原因的分句。例如：

（157）这都能吃个，能吃死人！（比如毒品、药品）

（158）公家的钱都能拿个，不要命了！

（159）你以为说得清楚个，大家都不相信！

有时后面也可以不接解释原因的分句，表示不相信或者不屑的语气。例如：

（160）你都会做个！（也许这道题很难）

（161）他的话你都要相信个！（所有人都知道他说谎成性）

（162）这种钱都能赚个！（都知道是不能赚的钱，比如不合法的）

三是"个"用在句末，意思类似于"个嘛"，大致相当于普通话的"罢了"。但不同的是，"个嘛"常常表示不屑的语气，但"个"没有。"个"更多的是表达让对方别介意、别客气的态度，表示大方、爽快的语气。例如：

（163）没得啥子，破点皮个。

（164）不用还了，几十块钱个。

（165）莫客气，举手之劳个。

四是"个"用在表示肯定语气的语气词"的"后面，起加强肯定语气的作用。例如：

（166）我看了天气预报的，不得下雨的个。

（167）这个是在地摊随便买的个，质量肯定一般。

（168）他懂的个，你要相信他。

五是"个"用在"看"或含有"看"的句子后，表示条件，后边常跟表示假设的句子。例如：

（169）看个，他去我就去。

（170）到时候再看个，现在我也定不了。

（171）看他表现得怎么样个，表现得好才去。

（172）看娃儿喜不喜欢个，喜欢我就买。

六是"个"用在分句末表示原因,后面常跟一个假设句,往往表示不情愿、被逼无奈地进行了某种行为后生气、威胁的语气。例如:

(173)是发烧了个,要不然我肯定不可能不及格!

(174)今天是婆婆_{奶奶}在个,不然我绝对不得准你吃饭!

(175)也是你弟弟给你求情个,你老汉说都不得行!

5.21 小结

重庆方言的语气词丰富,通常位于句末或分句末,用于句中的情况往往也是放在紧缩复句的内在层次的分句后,或者放在有停顿的主语或称呼语后。重庆方言的一个语气词大都可以表示多种语气,何种情况表达何种情绪往往与语境或语调相关。这里将本章所讨论的具有重庆方言特色的,并且常用的语气词的情况归纳如下,见表5-1。

表5-1 重庆方言常用语气词表

语气词	适用句类					表示的语气 (序号分别对应相应的句类所表达的语气)
	1 陈述句	疑问句		4 祈使句	5 感叹句	
		2有疑而问	3无疑而问			
嘛	√	√	√	√		1. 使语气缓和 2. 无可奈何地问 3. 不耐烦、强烈否定 4. 劝诫、催促、请求
嘞	√	√	√	√		1. 用于表示推论因果关系的复句的前一分句后,表示"既然……就……"的意思;用于表示转折关系的复句的前一分句后,表示"虽然……但是"的意思;用于并列关系的复句中,增强对比的语气 2. 用于选择关系的紧缩复句,表示选择疑问 3. 用于单句中,表示追问、查实、责怪 4. 用于假设关系复句的条件句后,表示委婉建议

续表

语气词	适用句类				表示的语气 （序号分别对应相应的句类所表达的语气）
	1 陈述句	疑问句		4 祈使句	5 感叹句
		2 有疑而问	3 无疑而问		

语气词	1 陈述句	2 有疑而问	3 无疑而问	4 祈使句	5 感叹句	表示的语气
舍	√			√		1/4. 用于假设关系的复句的前一分句后，相当于"……的话"，表示不满、提醒、威胁
嚟	√	√		√		1. 加强肯定语气 2. 希望得到对方确认 3. 请求、催促、命令
哦	√	√	√	√	√	1. 阴平，用于并列的动词或动词性短语后，表示列举 2. 上声，一般疑问 3. 上声，不耐烦 4. 上声，催促 5. 上声，惊讶
啊	√	√	√			1. 阴平，表示列举 2. 上声，希望得到对方确认 3. 上声，明知故问，多用于寒暄
哆				√		4. 相当于"……了再说"
哎	√	√		√		1. 用于分句末，表示强调，前后有转折关系；用在主语后，表示停顿，句子未完；用在前后分句中位置相对应名词后，表示并列的几样事物 2. 用于特指问句或正反问句，疑问语气重 4. 商量
诶					√	5. 惊奇，有时表催促
哒嘛	√		√			1/3. 解释、辩解
就是	√					1. 对别人言行的认同；常与其他语气词连用："就是 + 啦"表示爽快、大方，"就是 + 嘛"表示不情愿、无可奈何
哈	√	√		√		1. 要求对方确认或认同；申明、解释 2. 希望得到对方证实 4. 要求、提醒、命令、威胁

续表

语气词	适用句类				表示的语气 （序号分别对应相应的句类所表达的语气）
	1 陈述句	疑问句		4 祈使句	5 感叹句
		2 有疑而问	3 无疑而问		
嗦	√	√	√			1. 发现新情况而恍然大悟 2. 反问 3. 对别人言行予以确认；质问、责备、威胁
得	√					1. 用于否定句末，使语气缓和
个	√					1. 用于对比的前一分句末，后面常接表示假设的分句，表示对比；用在动词或动词短语后，表示不愿意或不能，后面常接解释原因的分句，后面若不跟解释原因的分句，则表示不相信或不屑；放在句末，相当于普通话的"罢了"；用在表示肯定语气的"的"后，加强肯定语气；用在"看"或含"看"的句子后，常接表示假设的句子，表示条件；用于前一分句末，后常接表示假设的句子，表示原因
个嘛	√					1. 不屑、傲慢
咯	√					1. 在告知别人新信息时，略带惊奇；要求对方同意，略带无奈
来	√					1. 常用于表示动作完成的动态助词"了"后面，表示告诫，相当于普通话的"……再说"
也是					√	5. 用于主语或称呼语后，相当于"真是"，表示埋怨

5 重庆方言的语气词 | 185

6 与"得"相关的两种特殊句法结构

6.1 引言

前人针对重庆方言"得"的研究不多,专门研究的文章为杨月蓉的《谈重庆方言中表示能愿的"得"类词语》(2006)[①]。

杨月蓉在该文中指出,重庆方言中表示可能、意愿、许可等能愿义时,也会使用"能、能够、可以、会"等能愿动词,但更多的是使用"得"。文章讨论了"得+动词/形容词"结构在否定句和肯定句中的使用情况和形式,以及正反问句形式;"动词/形容词+得"结构中主语的性质,以及否定形式与肯定形式的语义差别;"得起、得来、得倒"等含有表示能愿意义的"得"的结构的语义和用法。

而"得 VP、不得 VP"和"V 得、V 不得"也是本章所要讨论的重庆方言中常用的两种含"得"的句法结构。

在重庆方言里,"得"[tɛ^{21}]是一个使用得很多的词(但只有[tɛ^{21}]一个读音),并且,在不同的情况下有不同的性质:动词、助动词(情态动词)、结构助词、复合词中的实语素、合成词中的词缀等。例如:

(1)我得了第一名。
(2)他得了一等奖。
(3)获得、取得、赢得
(4)值得、舍得、晓得
(5)长得漂亮。
(6)洗得干净。

[①] 杨月蓉.谈重庆方言中表示能愿的"得"类词语[J].重庆社会科学,2006(1):126-128.

（7）伤筋动骨一百天才得好。

（8）你身体没好我不得走。

（9）生黄瓜吃得。

（10）他很吃得，一顿要吃三碗饭。

（11）饭煮好了，吃得了。

（12）要得$_{行,}$可以

（13）得行$_行$

例（1）（2）中的"得"是动词，表示"得到"，本书记为"得$_1$"；例（3）"获得、取得、赢得"等复合词中的"得"是动词性实语素，也表示"得到"，本书记为"得$_2$"；例（4）中的"得"是合成词"值得、舍得、晓得"等词的后缀，本书记为"得$_3$"；例（5）（6）中的"得"是结构助词，用于谓词和补语之间，是补语的标志，本书记为"得$_4$"。例（9）中的"得"是可能补语，表示可能义，前面的动词是述语，"吃得"是一个述补短语，本书记为"得$_5$"。

重庆方言中，"得"的五种基本用法：得$_1$、得$_2$、得$_3$、得$_4$、得$_5$，分别作为动词、结构助词、复合词中的实语素、合成词中的词缀以及中补结构中的可能补语，与普通话一致，本书不再展开讨论。而例（7）（8）（10）（11）中的"得"，在重庆话与普通话中有不同的语法现象，也是本书所要讨论的内容。

例（7）（8）中的"得"，可以归纳为句法结构"得 VP、不得 VP"。"得 VP、不得 VP"中的"得"有两种语义，但其语法功能基本一致，本书将"得 VP、不得 VP"这一句法结构中的"得"归为一种，标记为"得$_6$"。例（9）（10）（11）中的"得"，可以归纳为句法结构"V 得、V 不得"。"V 得、V 不得"中的"得"有三种语义，除了与普通话相同的"得$_5$"，还有两种语义，本书分别标记为"得$_7$"和"得$_8$"。

"得 V"和"V 得"的基本形式和词汇意义在普通话中也不同程度地存在，但在句法结构的变化上、语义特征的表现上，重庆方言中的"得 V"和"V 得"都具有明显的地方特点，因此，与"得$_6$""得$_7$""得$_8$"有关的"得 V"和"V 得"是本书所要讨论的主要内容。例（12）（13）中的"要得""得行"是重庆方言中常用的词汇，在讨论句法结构"得 V"和"V 得"的时候会涉及。

6　与"得"相关的两种特殊句法结构 | 187

6.2 得₆VP、不得₆VP

6.2.1 "得₆"的性质

"得₆"与"得₅"有相似之处，都可以表示可能义，但重庆方言中的"得₆"根据语义还可以细分为两类：一是表示客观条件的可能性，大致相当于情态动词的"会、能"；二是表示主观的意愿，大致相当于"愿、肯"。对比于普通话的用法，"得₆VP、不得₆VP"是重庆方言中一种特殊的语法现象。因此，本书将重庆方言"得VP、不得VP"句法结构中的"得"定义为"得₆"。

"得₆VP、不得₆VP"中的"得₆"是助动词，即情态动词。"得₆VP、不得₆VP"中的"VP"表示谓词性结构，主要是动词，可以是及物动词也可以是不及物动词，也有少数是形容词，还可以是动词性短语。"VP"为动词性短语时，可以是一个动宾结构，也可以是一个连动结构。具体分析结合下文"不得₆VP"和"得₆VP"展开。

6.2.2 "不得₆VP"的分类、语义及句法功能

"不得₆VP"句式可以分为两大类。

第一类：

（14）五一假期毕业班不得放假。

（15）腿好之前，他哪里都不得去。

（16）不出门不得感染（新冠病毒）。

（17）重庆的冬天，衣服晾在外面一个星期都不得干。

（18）少做少错，不做不得错。

第二类：

（19）你越犟妈妈越不得理你。

（20）你不道歉，他不得原谅你。

（21）这种条件（苛刻）年轻人不得干。

（22）恁个 这么 贵，我不得买。

（23）事情没说清楚我不得走。

语义方面，"不得₆VP"可以表示两种语义：一是表示客观条件的可能性，大致相当于"会、能"，如例（14）至例（18），"不得"有"不会、不能"的意思；二是表示主观的意愿，大致相当于"愿、肯"，如例（19）至例（23），"不得"有"不愿、不肯"的意思。

句法功能方面,"不得₆VP"这一句法结构中的"得₆"是助动词。"不得₆"这一个状中结构充当状语修饰其后的"V"或"VP"。整个"不得₆VP"是一个谓词性的状中短语。"不得₆VP"中的"VP"可以是动词,如例(14)(15)(16)(21)(22)(23);也可以是形容词,如例(17)(18);也可是动宾结构,如例(19)(20);还可以是连动结构,如下文正反问句中的例(33)"他得不得去给老师告状?"

6.2.3 "得₆VP"的特点及语义、句法功能

6.2.3.1 "得₆VP"前往往加"才、就"

重庆方言中,"不得₆VP"使用的频率很高,但其肯定形式却好像不多见,或者说往往不能一下子被意识到。"不得₆VP"的肯定形式是"得₆VP",但"得₆VP"极少单独使用,一般需要前面加"才、就"一起使用。我们可以结合上述"不得₆VP"的例(14)至例(23)来看一下。

(14)五一假期毕业班不得放假。

a.* 五一假期毕业班得放假。

b. 五一假期才得放假。

c.* 五一假期就得放假。

(15)腿好之前,他哪里都不得去。

a.* 腿好了,他得去。

b. 腿好了,他才得去。

c.* 腿好了,他就得去。

(16)不出门不得感染(新冠病毒)。

a.* 出门得感染。

b. 出门才得感染。

c. 出门就得感染。

(17)重庆的冬天,衣服晾在外面一个星期都不得干。

a.* 重庆的冬天,衣服晾在外面一个星期都得干。

b. 重庆的冬天,衣服晾在外面一个星期才得干。

c.* 重庆的冬天,衣服晾在外面一个星期就得干。

(18)少做少错,不做不得错。

a.* 少做少错,做得错。

b. 少做少错，做才得错。

c. 少做少错，做就得错。

（19）你越犟妈妈越不得理你。

a.* 你不犟妈妈得理你。

b. 你不犟妈妈才得理你。

c.* 你不犟妈妈就得理你。

（20）你不道歉，他不得原谅你。

a.* 你道歉，他得原谅你。

b. 你道歉，他才得原谅你。

c. 你道歉，他就得原谅你。

（21）这种条件（苛刻）年轻人不得干。

a.* 这样的条件（好）年轻人得干。

b. 这样的条件（好）年轻人才得干。

c.* 这样的条件（好）年轻人就得干。

（22）恁个贵，我不得买。

a.* 便宜点，我得买。

b. 便宜点，我才得买。

c.* 便宜点，我就得买。

（23）事情没说清楚我不得走。

a.* 事情说清楚了我得走。

b. 事情说清楚了我才得走。

c.* 事情说清楚了我就得走。

例（14）至例（23）中的 b 句都成立，但 c 句只有部分成立，即"才得$_6$VP"出现的情况比"就得$_6$VP"多。例（14）至例（23）中的 b 句，以及成立的例（16）（18）的 c 句，在其前面都可以补上"只有、必须、只要"等表示条件的词：

（14）b.（只有）五一假期才得放假。

（15）b.（只有）腿好了，他才得去。

（16）b.（只有）出门才得感染。

c.（只要）出门就得感染。

（17）b. 重庆的冬天，衣服晾在外面（必须）一个星期才得干。

（18）b. 少做少错，（只有）做才得错。

c. 少做少错，（只要）做就得错。

（19）b.（只有）你不犟妈妈才得理你。

（20）b.（只有）你道歉，他才得原谅你。

（21）b.（只有）这样的条件年轻人才得干。

（22）b.（只有）便宜点，我才得买。

（23）b.（只有）事情说清楚了我才得走。

条件复句"只要……，就……""就……"表示充足条件，指提出一个充足条件，正句说明具备这个条件就能产生相应的结果。"只有……，才……""才……"表示必要条件，必要条件复句的偏句提出一个非具备不可的必要条件，正句说出相应的结果。

重庆方言中，"才得$_6$VP"在"表示客观条件的可能性"和"表示主观意愿"这两种语义中均可出现，"就得$_6$VP"往往只出现在"表示客观条件的可能性"语义的句子中，而几乎不出现在"表示主观意愿"语义的句子中。这也是因为说话人在用"得$_6$VP"这一句式表示强烈的主观意愿时，往往是在提出一个实现正句结果所需要的必要条件，表达对这种条件的必须性强调的语气。因此，重庆方言中，"不得$_6$VP"的肯定形式"得$_6$VP"，多以"才得$_6$VP"的形式出现。

我们再来看一下例（7）（8）的所对应的否定或肯定形式：

（7）伤筋动骨（只有）一百天才得好。（强调遗憾的语气）

伤筋动骨（只要）一百天就得好。（强调安慰的语气）

伤筋动骨没有一百天不得好。

（8）你身体没好我不得走。

你身体好了我才得走。

*你身体好了我就得走。

例（7）表示客观条件的可能性，"才得$_6$VP""就得$_6$VP"均可，例（8）表示主观的意愿，"就得$_6$VP"不成立。但这并不是说所有"得$_6$VP"表示客观条件的可能性这一语义的句子，"就得$_6$VP"都可以进入，也不是说所有"得$_6$VP"表示主观的意愿这一语义的句子，"就得$_6$VP"都不可以进入，只是使用"就得$_6$VP"时，大多是在表示客观条件的可能性的句子中。

6.2.3.2 "得₆VP"的语义及句法功能

语义方面,"得₆VP"与"不得₆VP"所表示的基础语义一致:"得₆VP"可以表示两种语义,一是表示客观条件的可能性,如例(14)至例(18)b句、部分c句,有"会、能"的意思;二是表示主观的意愿,如例(19)至例(23)b句,有"愿、肯"的意思。

句法功能方面,"得₆VP"与"不得₆VP"一致:"得₆"是助动词,其肯定形式"得₆VP"极少单独使用,一般需要前面加"才、就"一起使用;"得₆VP"中的"VP"可以是动词,如例(14)(15)(16)b句,也可以是形容词,如例(19)(20)b句,当"V"为及物动词时,还可以是动宾结构,如例(17)(18),但表示主观意愿的时候,"VP"不能是形容词。

综上所述,"得₆VP、不得₆VP"可以归纳为两大类。

一是表示客观条件的可能性,有"会/不会、能/不能"的意思;"得₆"是助动词,大致相当于"会、能","VP"可以是动词,也可以是形容词,还可以是动宾结构。

二是表示主观的意愿,有"愿/不愿、肯/不肯"的意思;"得₆"是助动词,大致相当于"愿、肯","VP"主要是动词,或动宾结构,不能是形容词。

6.2.4 "得₆VP、不得₆VP"的正反问形式

"得₆V、不得₆V"的正反问形式主要有以下三种。

一是得₆VP不得₆VP?例如:

(24)他得同意不得同意?

(25)他今天得去不得去?

(26)你今天得迟到不得迟到?

二是得₆不得₆VP?例如:

(27)他得不得同意?

(28)他今天得不得去?

(29)你今天得不得迟到?

三是得₆VP不?例如:

(30)他得同意不?

(31)他今天得去不?

（32）你今天得迟到不？

第二种和第三种形式是第一种形式的简单式，也是重庆方言中最常用的形式。第一种形式用得很少，"得"后面的谓词性结构越长，使用的概率越小，甚至不成立，例如：

（33）*他得去给老师告状不得去给老师告状？

他得不得去给老师告状？

他得去给老师告状不？

例（33）中的"得₆VP不得₆VP？"的正反问形式在实际使用中就不成立，而需用"得₆不得₆VP？"或"得₆VP不？"这样的简单形式来表达。这也体现了语言、特别是口语强调经济性的特点。

在回答时，一般为"不得V""要V"，有时候也可以用"得V"；也可以单说，否定回答为"不得"，肯定回答为"要"。例如：

（29）他今天得不得去？

——要。

——要去。

——不得。

——不得去。

6.3 与普通话"得V"的对比

本章引言中提到，"得₆"的基本形式和词汇意义在普通话中也不同程度地存在，但在重庆方言中，"得₆"的这些用法在句法结构的变化上、语义特征的表现上，都具有明显的地方特点。

6.3.1 普通话里没有"不得₆VP"的用法

一是在重庆方言中，"不得₆VP"表示客观条件的可能性时，普通话用"不会V"，或者"不能V"来表示。

（14）五一假期毕业班不得放假。（重庆话）

五一假期毕业班不会/不能放假。（普通话）

（15）腿好之前，他哪里都不得去。（重庆话）

腿好之前，他哪里都不会/不能去。（普通话）

（16）不出门不得感染（新冠病毒）。（重庆话）

不出门不会感染（新冠病毒）。（普通话）

（17）重庆的冬天，衣服晾在外面一个星期都不得干。（重庆话）

重庆的冬天，衣服晾在外面一个星期都不会干。（普通话）

（18）少做少错，不做不得错。（重庆话）

少做少错，不做不会错。（普通话）

二是在重庆方言中，"不得$_6$VP"表示主观的意愿时，普通话用"不肯 VP"，或者"不愿 VP"来表示。

（19）你越犟妈妈越不得理你。（重庆话）

你越犟妈妈越不肯/愿理你。（普通话）

（20）你不道歉，他不得原谅你。（重庆话）

你不道歉，他不肯/愿原谅你。（普通话）

（21）这种条件（苛刻）年轻人不得干。（重庆话）

这种条件（苛刻）年轻人不肯/愿干。（普通话）

（22）恁个这么贵，我不得买。（重庆话）

恁个这么贵，我不肯/愿买。（普通话）

（23）事情没说清楚我不得走。（重庆话）

事情没说清楚我不肯/愿走。（普通话）

6.3.2 普通话有"得 V"的用法

1. 普通话和重庆话里"得 V"的意义不一样

普通话"得 V"结构里的"得"读作[dei²¹⁴]，表示"必须、应该"，而重庆话里的"得"没有这个用法。一方面，重庆话里"得$_6$V"极少单独出现，但普通话里"得 V"常常单独使用；另一方面，重庆话里"就得$_6$V"和普通话里的"就得 V"所表示意义不一样。我们结合例（14）至例（23）来看，a 句在重庆方言中均不成立，但在普通话中均成立，表示"必须、应该"干某事；c 句在重庆方言中不成立的句子，在普通话中均成立；c 句在重庆方言中不成立的句子，在普通话中也成立，但表示的意义不一样，普通话表示"必须"，重庆话表示主观的意愿。

（14）a.*五一假期毕业班得放假。（重庆话）

五一假期毕业班得放假。（普通话）

c.* 五一假期就得放假。（重庆话）

五一假期就得放假。（普通话）

（15）a.* 腿好了，他得去。（重庆话）

　　　腿好了，他得去。（普通话）

　　c.* 腿好了，他就得去。（重庆话）

　　　腿好了，他就得去。（普通话）

（16）a.* 出门得感染。（重庆话）

　　　出门得感染。（普通话）

　　c. 出门就得感染。（重庆话）

　　　出门就得感染。（普通话）

（17）a.* 重庆的冬天，衣服晾在外面一个星期都得干。（重庆话）

　　　重庆的冬天，衣服晾在外面一个星期都得干。（普通话）

　　c.* 重庆的冬天，衣服晾在外面一个星期就得干。（重庆话）

　　　重庆的冬天，衣服晾在外面一个星期就得干。（普通话）

（18）a.* 少做少错，做得错。（重庆话）

　　　少做少错，做得错。（普通话）

　　c. 少做少错，做就得错。（重庆话）

　　　少做少错，做就得错。（普通话）

（19）a.* 你不睬妈妈得理你。（重庆话）

　　　你不睬妈妈得理你。（普通话）

　　c.* 你不睬妈妈就得理你。（重庆话）

　　　你不睬妈妈就得理你。（普通话）

（20）a.* 你道歉，他得原谅你。（重庆话）

　　　你道歉，他得原谅你。（普通话）

　　c.* 你道歉，他就得原谅你。（重庆话）

　　　你道歉，他就得原谅你。（普通话）

（21）a.* 这样的条件（好）年轻人得干。（重庆话）

　　　这样的条件（好）年轻人得干。（普通话）

　　c.* 这样的条件（好）年轻人就得干。（重庆话）

6　与"得"相关的两种特殊句法结构 | 195

这样的条件（好）年轻人就得干。（普通话）

（22）a.*便宜点，我得买。（重庆话）

便宜点，我得买。（普通话）

c.*便宜点，我就得买。（重庆话）

便宜点，我就得买。（普通话）

（23）a.*事情说清楚了我得走。（重庆话）

事情说清楚了我得走。（普通话）

c.*事情说清楚了我就得走。（重庆话）

事情说清楚了我就得走。（普通话）

可见，"得 V、就得 V" 句法结构，在所有 a 句和大部分 c 句，即在重庆方言中，都不成立；但 a、c 句，在普通话中均成立，表示"必须、应该"的意思。

因此，虽然重庆话和普通话都有"得 V"的用法，但绝大部分情况所表示的语义不一样。重庆方言中表示客观条件的可能性或者主观的意愿，实际上为句法结构"得$_6$VP"，而普通话中"得 V"的"得"表示"必须、应该"，读作 [dei]^{214}。

2. 普通话和重庆话里"得 V"的意义一样

普通话里也有与重庆方言的"得 V"的意义一样的情况，但只出现在重庆方言"得$_6$VP"的第一种语义——表示客观条件的可能性——的语境里，读作 [de]^{21}，表示"会"。例如：

（34）普通话：快点走吧，要不然得迟到了。

快点走吧，要不然就得迟到了。

重庆话：*快点走吧，要不然得迟到了。

快点走吧，要不然就得迟到了。

"得 V"表示客观条件的可能性时，普通话里"得 V"单用或者加"就"都可以，但重庆方言中往往只以"就得$_6$VP"的形式出现。

6.4 "得$_6$"的虚化

在使用中，我们把"得$_6$不得$_6$VP？"看作"得$_6$VP 不得$_6$VP？"的简单形式，实质上，"得$_6$不得$_6$"是通过"得$_6$V"中的"得$_6$"自身的正反式重叠实现的，这也是助动词自身性质所具有的，比如"会不会？能不能？肯不肯？愿（意）不愿

（意）?"等。这表明"得₆"在"得₆VP、不得₆VP"这一句法结构中是具有一定独立性。但是在正反问的回答时，否定回答，"不得"可以单独使用；肯定回答，"得"却几乎不单独使用，若要单独使用，则是用"要"。例如：

（35）他得同意不得同意？／他得不得同意？／他得同意不？

——不得。

——*得。

——要。

（36）他得去不得去？／他得不得去？／他得去不？

——不得。

——*得。

——要。

（37）你今天得迟到不得迟到？／你今天得不得迟到？／你今天得迟到不？

——不得。

——*得。

——要。

（38）今天得下雨不得下雨？／今天得不得下雨？／今天得下雨不？

——不得。

——*得。

——要。

对于正反问式的回答，除了单独使用"不得""要"，还可以使用"不得₆VP""要VP"，有时候也可以用"得₆VP"。前文已指出"得₆VP"极少单独使用，往往以"才得₆VP"或"就得₆VP"的形式出现。即"得₆VP"的使用一般情况下是不自由的。但"很少使用"并不是完全不使用，这"很少使用"的情况一般只出现在少数的正反问形式的回答中。例如：

（39）他得同意不得同意？／他得不得同意？／他得同意不？

——不得同意。

——要同意。

——得同意。

（40）他的病得好不得好？／他的病得不得好？／他的病得好不？

——不得好。

——要好。

——得好。

这里有两点情况需要指出。

一是正反问句的肯定回答中，使用"得V"的情况并不多。例如：

（41）他得去不得去？／他得不得去？／他得去不？ 他会不会去？

　　　——？得去。要去。

（42）你今天得不得迟到？／你今天得迟到不？ 你会不会迟到？

　　　——？得迟到。要迟到。

通过调查，对于"得₆VP、不得₆VP"正反问的回答，除了如例（39）（40）等为数不多的几种情况外，当地人其实不太使用"得V"的句法结构来进行肯定回答。例（41）（42）的"得去""得迟到"，听话人能够明白什么意思，但会觉得有点奇怪，习惯上一般是用"要去""要迟到"等"要VP"的句法结构来表示肯定意义的回答。这一现象也从侧面说明了"得₆VP"很少单独使用。

二是表示"意愿、估计"意义的回答更常见。

"得₆VP、不得₆VP"虽然是正反问句，但在回答时往往更多是表达"意愿、估计"的意思，即"得₆VP、不得₆VP"前面往往会加"希望、但愿，可能、应该、恐怕"等表示主观意愿或客观可能性的词语。例如：

（43）他得不得去？

　　　——他应该不得去。

　　　——他可能不得去

（44）你今天得不得迟到？

　　　——但愿不得迟到。

　　　——应该不得迟到。

（45）他得不得同意？

　　　——他可能得同意。

　　　——他应该不得同意。

（46）他的病得不得好？

　　　——应该得好。

　　　——希望得好。

　　　——恐怕不得好。

"得₆VP、不得₆VP"前面往往会加其他表示主观意愿或客观可能性的词语，这一现象显示出"得"的语义开始磨损，需要和别的词语一起使用来加强表意，表达"主观意愿或客观可能性"的语义。

综上所述，"得₆VP、不得₆VP"结构中"得₆"："得₆"是助动词——可以以正反式重叠，可以受副词修饰，总是位于谓词前——与一般助动词基本性质和句法功能一致；"得₆"不能单说，"得₆VP"也极少单说——"得₆"的虚化程度又超过了一般的如"会、能、肯、愿"等助动词。

我们可以看到"得₆VP、不得₆VP"中"得₆"语义在磨损，那"得"会虚化到什么程度呢？重庆方言中有一个词可以看作"得V"彻底虚化的产物——"得行"。"得行"是一个方言词，《四川方言词典》中关于"得行"的释义及例句是："得行：（行）行。例：你们这些年轻人，天不怕，地不怕，要当红军，硬是～（十人选122）"。我们对比以下两组句子：

（47）他的病得不得好？

　　——得好。

　　——不得好。

　　——希望得好。

　　——可能不得好。

（48）这件事得不得行？

　　——得行。

　　——不得行。

　　——可能得行。

　　——希望得行。

这两组句子都正确，但细致分析，里面的"得V"性质却不一样：例（47）中的"得好"都是句法结构"得₆VP"；例（48）中"得行"作为词语和作为句法结构"得₆VP"都是成立的，但语义上却有一点点差别，词语"得行"是"行"的意思，句法结构"得行"是"能行"的意思。但人们在长年累月对"得行"一词的使用过程中，表示客观条件可能性的"能"的语义已经磨损了，几乎不被人们所感知，而是把语义焦点放在"行"上。因此，"得行"是一个"得₆VP"彻底虚化形成的词语。

但并不能通过"得行"一词就推断"得₆VP"结构的虚化具有强大的生命力和可推及性：一方面，"得₆VP"单独使用的情况本身很少，能够单独使用的"得₆

6 与"得"相关的两种特殊句法结构 | 199

VP"中的"VP"主要是本身也具有肯定意义的单音节或双音节词，比如"好——（病）得好；同意——（他）得同意"，以及"行——得行"。而"同意"本身是双音节词，基于汉语双音化的特点，很难再与"得"成词了。另一方面，重庆方言中，至今也只有一个"得行"词汇化了，从语言事实上，看不到强大的生命力。

6.5 V 得、V 不得

6.5.1 "得$_7$""得$_8$"的性质

重庆方言中的"V 得"结构有三种语义：一是表示客观条件允许或必要性，表示可能义，与普通话中的"得$_5$"一致，本书记作"V 得$_5$、V 不得$_5$"；二是表示人或事物能力的强弱大小，是普通话中所没有的"得$_7$"，本书记作"V 得$_7$、V 不得$_7$"；三是表示"应该""必须"的意思，是普通话中所没有的"得$_8$"，本书记作"V 得$_8$、V 不得$_8$"。

"V 得、V 不得"里的"V"表示谓词性词语，主要是动词，也有少数是形容词。"V"可是单音节词，也可以是双音节词。与"得$_6$VP、不得$_6$VP"不同，"V 得、V 不得"结构里的"V"不能是动词短语。

关于"V 得、V 不得"的三种类型"V 得$_5$、V 不得$_5$""V 得$_7$、V 不得$_7$""V 得$_8$、V 不得$_8$"的具体讨论见下文。

6.5.2 "V 得、V 不得"的三种语义

重庆方言中，"V 得、V 不得"根据语义的不同，可以分为三大类：一是 V 得$_5$、V 不得$_5$；二是 V 得$_7$、V 不得$_7$；三是 V 得$_8$、V 不得$_8$。

6.5.2.1 "V 得$_5$、V 不得$_5$"

（49）稀饭是早上才煮的，吃得。
　　　稀饭是昨天的，吃不得。
（50）男娃儿$_{儿子}$打得。
　　　女娃儿$_{女儿}$打不得。
（51）事情没做完，放松不得。
（52）考试的时候，大意不得。

（53）衣服大得，小不得。

（54）小娃儿_{小孩儿}冷得，热不得。

（55）做生意小气不得。

"V得$_5$、V不得$_5$"表示客观条件允许或必要性，如例（49）至例（55）。"V得$_5$"相当于"能V""可以V"，"V不得$_5$"相当于"不能V""不可以V"。当为否定形式时，往往还带有"必须不……"的含义。例（49）（50）中的"吃得、打得"表示"可以吃、可以打"，"大得、冷得"表示"可以大点、可以冷点"；但"吃不得、打不得，小不得、热不得，放松不得、大意不得"往往暗含"必须不能吃、必须不能打，必须不能小、必须不能热，必须不能放松、必须不能大意"的意思。

6.5.2.2 "V得$_7$、V不得$_7$"

（56）哥哥好吃得，两碗饭都吃完了。

　　弟弟吃不得，半碗饭都吃不完。

（57）大哥读书读得，一直读到博士。

　　二姐读书读不得，大学没考起就去找工作了。

（58）这个包包硬是_{真是}装得，恁个_{这么}多东西都装进去了。

　　这个包包点儿都装不得，手机都放不进去了。

（59）他好写得哟，半天写了五千字。

　　我就写不得，两天还没写完一页。

"V得$_7$、V不得$_7$"表示人或事物能力的强弱大小，如例（56）至例（59）。"V得$_7$、V不得$_7$"也表示"能V、不能V"，但指的是某人或某人做事能力很强或不强。例（56）的"吃得"表示"很能吃、吃得很多"的意思，"吃不得"表示"不能吃、吃得很少"的意思。"读得、装得、写得"表示"很能读书（读书很厉害），很能装（能装很多东西），很能写"的意思；"读不得、装不得、写不得"表示"不能读（读书成绩差），不能装（装的东西少），不能写（写作能力差）"的意思。

6.5.2.3 "V得$_8$、V不得$_8$"

（60）菜都凉了，吃得了。

　　菜还没凉，还吃不得。

（61）校车马上到了，走得了。

6 与"得"相关的两种特殊句法结构 | 201

　　　　校车还没到，走不得。

（62）天都黑了，回去得了。

　　　　还没下班，回去不得。

（63）（早上）八点钟了，起来得了。

　　　　还不到八点（晚上），还睡不得。

"V 得$_8$、V 不得$_8$"表示"应该""必须"的意思，如例（60）至例（63）。常常用于规劝、提醒别人，有一定催促的语气。肯定语义表示"到 V 的时候了，应该或者必须 V 了"。比如例（60）"吃得了"，表示"到吃饭的时候了，应该吃了"；例（61）"走得了"表示"到走的时候了，必须走了"；例（62）"回去得了"表示"到回去的时候了，应该（或者必须）回去了"；例（63）"起来得了"表示"到起床的时候了，必须起来了"。否定语义表示"还没到 V 的时候，（还）不能 V"。例如：

（64）饭还没好，吃不得。

　　　　饭还没好，还吃不得。

（65）菜还没凉，吃不得。

　　　　菜还没凉，还吃不得。

（66）（外面在下雨）车还没到，出去不得。

　　　　（外面在下雨）车还没到，还出去不得。

　　　　（外面在下雨）车还没到，下楼不得。

　　　　（外面在下雨）车还没到，还下楼不得。

6.5.2.4 "吃得$_5$""吃得$_7$""吃得$_8$"语义对比

我们来看例（49）（56）（60），都是"吃得""吃不得"，例（49）表示客观条件允许或必要性，相当于"能吃、可以吃""不能吃、不可以吃"。例（56）表示人或事物能力的强弱大小，指的是某人或某人做事能力很强或不强，相当于"很能吃、吃得很多""不能吃、吃得很少"的意思。例（60）表示"应该""必须"的意思，常用于规劝、提醒别人，有一定催促的语气。"吃得"后面必须加"了"，表示"到吃饭的时候了，应该吃了"；"吃不得"前面往往可以加"还"，表示"还没到吃的时候，（还）不能吃"。

6.5.3 "V 得、V 不得"的句法功能

6.5.3.1 "V 得$_5$""V 得$_7$""V 得$_8$"及其否定形式的相同之处

整体来看，不同语义的"V 得、V 不得"在句法功能上是大致相同的。

一是三种语义中，"V 得"都是一个述补短语，"V"是述语，"得"是补语。"V 不得"是其否定形式，"不得"是一个状中结构充当"V"的否定的补语。"V 得"和"V 不得"是补语的肯定形式和否定形式。

二是"V 得、V 不得"的三种语义后面都可以跟宾语。例如：

（67）打得儿子，打不得女儿。

（68）他娃儿读得书，我娃儿读不得书。

（69）吃得饭了，还喝不得汤。

6.5.3.2 "V 得$_5$""V 得$_7$""V 得$_8$"及其否定形式各自的特点

1. V 得$_5$、V 不得$_5$

"得$_5$"在述语之后充当可能补语。朱德熙认为"得$_5$"是动词，其在《语法讲义》中将这种"V 得$_5$"分析"V 得得"：前一个"得"是助词，后一个"得"，即"得$_5$"，是充当补语的动词，因为两个"得"语音形式相同，所以把助词"得"省略了。

"V 得$_5$、V 不得$_5$"结构中，"V"大多数是动词，也有少数是形容词，如例（54）"冷得，热不得"。当"V"为双音节词时，一般只有"V 不得$_5$"形式，比如"放松不得、大意不得"，这也是汉语双音化的体现。

2. V 得$_7$、V 不得$_7$

"得$_7$"的主要功能是在动词后构成述补短语。"V 得$_7$、V 不得$_7$"也可以说成普通话的"能 V、不能 V"，但不表示可能义，而是表示人或事能力的强弱。

"V 得$_7$、V 不得$_7$"中的"V"只能是动词。"V 得$_7$"前面可以加"好、怎个、硬是"等表示程度高的副词，"V 不得$_7$"前面可以加"（一）点$_儿$都"等表示程度低的副词，表达强调、感叹的语气。

3. V 得$_8$、V 不得$_8$

"V 得$_8$、V 不得$_8$"中的"V"可以是动词或动词性短语，但不能是形容词。"得$_8$"在动词或动词短语后充当补语。"V 得$_8$、V 不得$_8$"有时也可以说成普通话的"能

V、不能 V"，但不表示可能义，而是表示"到什么时候了，应该/必须做什么事"。

肯定形式"V 得$_8$"后面必须加"了"，以"V 得了"出现，相当于"到 V 的时候了，应该或者必须 V 了"，但否定式不是"V 不得$_8$了"，而依然是"V 不得$_8$"，"V 不得$_8$"前面可以加"还"，"V 不得"和"还 V 不得"都相当于"还没到 V 的时候，（还）不能 V"。

6.5.4 "V 得、V 不得"的正反问形式

6.5.4.1 三种正反问形式

重庆方言中，"V 得$_5$、V 不得$_5$""V 得$_7$、V 不得$_7$""V 得$_8$、V 不得$_8$"三种语义的正反问形式相同，都有三种，因此，本书把"V 得$_5$、V 得$_7$、V 得$_8$"三种语义的正反问形式统一归纳为"V 得、V 不得"正反问形式。

"V 得、V 不得"正反问形式有以下三种。

1.V 得 V 不得？

（70）（这个饭是昨天的）吃得吃不得？

（71）（他这么瘦）吃得吃不得？

（72）（饭做好了没有）吃得吃不得了？

2.V 不 V 得？

（73）（这个饭是昨天的）吃不吃得？

（74）（他这么瘦）吃不吃得？

（75）（饭做好了没有）吃不吃得了？

3.V 得不？

（76）（这个饭是昨天的）吃得不？

（77）（他这么瘦）吃得不？

（78）（饭做好了没有）吃得了不？

后面也可以加宾语：一是 V 得（O）V 不得（O）？二是 V 不 V 得（O）？三是 V 得（O）不？例如：

（79）读得书读不得书？

（80）吃得不吃得饭了？

（81）读不读得书？

（82）吃不吃得饭了？

（83）读得书不？

（84）吃得饭了不？

第二、第三种形式是第一种形式的简单形式，并且更常用。

6.5.4.2 与"得₆VP、不得₆VP"正反问形式的对比

"V得、V不得"正反问的第二种形式"V不V得？"是动词"V"的重叠，与"得₆不得₆VP"不同，"得₆不得₆VP"是助动词"得"的重叠。

在对正反问句的回答方面，与"得₆VP、不得₆VP"的正反问句的回答也有不同之处："得₆VP、不得₆VP"可以直接回答"不得"，但"V得、V不得"的正反问句必须回答"V得""V不得"，比如"吃得""吃不得""去得""去不得"。这说明"V得、V不得"中的"得"，比"得₆VP、不得₆VP"中的"得"更加虚化。但"V得、V不得"中的"得"也不能认为是完全虚化，因为在否定意义的回答中，"V不得"还可以扩展为"V不大得"，表达的程度介于"V得、V不得"之间，相当于"不大能V、不是很能V"的意思。例如：

（85）他读（书）读不大得。（表示读书一般，不是很好）

（86）他吃不大得。（表示饭量不太大，吃不了很多）

（87）这个包包装不大得。（表示包不太能装，装不了很多东西）

6.6 关于"要得"

6.6.1 "要得"的性质

重庆方言中有个常用的方言词"要得"，从表面上看，理应是从"V得₅"，或者是从重庆方言中特有的"V得₇"或"V得₈"虚化而来的，但实际上"要得"中的"得"，与"V得₅、V得₇、V得₈"中的"得₅、得₇、得₈"都不相同。

我们先来看一下《四川方言词典》中关于"要得"的释义："要得：（动）行，可以。其否定形式是'要不得'：你们尝尝我的手艺看，若还~，以后得便到两路口来，我们也好当东呀！（水11）/太太，我想了一个法子，倒还两便，既可以照料子才，于我们也有好处，你看~要不得？（大二276）。"

我们再来看下面这组例句中的"要得、要不得"。

（88）（这件事）要得要不得？

　　　　要不要得？

　　　　要得了不？

　　　　——要得。

　　　　——要不得。

　　　　——要得了。

（89）（这个钱）要得要不得？

　　　　要不要得？

　　　　*要得了不？

　　　　——要得。

　　　　——要不得

　　　　——*要得了。

　　例(88)一组句子中的"要得"是词语，例(89)中的"要得"是句法结构"V得$_5$"，"得$_5$"是"要"的可能补语，表示可能性。两组句子所表达的意思完全不一样：例(88)表示"行不行"；例(89)表示（某物）"能不能要"，并且没有"要得了不？要得了"这组问答。另外，当地人在表示"能不能要（某物）"的时候，实际上很少用"要不要得"这个句式，更多的是直接用"能不能/可不可以要"的句式。当出现"要得要不得？""要不要得？""要得不？"的正反问句时，一般情况下都是使用作为词汇的"要得"，表示"行不行？""可不可以？"的意思。

　　作为词语"要得"不能加宾语，作为句法结构"V得$_5$"可以加宾语。例(88)的中的"这件事"是话题主语，例(89)中的"这个钱"是前置宾语。

　　而"V得$_7$"或"V得$_8$"中"V"不能是"要"。重庆方言中不存在"要得$_7$"或"要得$_8$"的用法。

　　另外，"要得"与"值得、舍得、晓得"等词也不一样，"值得、舍得、晓得"等词的中心语义为"值、舍、晓"，"得"是后缀——"得$_3$"。而"要得"的中心语在"得"上。

6.6.2 "要得"的虚化

　　同样作为方言词，词语"要得"与"得行"的虚化过程是不一样的。

　　"得行"是从重庆方言特有的句法结构"得$_6$V"虚化而来的。例(48)一组句子中，"得行"作为词语和作为句法结构都是成立的，虽然所表示的意义有所不同，但"得"

的基本义是相同的,都是"得₆"——表示客观条件的可能性,或者表示主观的意愿。词汇"得行"是"形容词",表示"行"的意思,"得"失去词汇意义,完全虚化;句法结构"得行"表示"能行"的意思,"得"还是助动词,表示"能"的意思,并未完全虚化。

"要得"在词典释义里是"动词",表示"行、可以"的意思。"要"作为动词在词典释义中并没有"行、可以"的意思,而"得"在《现代汉语词典》的释义:"得:dé 用于结束谈话的时候,表示同意或禁止:~了,就这么办/~了,别说了。"而"要得"的"得"就是"用于结束谈话的时候,表示同意"的意思。因此,词语"要得"可以认为是"要"虚化了,而"得"承载了整个词语中心意义。

另外,"值得、舍得、晓得"等词的词缀"得₃"不表示可能义,因此,"值得、舍得、晓得"等词也不是从"V 得₅""V 得₇""V 得₈"虚化而来的。

综上所述,方言词"要得"既不是从句法结构"V 得₅"虚化而来的,也不是重庆方言中特殊的"V 得₇、V 得₈"虚化的产物,与"值得、舍得、晓得"等"得₃"为词缀的构词方式也不一样。方言词"要得"可以认为是"要"虚化了,而保留了"得"的动词意义。另外,在重庆方言的常用词里,暂时并没有句法结构"V 得₇"或"V 得₈"虚化而来的方言词。

6.7 小结

重庆方言里,有两种特殊的句法结构,"得₆VP、不得₆VP"与"V 得、V 不得"。其中,"V 得、V 不得"中的"得"有三种情况:"V 得₅、V 得₇、V 得₈"以及其否定形式"V 不得₅、V 不得₇、V 不得₈"。

本章明确了重庆方言与普通话中用法相同的"得"——"得₁、得₂、得₃、得₄、得₅",并且提出了重庆方言中与普通话用法不同的"得₆、得₇、得₈"。(见表 6-1)

"得₁":动词,表示"得到"。

"得₂":"获得、取得、赢得"等复合词中的"得",动词性实语素,也表示"得到"。

"得₃":合成词"值得、舍得、晓得"等词的后缀。

"得₄":结构助词,用于谓词和补语之间,是补语的标志。

"得₅":"吃得"等词中的"得","吃得"是一个述补短语,"得₅"是可能补语，表示可能义。

"得₆"：助动词，语义上与"得₅"有相似之处，都可以表示可能义，但重庆方言中的"得₆"根据语义还可以细分为两类，一是表示客观条件的可能性，大致相当于情态动词的"会、能"；二是表示主观的意愿，大致相当于"愿、肯"。对比于普通话的用法，"得₆VP、不得₆VP"是重庆方言中一种特殊的语法现象。因此，本书将重庆方言"得VP、不得VP"句法结构中的"得"定义为"得₆"。

"得₇""得₈"：重庆方言中的"V得"结构有三种语义，一是表示客观条件允许或必要性，表示可能义，与普通话中的"得₅"一致，本书记作"V得₅、V不得₅"；二是表示人或事物能力的强弱大小，是普通话中所没有的"得₇"，本书记作"V得₇、V不得₇"；三是表示"应该""必须"的意思，是普通话中所没有的"得₈"，本书记作"V得₈、V不得₈"。

表6-1 重庆方言"得"的分类

"得"的类型	语义	语法功能	分布条件
得₁	得到	动词	符合普通动词的分布条件
得₂	得到	动词性语素	"获得、取得、赢得"等复合词的构词语素
得₃	无词汇义	词缀	"值得、舍得、晓得"等词的后缀
得₄	无词汇义	结构助词	用于谓词和补语之间，是补语的标志
得₅	表示可能义	可能补语	"生黄瓜吃得"中的"吃得"等述补短语中的补语
得₆	一是表示客观条件的可能性，相当于情态动词的"会、能"；二是表示主观的意愿，相当于"愿、肯"	助动词	特指重庆方言"得₆VP、不得₆VP"句法结构中的"得"

续表

"得"的类型	语义	语法功能	分布条件
得₇	表示人或事物能力的强弱大小。也可以说成普通话的"能V、不能V"，但不表示可能义	述补短语中的补语。"V得₇"前面可以加"好、怎个、硬是"等表示程度高的副词，"V不得₇"前面可以加"（一）点ᵧ都"等表示程度低的副词，表达强调、感叹的语气	指分布于重庆方言"V得₇、V不得₇"句法结构中，表示人或事物能力的强弱大小的"得"。如"他很吃得"，表示他很能吃
得₈	表示"应该""必须"的意思。常常用于规劝、提醒别人，有一定催促的语气	述补短语中的补语	指分布于重庆方言"V得₈、V不得₈"句法结构中，表示"到什么时候了，应该/必须做什么事"。如"时间到了，走得了"，表示应该走了，必须走了

1. 得₆VP、不得₆VP

重庆方言里，"不得₆VP"是常用的句法结构，"得₆VP"是"不得₆VP"的肯定形式，并且常常以"才得₆VP"或"就得₆VP"的形式出现。

语义方面，"得₆VP、不得₆VP"可以表示两种语义：一是表示客观条件的可能性，有"会、能"的意思；二是表示主观的意愿，有"愿、肯"的意思。

句法功能方面，"得₆VP、不得₆VP"中的"得₆"是助动词，即情态动词。"不得₆"这一个状中结构充当状语修饰其后的"V"或"VP"。整个"不得₆VP"是一个谓词性的状中短语。"得₆VP、不得₆VP"中的"VP"主要是动词，可以是及物动词也可以是不及物动词，也有少数是形容词，还可以是动词性短语。"VP"作动词性短语时，可以是一个动宾结构，也可以是一个连动结构。

"得₆VP、不得₆VP"的正反问形式有三种：一是得₆VP不得₆VP？二是得₆不得₆VP？三是得₆VP不？其中二、三式是一式的简单形式，也是常用形式。在回答时，一般为"不得V""要V"，有时候也可以用"得V"；也可以单说，否定回答为"不得"，肯定回答为"要"。

关于"得₆VP、不得₆VP"中"得₆"的语法功能和虚化。首先，"得₆"是一个助动词：可以以正反式重叠，可以受副词修饰，总是位于谓词前。其次，"得₆"的虚化程度又超过了一般的如"会、能、肯、愿"等助动词："得₆"不能单说，"得₆

VP"也极少单说，"得$_6$VP、不得$_6$VP"前面往往会加其他表示主观意愿或客观可能性的词语，这一现象显示出"得"的语义开始磨损，需要和别的词语一起使用来加强表意。最后，方言词"得行"的出现：句法结构"得行"是"能行"的意思，词汇"得行"是"行"的意思，"得"的词汇义消失，"得行"词汇化。

但并不能通过"得行"一词就推断"得$_6$VP"结构的词汇化具有强大的生命力和可推及性：一方面，"得$_6$VP"单独使用的情况本身很少，能够单独使用的"得$_6$VP"中的"V"主要是本身也具有肯定意义的词，比如"好——（病）得好；同意——（他）得同意"，以及"行——得行"。而"同意"本身是双音节词，基于汉语双音化的特点，很难再与"得"成词了。另一方面，重庆方言中，至今也只有一个"得行"词汇化了，从语言事实上，看不到强大的生命力。

2. V 得、V 不得

语义方面，"V 得、V 不得"有三种语义：一是表示客观条件允许或必要性，有"能 V""可以 V"的意思，当为否定形式时，往往还带有"必须不……"的含义，并且当"V"为双音节词时，一般只有"V 不得"形式，比如"放松不得、大意不得"，这也是汉语双音化的体现。二是表示人或事物能力的强弱大小，也表示"能 V、不能 V"的意思，但指的是某人或某人做事能力很强或不强，"V 得"前面往往可以加"好、恁个、硬是"等表示程度的副词，表达强调、感叹的语气，如"很吃得、好写得、硬是装得"。三是表示"应该""必须"的意思，常常用于规劝、提醒别人，有一定催促的语气。"V"不能是形容词，只能是动词或动词性短语，当表示肯定意义时，"V 得"后面必须加"了"，即肯定式为"V 得了"，相当于"到 V 的时候了，应该或者必须 V 了"。表示否定意义时，否定式不是"V 不得了"，而依然是"V 不得"，"V 不得"前面往往还可加"还"，即"还 V 不得"，相当于"还没到 V 的时候，（还）不能 V"。

句法功能方面，"V 得、V 不得"里的"V"表示谓词性词语，主要是动词，也有少数是形容词。"V"可是单音节词，也可以是双音节词。与"得$_6$VP、不得$_6$VP"不同，"V 得、V 不得"结构里的"V"不能是动词短语。

三种语义的"V 得、V 不得"在句法功能上是大致相同的：一是三种语义中，"V 得"都是一个述补短语，"V"是述语，"得"是补语。"V 不得"是其否定形式，"不得"是一个状中结构充当"V"的否定的补语。"V 得"和"V 不得"是补语的肯定形式和否定形式。二是"V 得、V 不得"的三种语义后面都可以跟宾语。

三种语义的"V得、V不得"在句法功能上也有各自的特点：一是"V得$_5$、V不得$_5$"中的"得$_5$"在述语之后充当可能补语，"V"大多数是动词，也有少数是形容词，当"V"为双音节词时，一般只有"V不得$_5$"形式。二是"V得$_7$、V不得$_7$"也可以说成普通话的"能V、不能V"，但不表示可能义，而是表示人或事能力的强弱，"V"只能是动词，"V得$_7$"前面可以加"好、恁个、硬是"等表示程度高的副词，"V不得$_7$"前面可以加"（一）点儿都"等表示程度低的副词，表达强调、感叹的语气。三是"V得$_8$、V不得$_8$"的"V"可以是动词或动词性短语，但不能是形容词，"得$_8$"在动词或动词短语后充当补语。"V得$_8$、V不得$_8$"有时也可以说成普通话的"能V、不能V"，但不表示可能义，而是表示"到什么时候了，应该／必须做什么事"。

　　重庆方言中，"V得$_5$、V不得$_5$""V得$_7$、V不得$_7$""V得$_8$、V不得$_8$"三种语义的正反问形式相同，都有三种，因此，本书把"V得$_5$、V得$_7$、V得$_8$"三种语义的正反问形式统一归纳为"V得、V不得"正反问形式。"V得、V不得"有三种正反问形式：一是V得V不得？二是V不V得？三是V得不？三种语义都有这三种正反问形式，其中第二、第三种形式是第一种形式的简单形式，并且更常用。第二种形式"V不V得？"，是动词"V"的重叠，与"得V、不得V"正反问形式中的第二种重叠形式"得不得V"不同，"得不得V"是助动词"得"的重叠。

　　回答方面，"V得、V不得"与"得$_6$VP、不得$_6$VP"正反问句回答有所不同："得$_6$VP、不得$_6$VP"可以直接回答"不得"或"要"，但"V得、V不得"的正反问句必须回答"V得""V不得"。这说明"V得、V不得"中的"得"，比"得$_6$VP、不得$_6$VP"中的"得$_6$"更加虚化。但也不能认为是完全虚化，因为在否定意义的回答中，"V不得"还可以扩展为"V不大得"，表达的程度介于"V得、V不得"之间，相当于"不大能V、不是很能V"的意思。

　　关于"要得"。方言词"要得"既不是从句法结构"V得$_5$"虚化而来的，也不是重庆方言中特殊的"V得$_7$、V得$_8$"虚化的产物，与"值得、舍得、晓得"等中"得$_3$"为词缀的构词方式也不一样。方言词"要得"可以认为是"要"虚化了，而保留了"得"的动词意义。另外，在重庆方言的常用词里，暂时没有句法结构"V得$_7$"或"V得$_8$"虚化而来的方言词。

7 结语

本书对重庆方言的语法点和前人研究进行了全面的调查和回顾，依据方言语法专题研究的性质——方言语法专题研究是对某一方言中最具特色的语法特点进行研究，针对"儿化""儿尾""重叠""形容词生动形式""语气词""与'得'相关的两种特殊句法结构"等语法现象进行了专题研究，以对所研究的语法点在言语中的真实呈现全面的、详尽的描写为基础，主要从构词法、词类等角度对重庆方言的语法现象展开讨论。儿化、重叠和形容词构词都是汉语方言的形态手段，"儿化和儿尾、重叠式名词、形容词生动形式"是重庆方言语法构词和形态手段的突出体现，且三者内部有一定的交叉性，比如重叠儿化式名词、重叠式生动形容词等。语气词是一种方言用虚词表示各种语气的特殊语法手段，语气词是重庆方言虚词里最能体现重庆话鲜活特色的语法手段。与"得"相关的两种特殊句法结构"得 VP、不得 VP""V 得、V 不得"是重庆方言较之于普通话最具特色的句法结构，形式、语义、语法、语用等各方面都凸显方言语法的特点。

本书首次明确将重庆主城九区 50 岁以上重庆人的口语语料作为研究的主要语料来源，并且从历时与共时两个角度讨论了如此选择的缘由和意义。历时层面，结合重庆的移民史，论述了近现代重庆方言的形成：夏商以来，早期的移民促成了巴蜀汉语方言的形成；元末明初时期和明末清初时期的两次"湖广填四川"的移民活动奠定了近代重庆方言基础；近现代以来的移民活动，特别是民国时期重庆成为"陪都"和中华人民共和国成立后的"三线建设"时期的两次大的移民时段，促使以主城区方言为基础、具有高度统一性，并且与四川方言有所区别的重庆方言形成。共时层面，一方面，对非主城区的 15 个区县的每一个地方的语言进行具体描写和分析，阐述各自与主城九区语言的异同点，明确为什么是主城九区；另一方面，分析各个年龄段人群的特点，明确为什么选择"50 岁以上的当地人"。

在调查描写了重庆主城区 50 岁以上人的音系的基础上，还指出了与普通话声韵调的不同之处：重庆方言的声母有 20 个（包括零声母），比普通话声母少 2 个（包括零声母），没有普通话声母 [tʂ tʂʻ ʂ ʐ n]，但增加了普通话没有的声母 [z ŋ v]。最主要特点是平翘舌不分、鼻边音不分。重庆方言的韵母有 38 个，比普通话韵母少一个，没有普通话韵母 [ɿ ɤ uo iŋ əŋ uən]，但增加了普通话没有的韵母 [æ io iai uɛ yu]。最主要的特点是前后鼻音不分。重庆方言有 4 个声调，没有轻声，连语气词都是 4 个声调。本书还指出了老派、中派重庆人和新派重庆人语音声母的差异主要体现在古代疑母字和影母字的音变上；韵母的差异主要体现在重庆话中普通话没有的韵母逐渐消失或者混用，不过并不是所有音变都像声母音变那样成体系，部分是个别韵母中的个别字。

"儿化及儿尾"部分，同时讨论重庆方言的儿化和儿尾。重庆方言不仅有一定数量的"儿化词"，也有与儿化有一定关系的"儿尾词"。共时层面，儿化词和儿尾词同时存在；历时层面，部分儿化词是从儿尾词发展而来。重庆方言的儿化和儿尾主要都是名词性标记，物理小称意义磨损严重，主观上有表小作用，而儿化的泛化推衍到少数的动词、形容词和副词中，使这些非名词性的儿化词也体现出主观表小作用。本书提出重庆方言"主观小量"的概念：重庆话儿化表示主观小量并不是与客观小量相对的一个概念，更多的是表示一种戏谑、轻蔑、鄙夷、看不上的感情和语气，并且非名词的儿化现象使用更多。其中，尤其是量词的儿化使用，在表达主观上瞧不上、看不起时，还常常伴随重叠。

本书提出了重庆方言"音变儿化"的概念，并且进一步指出，重庆方言中人名末字的儿化和重叠儿化式名词具有音变儿化的趋势：重庆方言中人名末字的儿化不带感情色彩，与性别、年龄、关系亲疏无关，附带感情色彩的称呼，体现在称呼姓名的方式上，比如是否带姓氏（沁ᵣ）、名字加前缀（小沁ᵣ）、名字重叠（沁沁ᵣ）等，而非体现在姓名末字是否儿化。只要符合"韵尾为 [n] 的字习惯性全部儿化；韵尾为 [ŋ] 的，[uaŋ、yŋ] 往往儿化，而 [aŋ、iaŋ、uŋ] 只有作为人名末尾两个重叠的字的时候才儿化"。这种人名末的儿化属于音变儿化，不涉及语义、句法的变化。这种音变儿化具有无条件类推性，重庆话在说到伟人或者是政治人物或者德高望重的人物的姓名时，依然会遵照该儿化原则。人名末的儿化，在现在重庆人的表达中可以说已经失去了小称儿化在语义、句法上的功能，可以看作单纯语音促发的音变儿化了。重叠儿化式名词的小称义磨损漂白，逐步成为基本的构词法。

从重庆方言儿化词，特别是重叠儿化式名词不断增加这一现象分析得出：重庆方言名词构词法中，儿化是优势构词法，并且，单音节语素构成的名词——AA、A儿、AA儿，即"重叠、儿尾、重叠儿化"构词中，"AA儿"即重叠儿化的构词能力最强。另外，本书还探讨了重庆方言中"幺儿"一词的性质，从历时发展的角度，讨论了"幺儿"一词在重庆方言中是否可以看作儿尾词："幺儿"从偏正式词向儿尾词发展的可能性。这也体现出儿化是重庆方言名词的优势构词法的强大的同化类推作用。

"重叠式名词"部分，一个比较大的尝试是将重庆方言中的儿化现象和重叠现象结合在一起进行讨论，归纳出重庆方言"重叠儿化"形式的发展进程："重叠必儿化"词的发展进程为"重叠儿化表小—重叠儿化表概念义"；"重叠可儿化可不儿化"词的发展进程为"重叠表小—重叠表概念义—重叠儿化表小—重叠儿化表概念义"。

关于重庆方言重叠儿化式词高度发展的思考，从重庆方言没有轻声、汉语双音化的特点及儿化的泛化三个方面进行了讨论。通过与普通话读作轻声的"子、儿、头"等后缀式词的对比，本书得出，重庆方言在自身语音系统没有轻声情况下，通过末字"儿化"来承载和实现了部分轻声的作用，通过重叠儿化实现了单音节词的双音化；儿化语义的泛化带来了功能的泛化，比如重叠儿化式量词、重叠儿化式副词的出现，虽然数量不大，客观上也使重叠儿化式词增多了。

关于重庆方言重叠儿化形式表主观小量的思考，从语义轻化的角度，结合"重叠""儿化"历时与共时层面展开讨论，综合得出：儿化的轻化和泛化，从儿化自身语音系统、语法功能内部的发展，到儿化语义、语用等感情色彩、使用态度等社会语言学的实际情况，从历时到共时两个层面，都促成了重叠儿化这一主要承载主观小量附属义形式的词汇在重庆方言中的蓬勃发展。

重庆方言重叠式词和儿化词变调规律的高度一致性，"重叠儿化"式词变调在历时层面的发展：由"重叠"式发展成为"重叠儿化"式的词，变调是早期"重叠"时就形成的；由"重叠儿化"作为构词法形成的"重叠儿化"式词，变调式"重叠儿化"共同促发的。重庆方言的儿化词、儿尾词和重叠式词三者的变调规律大致相同：前字为阴平、上声调，儿尾不变调；前字为阳平、去声调，儿尾变阴平调。重庆方言儿尾词、重叠式词、重叠儿化式词的变调最初都承载小称意义的功能，随着小称义的磨损，变调逐渐成为一种语流音变习惯。

"形容词生动形式"部分，本书归纳出重庆方言生动式形容词的七大类型，并与普通话的情况进行了对比：一方面，重庆方言常用的生动式形容词没有普通话里有的"AA式、ABC式、BABA式"三种形式；另一方面，除了有与普通话相同的

"ABB 式、ABAB 式、AXYZ 式、AABB 式、A 里 AB 式"四种形式以外，重庆方言形容词的生动形式还有"BA 式、BBA 式、ABAB 式"，以及"AXAY 式、BA 八 A 式、ABXY 式、A 起 A 起式、二 A 二 A 式"等含有其他词缀的生动式四字格形容词。本书将普通话中单独成列的"AXYZ 式"和"A 里 AB 式"形容词都放在了词缀式形容词当中进行讨论，并且提出了"ABCD 式"形容词的概念——并列式四字格形式——能把绝大多数不属于"AABB 式、BABA 式"以及任一词缀式的四字格生动式形容词都纳入其中。

本书还对生动式形容词词缀的性质进行了讨论。重庆方言形容词生动形式中的词缀大都虚化，没有词汇意义，只有 BA 式以及 AXAY 式中的某些词缀还能看出词汇义，并且从不同的词语中能看出词缀语义的清晰度逐渐模糊到消失的过程。本书进一步从词汇义的清晰度，以及形象、感情色彩等附加义的呈现方面，探讨了"BA 式、AXAY 式"形容词的词缀"B 和……X……Y"语法化的进程。

"语气词"部分，本书总结了重庆方言语气词的特点：重庆方言的语气词丰富，通常位于句末或分句末，用于句中的情况往往也是放在紧缩复句的内在层次的分句后，或者放在有停顿的主语或称呼语后。重庆方言的一个语气词大都可以表示多种语气，何种情况表达何种情绪往往与语境或语调相关。从研究方法上，本书不同于通常所采用的根据语气词的所属类型——陈述语气、疑问语气、祈使语气、感叹语气——分门别类地对某一方言的语气词进行讨论，而是根据重庆方言语气词自身的特点，从具体的每一个语气词入手，通过充分的描写，分析每一个语气词的性质特征——所适用的句类、所表达的语气等。本书讨论了重庆方言中独有的、常用的语气词——"嘛、嚯、舍、嗻、哦、啊、哆、胺、诶、哒嘛、就是、哈、嗦、得、个、个嘛、咯、来、也是"，并总结出重庆方言常用语气词表，以便更加清晰明了地服务于日后的研究或使用的需要。

与"得"有关的两种特殊句法结构部分，本书提出了重庆方言中与普通话用法不同的"得$_6$、得$_7$、得$_8$"的概念。"得$_6$"：与"得$_5$"有相似之处，都可以表示可能义，但重庆方言中的"得$_6$"根据语义还可以细分为两类：一是表示客观条件的可能性，大致相当于情态动词的"会、能"；二是表示主观的意愿，大致相当于"愿、肯"。对比于普通话的用法，"得$_6$VP、不得$_6$VP"是重庆方言中一种特殊的语法现象。因此，本书将重庆方言"得 VP、不得 VP"句法结构中的"得"定义为"得$_6$"。"得$_7$""得$_8$"。重庆方言中的"V 得"结构有三种语义：一是表示客观条件允许或必要性，表示可能义，与普通话中的"得$_5$"一致，本书记作"V 得$_5$、V 不得$_5$"；二是表示人或事物能力的强弱大小，是普通话中所没有的"得$_7$"，本书记作"V 得$_7$、V 不得$_7$"；三是表示"应该""必须"的意思，是普通话中所没有的"得$_8$"，本书记作"V 得$_8$、V 不得$_8$"，结合方言词"得行""要得"，讨论两种句法结构中"得"的虚化。

"得$_6$VP、不得$_6$VP"结构中，首先，"得$_6$"是助动词——可以以正反式重叠，可以受副词修饰，总是位于谓词前。其次，"得$_6$"的虚化程度又超过了一般的如"会、能、肯、愿"等助动词——"得$_6$"不能单说，"得$_6$V"也极少单说，并且，"得$_6$VP、不得$_6$VP"前面往往会加其他表示主观意愿或客观可能性的词语，这一现象显示出"得$_6$"的语义开始磨损，需要和别的词语一起使用来加强表意。最后，方言词"得行"的出现：句法结构"得行"是"能行"的意思，词汇"得行"是"行"的意思，在使用过程中，"得"的词汇义消失，"得行"词汇化。但并不能通过"得行"一词就推断"得$_6$VP"结构的虚化具有强大的生命力和可推及性：一方面，"得$_6$VP"单独使用的情况本身很少，能够单独使用的"得$_6$VP"中的"V"主要是本身也具有肯定意义的词，比如"好——（病）得好；同意——（他）得同意"，以及"行——得行"。而"同意"本身是双音节词，基于汉语双音化的特点，很难再与"得"成词了。另一方面，重庆方言中，至今也只有一个"得行"词汇化了，从语言事实上看不到强大的生命力。

"V 得、V 不得"结构中，"V 得、V 不得"的正反问句回答不能单说"不得"或"得""要"等，这说明"V 得、V 不得"中的"得"，比"得V、不得V"中的"得"更加虚化，但也不能认为是完全虚化，因为在否定意义的回答中，"V 不得"还可以扩展为"V 不大得"，表达的程度介于"V 得、V 不得"之间，相当于"不大能 V、不是很能 V"的意思。关于"要得"，方言词"要得"既不是从句法结构"V 得$_5$"虚化而来的，也不是重庆方言中特殊的"V 得$_7$、V 得$_8$"虚化的产物，与"值得、舍得、晓得"等"得$_3$"为词缀的构词方式也不一样。方言词"要得"可以认为是"要"虚化了，而保留了"得"的动词的意义。另外，在重庆方言的常用词里，暂时没有句法结构"V 得$_7$"或"V 得$_8$"虚化而来的方言词。

参考文献

鲍厚星, 2023. 方言语法研究与田野调查 [M]// 戴昭铭. 汉语方言语法研究和探索——首届国际汉语方言语法学术研讨会论文集. 哈尔滨：黑龙江人民出版社：31-36.

巴言, 1984. 重庆方言既说"啥人"又说"哪个"[J]. 中国语文：（6）.

柴然之, 1956. 四川方言中"儿化词"的音变 [J]. 语文知识（8）：43-45.

陈保亚, 2015. 20 世纪中国语言学方法论研究 [M]. 北京：商务印书馆.

陈复华, 1998. 古代汉语词典 [M]. 北京：商务印书馆.

陈治文, 1965. 关于北京话里儿化的来源 [J]. 中国语文（5）：369-370,412.

曹志耘, 2011. 吴语汤溪方言合变式小称调的功能 [J]. 中国语文（4）：346-351,384.

重庆市地方志编纂委员会, 2002. 重庆市志（第二卷）[M]. 重庆：西南师范大学出版社.

崔荣昌, 1994. 四川方言研究述评 [J]. 中国语文（6）：419-429.

崔荣昌, 1997. 巴蜀语言的分化、融合与发展 [J]. 四川师范大学学报（1）：102-109,118.

大足县县志编修委员会, 1996. 大足县志 [M]. 北京：方志出版社.

戴伟, 周文德, 1999. 巴蜀方言重庆话的语音特点 [J]. 重庆师专学报（1）：98-102.

戴昭铭, 2004. 弱化、促化、虚化和语法化——吴方言中一种重要的演变现象 [J]. 汉语学报（2）：26-35.

邓英树, 张一舟, 2010. 四川方言词汇研究 [M]. 北京：中国社会科学院出版社.

丁崇明, 2007. 昆明方言的特殊"V 得"及其句式 [M]// 汪国胜. 汉语方言语法研究——第二届国际汉语方言语法学术研讨会论文集. 武汉：华中师范大学出版社，77-98.

丁崇明, 2005. 昆明方言语法研究 [D]. 山东：山东大学.

丁崇明, 2006. 昆明方言的儿化 [M]// 全国汉语方言学会《中国方言学报》编委会.

中国方言学报（第一辑）. 北京：商务印书馆，59-67.

丁崇明，2007. 昆明方言的形容词复杂形式 [M]// 北京大学汉语语言学研究中心《语言学论丛》编委会. 语言学论丛（第三十六辑）. 北京：商务印书馆：1-29.

丁崇明，荣晶，2011. 汉语方言不同阶段的儿化及儿化韵的整合 [J]. 语文研究（2）：18-22.

丁崇明，荣晶，2013. 昆明方言中的特殊程度表达形式 [M]// 全国汉语方言学会《中国方言学报》编委会. 中国方言学报（第三辑）. 北京：商务印书馆：142-130.

董思聪，2009. 重庆（城区）方言否定范畴研究 [D]. 北京：北京大学.

董绍克，1985. 阳谷方言的儿化 [J]. 中国语文（4）：273-276.

董绍克，1993. 高密方言的儿化 [J]. 山东师大学报（社科版）（1）：73-76,96.

董少文，1964. 语音常识（改订版）[M]. 北京：文化教育出版社.

范继淹，1962. 重庆方言名词的重叠和儿化 [J]. 中国语文（12）：558-560.

范继淹，1965. 重庆方言表动量的"下儿"和表时量的"下儿" [J]. 中国语文（6）：494.

范继淹，1979. 重庆方言"下"字的分化 [J]. 方言（2）：88-92.

范继淹，1986. 范继淹语言学论文集 [M]. 北京：语文出版社.

方梅，2007. 北京话儿化的形态句法功能 [J]. 世界汉语教学（2）：5-13.

方梅，2015. 北京话儿化词阴平变调的语法意义 [M]// 北京大学汉语语言学研究中心《语言学论丛》编委会. 语言学论丛（第五十一辑）. 北京：商务印书馆：33-51.

方松熹，1993. 浙江吴方言里的儿尾 [J]. 中国语文（2）：134-140.

傅为，1957. 东北音和北京音的"儿化韵" [J]. 语文知识（4）：28.

郭利霞，2007. 九十年代以来汉语方言语法研究述评 [J]. 汉语学习（6）：52-61.

郭锐，2002. 现代汉语词类研究 [M]. 北京：商务印书馆.

胡光斌，1994. 遵义方言的儿化韵 [J]. 方言（3）：208-211.

胡光斌，2005. 遵义方言儿化的分布与作用 [J]. 方言（1）：64-70.

胡海，1994. 宜昌方言儿化现象初探 [J]. 华中师范大学学报（哲社版）（4）：108-114.

黄伯荣，1996. 汉语方言语法类编 [M]. 青岛：青岛出版社.

黄伯荣，廖旭东，2015. 现代汉语（上册）[M]. 增订五版. 北京：高等教育出版社.

黄伯荣，廖旭东，2015.现代汉语（下册）[M].增订五版.北京：高等教育出版社.

黄进，2005.南京方言儿化语音机理分析[J].上海师范大学学报（哲社版）（2）：75-79.

贾采珠，1985.坷儿坎儿麻杂儿[J].中国语文（6）：446.

贾采珠,1986.北京话"漫儿"的读音：从"仨漫儿油俩漫儿醋"说起[J].中国语文（2）：151.

贾采珠，1992.北京话的轻声儿化韵[J].中国语文（1）：39-44.

蒋平，沈明，2003.晋语的儿尾变调和儿化变调[J].语言文字学（2）：75-84.

蒋希文，1962.赣榆话儿化词的特殊作用[J].中国语文（6）：276-278.

金小梅，2002.论"渝普"[J].西南师范大学学报（4）：166-169.

李葆瑞，1988.也谈北京话的"漫儿"[J].中国语文（6）：478.

李国正，1986.四川话儿化词问题初探[J].中国语文（5）：366-370.

李科凤，2005.重庆方言与普通话疑问句的异同[J].重庆交通学院学报（1）：98-101.

李科凤，2005.重庆方言疑问句与普通话的差异[J].重庆工商大学学报（3）：149-153.

李科凤，2005.重庆方言的"打"[J].宜宾学院学报（9）：98-100，103.

李蓝，2009.西南官话的分区（稿）[J].方言（1）：72-87.

李龄，1959.四川邛崃话里的后加成分"儿"和"儿子"[J].中国语文（1）：35.

李明，1980."儿化"浅谈[J].语言教学与研究（1）：57-66.

李荣，1966.温岭方言语音分析[J].中国语文（1）：1-9.

李荣，1978.温岭方言的变音[J].中国语文（2）：96-103.

李荣，1979.温岭方言的连续变调[J].方言（1）：1-29.

李荣，熊正辉，张振兴，1987.中国语言地图集[M].香港：朗文出版远东有限公司.

李荣，1989.汉语方言的分区[J].方言（4）：421-259.

李思敬，1994.汉语"儿"[ɚ]音史研究[M].增订版.北京：商务印书馆.

李思敬，2000.现代北京话的轻声和儿化音溯源——传统音韵学和现代汉语语音研究结合举隅[J].语文研究（3）：1-10.

李申，1983.徐州方言的儿化研究[J].徐州师院学报（哲社版）（4）：43-54.

李小凡，2003.当前方言语法研究需要什么样的理论框架[J].语文研究（2）：13-

15.

李小凡，张敏，郭锐，等，2015. 汉语多功语法形式的语义地图研究 [M]. 北京：商务印书馆.

李延瑞，1996. "儿化"性质及普通话儿化韵的发展趋势 [J]. 语文建设（10）：29-32.

李延瑞，1996. 论普通话儿化韵及儿化音位 [J]. 语文研究（2）：21–26.

李映发，2017. 元末至明末湖广入川移民考察 [J]. 长江文明 (4)：20-35.

李禹阶，2013. 论重庆区域移民史的特点 [J]. 重庆师范大学学报（2）：65-72.

李禹阶，2013. 试论重庆历史上人口迁徙的阶段性特点 [J]. 长江师范学院学报，29(2)：1-7,133.

李宇明，1996. 泌阳方言的儿化及儿化闪音 [J]. 方言（4）：63-66.

李玥琦，2015. 重庆城区方言中的社会称谓语研究 [D]. 重庆：西南大学.

李运益，1956. 重庆人怎样学标准音 [M]. 北京：人民出版社.

厉兵，1981. 长海方言的儿化与子尾 [J]. 方言（2）：93-103.

霍伯尔，特拉格特，2008. 语法化学说 [M]. 梁银峰，译. 上海：复旦大学出版社.

林少芳，2018. 福清方言语法专题研究 [D]. 北京：北京大学.

林焘，1990. 北京话儿化韵个人读音差异问题. 语音探索集稿 [M]. 北京：北京语言学院出版社：61-70.

刘丹青，2017. 汉语方言语法调查问卷 [J]. 方言（1）：1-10.

刘红曦，2000. 试析重庆方言的单音节语气词 [J]. 四川三峡学院学报（4）：43-47.

刘黎岗，2012. 重庆口语中话题的结构与功能 [D]. 上海：上海外国语大学.

刘祥柏，1997. 六安丁集话的反复问形式 [J]. 方言（1）：65-73.

刘晓南，2008. 从历代文献看宋代四川方言 [J]. 四川大学学报（2）：36-45.

刘英，1990. 北京话"这儿，那儿，哪儿"的儿化来源. 语言学和汉语教学 [M]. 北京：北京语言学院出版社：151-162.

海涅，克劳迪，许尔麦克，2018. 语法化：概念框架 [M]. 龙海平，等译. 吴福祥，审校. 北京：世界图书出版公司.

陆俭明，2004. 关于汉语方言语法调查研究之管见 [J]. 语言科学（2）：92-98.

鲁允中，2001. 轻声和儿化 [M]. 北京：商务印书馆.

罗秋雨，2014. 移民与现代重庆方言的形成 [J]. 重庆文理学院学报（4）：6-10.

吕叔湘，2008. 现代汉语八百词 [M]. 增订本. 北京：商务印书馆.

马凤如，1984. 山东金乡话儿化对声母的影响 [J]. 中国语文（4）：278.

马文忠，1987. 大同方言的"动词+顿儿"[J]. 中国语文（2）：117.

毛洪波，2003. 徐州话儿化现象的特征几何分析 [J]. 徐州师范大学学报（3）：54-58.

毛修敬，1984. 北京话儿化的表意功能 [M]// 北京大学中文系《语言学论丛》编委会. 语言学论丛（第十二辑）. 北京：商务印书馆：84-96.

苗春华，2002. 重庆方言的词缀"头"[J]. 重庆三峡学院学报（6）：44-46.

明茂修，张显成，2015. 试论汉语方言的调值格局及其演变机制 [J]. 西南大学学报（社会科学版）（4）：145-155，192.

牟成刚，2014. 西南官话立区标准及其内部分片依据的再探讨 [J]. 文山学院学报（4）：63-70.

牟成刚，2016. 西南官话的形成及其语源初探 [J]. 学术探索（7）：136-145.

潘悟云，1988. 青田方言的连续变调和小称音变 [M]// 复旦大学中国语言文学研究所吴语研究室. 吴语论丛. 上海：上海教育出版社：238-428.

庞兆麟，1990. 北京语音中的"儿化韵"[J]. 中文自修（5）：28.

彭国钧，1988. 云南合庆话中词尾头、儿字的语法作用 [J]. 云南教育学院学报（社科版）（1）：64-71.

彭锦维，2001. 重庆话语气词的特点 [J]. 西南民族学院学报（2）：55-57.

彭永昭，1988. 重庆方言中的几个语气词 [J]. 重庆师范学院学报（2）：69-72.

彭宗平，2004. 北京话儿化词研究 [D]. 北京：北京语言大学.

彭宗平，2005. 北京话儿化词研究 [M]. 北京：中国传媒大学出版社.

钱曾怡，1995. 论儿化 [J]. 中国语言学报：142-140.

钱曾怡，2002. 汉语方言研究的方法与实践 [M]. 北京：商务印书馆.

乔全生，2000. 山西方言"儿化、儿尾"的研究 [J]. 山西大学学报（哲社版）（2）：70-74.

仇克群，1995. 国外关于阳谷方言儿化现象的理论分析 [J]. 山东师大学报（社科版）（1）：92-97.

荣晶，丁崇明，2000. 昆明话动词重叠的句法组配 [J]. 方言（1）：61-67.

尚静，1966. 《关于北京话里儿化的来源》小议 [J]. 中国语文（1）：67-68.

沈荭，2008. 重庆言子儿的文化透视 [J]. 重庆大学学报（2）：125–131.

沈明，2003. 山西方言的小称 [J]. 方言（4）：335–351.

四川省开县志编纂委员会，1990. 开县志 [M]. 成都：四川大学出版社.

四川省永川县志编修委员会，1997. 永川县志 [M]. 成都：四川人民出版社.

四川省垫江县志编纂委员会，1993. 垫江县志 [M]. 成都：四川人民出版社.

四川省大竹县志编纂委员会，2006. 大竹县志 [M]. 北京：方志出版社.

孙德金，1991. 北京话部分儿化韵读音调查 [J]. 语言教学与研究（4）：56–71.

汤述祖，1991. 太谷方言的儿韵、儿尾和儿化 [J]. 语文研究（3）：45，46.

唐幼峰，1942. 重庆方言 [M]. 重庆：重庆旅行指南社.

太田辰夫，2003. 中国语历史文法 [M]. 修订译本. 蒋绍愚，徐昌华，译. 北京：北京大学出版社.

太田斋，1984. 山东方言的儿化 [J]. 东京都立大学人文学报（166）：35–59.

田作申，1989. 巴东方言中的儿化 [J]. 湖北大学学报（哲社版）（5）：68–72.

万幼斌，1990. 鄂州方言的儿化 [J]. 方言（2）：103–108.

汪长学，1996. 重庆方言儿化音刍议 [J]. 西南师范大学学报（4）：65–67.

汪化云，1999. 团风方言的儿尾 [J]. 方言（4）：277–281.

王福堂，1999. 汉语方言语音的演变和层次 [M]. 北京：语文出版社.

王福堂，2002. 北京儿化韵的产生过程 [M]// 北京大学汉语语言学研究中心《语言学论丛》编委会. 语言学论丛（第二十六辑）. 北京：商务印书馆：75–88.

王洪君，1994. 汉语常用的两种语音构词法——从平定儿化和太原嵌l词谈起 [J]. 语言研究（1）：65–78.

王洪君，1999. 汉语非线性音系学——汉语的音系格局与单音节字 [M]. 北京：北京大学出版社.

王嘉陵主持整理，2015. 重修四川通志稿 [M]. 北京：国家图书馆出版社.

王理嘉，1995. 儿化韵语素音位的讨论 [J]. 中国语言学报（5）：141–148.

王森，1995. 临夏方言的儿化音变 [J]. 语言研究（1）：161–165.

王文虎，张一舟，周家筠，2018. 四川方言词典 [M]. 成都：四川人民出版社.

王文卿，2004. 太原话儿尾使用情况 [J]. 太原师范学院学报（社科版）（1）：105–107.

王云路，1998. 说"儿" [J]. 杭州大学学报（3）：40–44.

王媛媛，2007. 汉语"儿化"研究 [D]. 广州：暨南大学.

吴福祥，邢向东，2013. 语法化与语法研究（六）[M]. 北京：商务印书馆.

武继山，1990. 不止是大同方言说"动 + 顿儿" [J]. 中国语文（2）：159.

吴为章，1985. "成为"类复合动词探讨 [M]// 中国语文杂志社. 语法研究和探索（第3辑）. 北京：北京大学出版社.

吴璇，1984. 现代北京音的－n尾音韵母与现代潮州方音的对应关系初探 [J]. 佛山师专学报(社科版)（2）：15–19.

向莉，2003. 重庆方言助词"起"浅析 [J]. 涪陵师范学院学报（4）：52–54.

邢向东，2020. 西部官话中名词小称形式的分布和类型——兼及动词重叠式的分布 [J]. 语言研究（1）：1–11.

邢向东，2020. 神木方言研究 [M]. 增订本. 北京：中华书局.

徐通锵，1981. 山西平定方言的"儿化"和晋中的所谓"嵌l词" [J]. 中国语文（6）：408–415.

魏登云，曹先东，2019. 论清前期"湖广填四川"移民情况及其影响 [J]. 遵义师范学院学报（6）：13–18.

项梦冰，1997. 连城客家话语法研究 [M]. 北京，语文出版社.

项梦冰，2005. 客话音韵论 [D]. 北京，北京大学.

谢留文，2019. 汉语方言研究七十年 [J]. 方言（3）：257–272.

许慎，徐铉，2001. 说文解字 [M]. 南京：江苏古籍出版社.

许慎，段玉裁，2006. 说文解字注 [M]. 郑州：中州古籍出版社.

颜森，1989. 黎川方言的仔尾和儿尾 [J]. 方言（1）：60–64.

杨国柱，1943. 兰州人口语中常见之"合音" [J]. 新西北（8）：111–112.

杨月蓉，2000. 重庆方言量词的语法特点 [J]. 渝州大学学报（2）：72–77.

杨月蓉，2006. 谈重庆方言中表示能愿的"得"类词语 [J]. 重庆社会科学（1）：126–128.

杨月蓉，2012. 重庆市志·方言志 [M]. 重庆：重庆出版社.

伊地智善继，1986. 试论北京方言中的词尾"－儿，－子，－头" [M]// 第一届国际汉语教学讨论会组织委员会. 第一届国际汉语教学讨论会论文选. 北京：北京语言学院出版社：267–274.

应雨田，1983. 安乡话的"儿化" [J]. 常德师专学报（哲社版）（2）：22–30.

应雨田，1990. 湖南安乡方言的儿化 [J]. 方言（1）：52–59.

俞敏，1987. 驻防旗人和方言的儿化韵 [J]. 中国语文（5）：346–351.

余纪，1984. 重庆方言中的"嘿"、"惨"、"只有恁个了"[J]. 西南师范学院学报（2）：59–60.

喻遂生，1982. 重庆话的附缀形容词 [M]// 北京大学汉语语言学研究中心《语言学论丛》编委会. 语言学论丛（第九辑）. 北京：商务印书馆：122–148.

喻遂生，1988. 重庆话名词的重叠构词法 [M]// 北京大学汉语语言学研究中心《语言学论丛》编委会. 语言学论丛（第十五辑）. 北京：商务印书馆：185–214.

喻遂生，1990. 重庆方言的"倒"和"起"[J]. 方言（3）：215–222.

喻遂生，1990. 重庆话非名词词类的重叠形式 [J]. 西南师范大学学报（3）：48–52.

云阳县志编纂委员会，1999. 云阳县志 [M]. 成都：四川人民出版社.

HOPPER PJ, TRAUGOTTEC 语法化 [M]. 张丽丽，2013，译. 台北："中央研究院"语言学研究所.

张林林，1992. 九江话里的儿化现象和儿尾 [J]. 江西师大学报（哲社版）（2）：98–102.

张树铮，1996. 山东寿光北部方言的儿化 [J]. 方言（4）：59–62.

张一舟，张清源，邓英树，2001. 成都方言语法研究 [M]. 成都：巴蜀书社.

张颖玲，2019. 湖广填四川移民历史研究 [J]. 西部学刊（11）：110–112.

翟时雨，1996. 重庆方言志 [M]. 重庆：西南师范大学出版社.

赵朝忠，1994. 巴县志 [M]. 重庆：重庆出版社.

赵日新，1989. 安徽绩溪方言音系特点 [J]. 方言（2）：125–130.

赵日新，1999. 徽语的小称音变和儿化音变 [J]. 方言（2）：136–140.

赵声磊，1981. 安阳方言的儿化现象 [J]. 安阳师专学报（1）：62.

赵元任，1979. 汉语口语语法 [M]. 北京：商务印书馆.

赵振铎，黄峰，1998.《方言》里的秦晋陇冀梁益方言 [J]. 四川大学学报（3）：51–55.

甄尚玲，1984. 遂宁方言形容词的生动形式 [J]. 方言（2）：27–40.

郑有仪，1987. 北京话和成都话、重庆话的儿化比较 [J]. 重庆师范学院学报（2）：67–71.

郑张尚芳，1979. 温州方言的儿尾 [J]. 方言（3）：207–230.

郑张尚芳，1980. 温州方言儿尾词的语音变化（一）[J]. 方言（1）：42-45.

郑张尚芳，1981. 温州方言儿尾词的语音变化（二）[J]. 方言（1）：40，59.

中国社会科学院语言研究所，1978. 中国语言学论文索引（1900—1949）甲编 [M]. 北京：商务印书馆.

中国社会科学院语言研究所，1978. 中国语言学论文索引（1900—1980）乙编 [M]. 增订本. 北京：商务印书馆.

中国社会科学院语言研究所，2003. 中国语言学论文索引（1991—1995）[M]. 北京：商务印书馆.

中国社会科学院语言研究所，2005. 中国语言学论文索引（1981—1990）上册 [M]. 北京：商务印书馆.

中国社会科学院语言研究所，2005. 中国语言学论文索引（1981—1990）下册 [M]. 北京：商务印书馆.

中国社会科学院语言研究所词典编辑室，2002. 现代汉语词典 [M]. 增补本. 北京：商务印书馆.

钟维克，2003. 谈重庆话的"倒"字用法 [J]. 西南民族大学学报（9）：312-314.

周及徐，2013. 从移民史和方言分布看四川方言的历史——兼论"南路话"与"湖广话"的区别 [J]. 语言研究（1）：52-59.

周艳，2006. 重庆方言动词重叠式的语义条件考察及语义特征 [J]. 文教资料（5）：158-159.

周臻，2007. 对重庆方言叠音词缀的修辞分析 [J]. 安徽文学（10）：157.

朱德熙，2007. 语法讲义 [M]. 北京：商务印书馆.

朱德熙，2010. 语法分析讲稿 [M]. 北京：商务印书馆.